COCHINCHINE FRANÇAISE

ET

ROYAUME DE CAMBODGE

BAR-SUR-AUBE, IMP, Mme JARDEAUX-RAY.

COCHINCHINE

FRANÇAISE

ET

ROYAUME DE CAMBODGE

AVEC L'ITINÉRAIRE

DE PARIS A SAIGON ET A LA CAPITALE CAMBODGIENNE

ET DEUX CARTES

Par CHARLES LEMIRE

CHEVALIER DE L'ORDRE ROYAL DU CAMBODGE

PARIS

CHALLAMEL AINÉ, LIBRAIRE-ÉDITEUR

30, rue des Boulangers, et rue de Bellechasse, 27

CHEZ TOUS LES LIBRAIRES DE FRANCE ET DE L'ÉTRANGER

1869

Tous droits réservés

INTRODUCTION

> Alexandre fut plus grand par la fondation d'Alexandrie que par toutes ses victoires.
>
> NAPOLÉON Ier.

Prise de possession de la Basse-Cochinchine. — Son importance au point de vue commercial et maritime. — Au point de vue de nos autres colonies. — Au point de vue politique. — Au point de vue de l'Algérie. — Indifférence et ignorance des Français en matière coloniale. — Objet du livre.

Pendant que l'attention générale était absorbée par la merveilleuse campagne de Chine, qui finissait, une poignée de braves, conduits par l'amiral Rigault de Genouilly, plantait, en Basse-Cochinchine, le drapeau de la France, le 17 février 1859. Ce n'était pas seulement, comme en Chine, une démonstration imposante, une marche triomphale : c'était la prise de possession d'une terre féconde en ressources de tout genre, la fondation d'un établissement maritime et commercial sur la route de la Chine et du Japon, la création d'une colonie française dans l'extrême Orient. C'était là un fait capital, un des plus grands actes peut-être des temps modernes.

Quel a été, en effet, le but des conquérants de génie, si ce n'est de s'emparer des pays de production? Et quel est le pays le plus favorisé des dons de la nature, si ce n'est le pays du soleil, c'est-à-dire les nombreuses et diverses régions de l'Asie : c'est l'Inde, elle est aux Anglais; la Malaisie, elle est aux Hollandais; les Philippines, elles sont aux Espagnols. N'est-ce pas vers l'extrême Orient que s'est de tout temps portée la convoitise des grandes nations européennes? Le but d'Alexandre dans ses conquêtes et dans sa création d'Alexandrie, n'a-t-il pas été, en fondant un grand centre commercial, d'assurer la vitalité politique de son Empire? De même, nous voyons aujourd'hui l'Indo-Chine et la Chine, centres de production, pressées entre deux grandes puissances, envahissantes, menaçantes pour leur autonomie : d'un côté les Anglais dans l'Inde, de l'autre la Russie aux portes de Pékin. On l'a dit avec raison : « L'Asie n'est plus chez elle. » Comment pourrions-nous donc ne pas être frappés d'une telle situation et ne pas nous en préoccuper ? La France ne devait-elle pas se ménager, dans ces parages, une importante position ? Oui, certes, il le fallait. Les vexations et les prohibitions imposées au commerce et à la navigation, les persécutions et la mise à mort de missionnaires français et espagnols, le refus d'entamer des relations diplomatiques et commerciales, les nouveaux ports à ouvrir au commerce, la liberté du culte à proclamer, telles étaient en partie les raisons qui nous appelaient en Cochinchine. « La guerre, dit Napoléon III, est un châtiment ou une rédemption. » Ici elle a été l'un et l'autre : la conquête a été un châtiment ; la colonisation est une rédemption. A la supériorité des armes a succédé la supériorité morale. Le pays se transforme au contact de notre civilisation, « qui consiste à compter le bien-être pour quelque chose, la vie de l'homme pour beaucoup et son perfectionnement moral pour le plus grand bien. »

Au point de vue commercial et maritime, cette position a une importance incontestable.

En effet, Marseille se relie par le canal de Suez aux Indes, à l'Indo-Chine, à la Chine et au Japon. Le vaste bassin de Brest est ouvert aux deux Amériques. Il n'est pas un coin du globe qui n'ait été fouillé et exploité par les enfants de l'Angleterre et où ils n'aient établi un comptoir ou un fort. Les Russes et les Américains sillonnent tous les Océans. La Prusse, la Hollande, l'Autriche, le Danemark, Brême, Hambourg ont de nombreux navires dans ces mers. L'Italie reconstituée conclut des traités de commerce avec la Chine et le Japon. Naguère encore nos produits n'arrivaient dans l'Indo-Chine que sous pavillon hollandais, anglais ou américain. Aujourd'hui nous avons créé ces relations directes que souhaitait tant, en 1850, l'amiral Jurien de la Gravière. Aussi, la construction des grands navires destinés à ces parages s'est-elle déjà, en ces dernières années, notablement accrue.

Notre marine marchande et notre marine de guerre ont suivi la même impulsion. Saïgon est enfin devenue notre station maritime entre Java que possède les Hollandais, et Manille qui est aux Espagnols, entre les Indes anglaises, la Chine et le Japon, où nous nous sommes créé d'importants intérêts, à côté des Anglais, des Américains et des autres nations.

Non-seulement l'admirable position de Saïgon en fait une station guerrière d'une facile défense, mais encore un port de premier ordre pour les deux marines, un vaste entrepôt alimenté par les produits mêmes de la colonie destinés à l'exportation, par suite un marché et un comptoir, un point de refuge et de ravitaillement pour tous les navires, et bientôt un chantier de construction et de réparation. Saïgon et le Donnaï, c'est Londres et la Tamise comme configuration géographique.

Ce point, se trouvant sur la route d'Europe aux Indes, en Chine et au Japon, ressentira forcément et immédiatement les conséquences avantageuses du percement de l'isthme de Suez ; de l'ouverture probable d'une route de terre entre les Indes et l'Europe par la vallée de l'Euphrate ; de l'achèvement prochain de la communication télégraphique entre l'Europe, les Indes, l'Indo-Chine et la Chine ; de l'établissement d'une seconde ligne mensuelle de paquebots des Messageries impériales, et enfin de l'extension de nos relations avec les nations voisines.

Relativement à nos autres possessions coloniales, la Cochinchine est la dernière en date, elle est la première comme mouvement commercial, comme population et comme ressources agricoles. Les habitants sont en grande partie cultivateurs et sont très attachés au sol. La propriété foncière est solidement établie et garantie par des actes inviolables. Par suite, le revenu de la colonie est certain et va en augmentant à tel point qu'elle paye elle-même toutes ses dépenses, tous ses services, toutes ses constructions, ne laissant à la charge de la métropole que l'entretien des troupes et des bâtiments de guerre destinés à la mer.

Le pays est organisé identiquement comme en France ; il se divise en arrondissements administrés par des inspecteurs français, en cantons et communes ayant leur chef de canton, leur maire et leur conseil municipal.

Pas de fanatisme religieux et guerrier, cause de sourde hostilité ; pas de préjugés de caste ou de culte, obstacles à l'assimilation de la race.

La Cochinchine est pour notre marine de guerre ce que l'Algérie est pour l'armée, son champ d'épreuve. Nous devons donc aussi envisager le côté politique de la situation. Dans quel milieu se trouve placée la France en ces régions lointaines? Au milieu de puissances alliées et amies, dans le voisinage des îles de la Sonde, des Philippines, de Macao, de la Chine, qui est en bonne intelligence avec nous, du Japon où règne notre influence, du Siam qui nous est redevable de trois grandes provinces, du Cambodge qui est sous notre protectorat, du roi d'Annam (Tongquin et haute Cochinchine) qui, d'après le traité, a pris pour arbitre l'Empereur Napoléon, dans les actes de sa politique extérieure. On verrait donc, dans un cas de guerre, se rallier autour de nous les navires hollandais, espagnols, portugais, et ceux des puissances européennes qui n'ont pas de possessions dans ces parages, c'est-à-dire les navires italiens, prussiens, danois, hambourgeois, brêmois, etc.

Quel rôle est alors dévolu à la France, à la marine française, si ce n'est de protéger les intérêts de ces diverses nationalités groupées autour d'elles et quelle ne serait pas notre force pour soutenir la lutte? On le voit ici, deux intérêts immenses sont en jeu : soutenir les rivalités pacifiques et commerciales et faire face aux éventualités guerrières.

Notre possession de Cochinchine a une superficie égale à la moitié de nos anciennes possessions des Indes au temps de Dupleix. N'était-ce pas là le grand projet qui devait compenser pour nous la perte du Canada et des Indes, projet dont la réalisation eût fait la gloire de Louis XVI? N'est-ce pas là, pour la gloire de la France, la revanche de nos désastres du XVIIIe siècle?

Quelles vastes conceptions et quelles grandes entreprises s'offraient au génie de Napoléon Ier s'il eût pu s'appuyer, comme base d'opération dans la mer des Indes, sur une position comme celle de Saïgon?

On le voit, la fondation de la puissance française dans l'extrême Orient, est un fait capital qu'il n'est permis à aucun français d'ignorer.

Beaucoup de personnes demandent à quoi bon la Cochinchine quand nous avons l'Algérie à nos portes? C'est comme si l'on demandait à quoi bon percer l'isthme de Suez quand il nous reste des voies et canaux à créer chez nous? Nous avons le continent, laissons la mer aux Anglais. Par suite, à quoi bon une marine?

Brûlons nos vaisseaux et ne nous embarrassons pas de colonies. Ces déductions sont logiques. Concevrait-on, en effet, une marine sans colonies ou des colonies sans marine ? La force de la marine de guerre et le développement de la marine marchande s'obtiennent à ces seules conditions.

Il est triste de le dire, nos possessions et nos richesses coloniales n'ont pas encore, dans l'opinion en France, la place qu'elles méritent. On se persuade que le sol natal doit suffire à ses habitants, et l'on ne veut regarder que son clocher. On affecte même l'indifférence lorsque dans un exposé de chambre de commerce, une statistique commerciale ou une exposition de produits, des résultats importants et avantageux frappent par hasard les yeux. Si l'on ne peut alors nier le soleil, on s'imagine l'avoir découvert. Le jour où les Français auront découvert la Cochinchine, comme Améric Vespuce découvrit l'Amérique après Colomb, ce jour-là la colonie nouvelle prendra un essor rapide.

Or, ce n'est pas au collége qu'on apprend à connaître un pays nouvellement exploré, et je ne pense pas, comme le disait Méry, que l'Orient soit déjà devenu occidental (1). Les Anglais ont leur guide de Londres aux Indes et en Chine, publié sous le patronage de la reine (2). Si ces sortes d'ouvrages ont leur utilité en Europe, nous les croyons indispensables *à fortiori* dans les pays étrangers, où l'ignorance des usages et du langage embarrassent souvent. Nous ne voulons pourtant point faire un simple guide du voyageur; nous n'avons pas entrepris une œuvre d'imagination, une description du pays, encore moins le récit de nos impressions personnelles. Nous avons essayé de répondre au questionnaire posé par S. Exc. le ministre de la marine et des colonies, en recueillant tout ce qui peut donner une idée des ressources de tout genre que possèdent la Cochinchine et le Cambodge (3). Après avoir passé près de sept années consécutives en Cochinchine, résidé dans chacune de nos provinces,

---

(1) Le China-mail de Hong-Kong (9 octobre 1867) disait que les journaux français, manquant de correspondants dans l'extrême Orient, ne donnent que des nouvelles erronées sur la Chine et les pays circonvoisins.

(2) Bradshaw's guide. — Trubner et Cᵉ viennent de faire paraître a complete Guide to the open ports of China and Japon.

(3) Dépêche du ministre de la marine et des colonies à M. le gouverneur de la Cochinchine (1865).

voyagé par terre et par eau, vécu au milieu de Cochinchinois et de Cambodgiens, il nous a été possible de rédiger des notes d'une scrupuleuse exactitude, prises sur les lieux mêmes de nos observations, de saisir pour ainsi dire la nature sur le fait, et de parler des hommes et des choses avec connaissance de cause. Notre attachement pour ce pays nouvellement français, notre foi en son avenir, notre conviction de témoin *de visu* nous font un devoir de publier ces notes, avec l'espoir de rendre service à ceux qui après nous suivront la même voie, et surtout avec le désir de faire mieux connaître en France l'importance du grand établissement commercial et maritime que nous avons acquis entre les Indes et la Chine, sur la grand'route suivie par le commerce de l'Europe et de l'Asie.

COCHINCHINE FRANÇAISE

ET

ROYAUME DE CAMBODGE

I

Marseille. — Voie des Messageries Impériales. — Voie des paquebots transatlantiques. — Change des monnaies. — La Méditerranée. — Voie des transports de l'Etat.

Notre première étape et la plus facile est celle de Paris à Marseille. Elle s'accomplit en vingt-quatre heures. Nous eûmes, en arrivant, à chercher un gîte et un déjeuner. Méry nous avait donné l'avis suivant :

> . . . . Quand on voyage
> Economiquement, comme on fait à mon âge,
> On entre au restaurant à Marseille. On parcourt
> La carte, et ce grand nom vous arrête tout court :
> Bouille à baisse ! et vite on ordonne au garçon
> De servir avec soin ce chef-d'œuvre au poisson.

Le conseil du Marseillais était trop engageant pour ne pas en profiter immédiatement; le plat national fut suivi d'un aioli de rigueur, arrosé de vin de Provence, de sorte que la cuisine provençale eut les honneurs de la journée.

Si l'on a choisi pour se rendre en Cochinchine la voie des paquebots des Messageries impériales, il est bon d'aller le plus tôt possible retenir sa place aux bureaux de la Compagnie, 16, rue Cannebière. On peut ensuite aller choisir soi-même sa cabine. Une course en canot en rade se paie de 1 fr. 50 à 2 fr.

A bord des bâtiments des Messageries impériales dont la destination est spéciale, le service est parfait, la table recherchée, l'installation confortable. L'arrière du pont est destiné aux passagers de chambre, et les dames ont un salon réservé. L'embarquement des passagers et des bagages se fait par les soins et aux frais de la Compagnie. Il est toujours essentiel de garder par devers soi une liste des objets renfermés dans les malles ou caisses et de leur valeur, en cas de perte ou de réclamations, ou de visite de la douane. Les paquebots pour l'Indo-Chine, la Chine et le Japon partent le 19 de chaque mois, à deux heures après midi.

On ne met que six jours de Marseille à Alexandrie, en touchant à Messine, un jour et demi pour traverser l'Egypte avec un court séjour au Caire, huit ou neuf jours de Suez à Aden, dix jours d'Aden à pointe de Galle (Ceylan), sept jours de là à Singapore, trois jours de là à Saïgon, et quatre jours de Saïgon à Hong-Kong. Les relâches sont d'une journée en général. Le passage coûte, de Marseille à Saïgon, première classe arrière : 3,502 fr. 50, et deuxième classe avant 2,666 fr. 25, y compris les frais du transit égyptien. Il est alloué aux voyageurs de première classe 150 kilogrammes de bagages. En Egypte, le transport des passagers et des bagages au rivage, à l'hôtel ou à la gare, se fait aux frais de la Compagnie. Les passagers, pendant leur séjour en Egypte, pourvoient à leur nourriture à leurs frais. La Compagnie des Messageries Impériales délivre des billets de retour avec réduction de 20 pour cent sur les prix pleins des tarifs aux passagers qui, allant de Saïgon en Europe ou d'Europe à Saïgon, comptent moins de six mois de séjour en Cochinchine ou en Europe.

Du reste, on trouvera tous les renseignements sur les conditions de passage dans les livrets ou dans les bureaux de la Compagnie.

Une nouvelle voie de communication vient d'être ouverte d'Europe en Asie. Si l'on a franchi l'isthme de Suez et la mer Rouge une fois déjà, on peut se rendre à Saint-Nazaire, prendre le paquebot transatlantique pour New-York, de là à Aspinwall, passer l'isthme de Panama, reprendre le paquebot de la Compagnie de navigation à vapeur du Pacifique, qui vous conduit à San-Francisco, à Yokohama, à Shanghaï et à Hong-Kong. De là à Saïgon, vous avez les paquebots des Messageries impériales. Votre voyage durera un peu plus de deux mois, coûtera environ 4,000 fr. en première classe, et vous aurez fait le tour du monde.

De Marseille à Alexandrie il y a 1,408 milles, d'Alexandrie à Suez 406 kilomètres, et de Suez à Saïgon (sans relâcher à Poulopenang) 5,584 milles. Ce qui fait un parcours total d'un peu plus de 3,000 lieues terrestres. De Toulon à Alexandrie, on compte environ 450 lieues marines.

Notre choix étant fait et notre passage arrêté, nous profitons du temps qui nous reste pour voir Marseille, ville de 300,000 habitants, dont le commerce est si considérable. On sait que 18,000 navires fréquentent annuellement son port. Ses docks, ses bassins, les lignes des Messageries impériales, la Compagnie péninsulaire et orientale, ses vastes associations en font la première cité maritime de France. Nous parcourons ensuite les jardins botanique et géologique, la promenade du Prado ; nous visitons la cathédrale, la Bourse, la fameuse rue de la Cannebière et ses splendides cafés. Une nuit d'été passée à Marseille nous fait faire connaissance avec les moustiques qui troublent notre sommeil.

L'or et l'argent français sont facilement acceptés en Egypte, mais au-delà, l'or anglais étant beaucoup plus en usage, il faut faire chez un changeur, avant de quitter la France, un premier sacrifice à notre amour-propre national en changeant l'argent français. Des billets de banques seraient ou inutiles ou difficilement négociables.

Un dernier conseil est d'arriver à bord avant l'heure fixée, les départs des paquebots s'effectuant avec la plus grande précision.

La Méditerranée, comme la mer Noire et la Baltique, n'a pas de marée, sans doute parce que la masse des eaux n'est pas assez considérable; cependant la marée se fait sentir dans le golfe Adriatique, dans la mer Rouge et la mer Blanche.

Notre voyage devant se faire sur un bâtiment de l'Etat, c'est à Toulon que nous nous rendons pour nous y embarquer. Les grands transports de l'Etat font le service des convois entre Toulon et Alexandrie, Suez et Saïgon *et vice versâ*. Ils partent tous les trois mois avec le personnel et le matériel envoyés de France en Cochinchine ou de Cochinchine en France. C'est par cette voie que les fonctionnaires et employés militaires et civils du gouvernement se rendent à leur destination, et c'est celle que nous avons suivie. Le matériel et les approvisionnements sont expédiés de Port-Saïd à Suez par le canal de transit. Les passagers traversent l'Egypte en chemin de fer, passant par le Caire. Lorsque l'arrivée des bâtiments à Suez et à Alexandrie n'a pas lieu simultanément et que l'embarquement ne peut avoir lieu immédiatement, les passagers sont mis en subsistance à bord du stationnaire français à Alexandrie. C'est actuellement la frégate l'*Andromaque* qui est mouillée en rade à peu de distance de la ville. On attend là les ordres de départ pour

Suez ou pour Toulon, et quelquefois on est exposé à faire un assez long séjour en Egypte, comme cela nous est arrivé.

II

Toulon. — L'arsenal. — Les environs de Toulon. — La rade. — Hôpital Saint-Mandrier. — Objets à emporter. — Conditionnement des bagages. — Objets nécessaires pendant la traversée et pour les relâches.

En sortant des gorges d'Ollioules, nous avions eu une splendide vue de Toulon. Nous sommes maintenant dans cette ville, à l'hôtel Victoria, sur le boulevard Napoléon. En réglant nos affaires au commissariat et à la Majorité, nous voyons la rue Royale et la place d'Armes, où se trouve la préfecture maritime. Dans les rues anciennes, les maisons sont hautes, obscures, étroites, mal disposées et mal aérées.

La place au Foin est ornée d'une fontaine avec un groupe de dauphins.

L'hôtel-de-ville, situé sur le quai, n'a de remarquable que des cariatides de Puget.

Près de là est une statue en bronze par

M. Daumas. Elle représente le génie de la navigation, mais elle est d'un médiocre effet.

Pour visiter l'arsenal, il faut, à moins que l'on ne soit en uniforme d'officier, se présenter au bureau du major-général, sur la place d'Armes, de onze heures à midi, et demander des permis. A la porte de l'arsenal, on remarque deux statues, Mars et Minerve. Un guide vous conduit à la corderie, à la salle d'armes de la Direction d'artillerie, au musée naval, au bassin, au bagne. Je ne sais quel intérêt on peut trouver à voir défiler devant soi les bonnets verts des condamnés à perpétuité, et les bonnets rouges des condamnés à temps. A part toute étude physiologique, les visages de ces hommes n'inspirent qu'un mélange de répulsion et de pitié.

D'heure en heure, des omnibus conduisent de Toulon à Ollioules, et des bateaux à vapeur à la Seyne pour 25 centimes. En allant en rade on voit en passant le *Muiron*, vaisseau amiral qui ramena Bonaparte d'Egypte, les bâtiments de la flotte et les fortifications. On pousse jusqu'à l'hôpital Saint-Mandrier, admirablement organisé. De ses terrasses, on a la plus belle vue des forts et de la ville ; la chapelle est remarquable ; les citernes rendent un écho prodigieux.

Nous nous présentons à bord du bâtiment qui va devenir notre maison flottante ; nous y embarquons nos bagages et nous y installons notre cabine, mais nous prenons nos repas et couchons dans la ville jusqu'à ce que le navire soit à la veille de partir.

Les vins de Lamalgue et de Cassis sont une compensation à la cuisine à l'huile. La température au mois d'octobre est celle des beaux jours d'été. Nous attendons patiemment le jour du départ, et faisons nos derniers préparatifs. Il faut emporter le moins de bagages possible, faire mettre des adresses très lisibles, bien fixées, de manière à ne pouvoir être arrachées, inscrire sur tous les colis un même numéro et sur chacune des caisses un numéro, suivant la série des colis. Ce sont d'abord un lit de sangle et deux cantines, coffres en chêne ferrés et entourés de toile, qui serviront pour les nombreux voyages que l'on est appelé à faire dans la colonie. Ces cantines sont commodes à transborder dans les embarcations. Elles se transportent facilement à la main, ou au moyen de bambous, ou à dos de mulets.

Ayez soin que vos malles soient bien solides et bien fermées, à cause de l'humidité de la cale et de l'eau de mer qui entre toujours à bord. Il est même bon d'avoir des caisses en fer blanc soudées pour y renfermer des objets craignant l'eau : uniformes, soierie, papeterie, gants, etc.

Le gros bagage étant mis à fond de cale, il est indispensable de garder avec soi une petite malle et un sac de voyage, contenant les objets de toilette et du linge de table et de corps pour la traversée.

Vous vous trouverez bien, surtout lorsque vous arriverez sous un ciel ardent, de mettre des chaussures découvertes, ou en étoffe noire ou grise, un chapeau de paille recouvert d'une coiffe blanche, ou si vous portez le képi, d'y ajouter la coiffe des chasseurs d'Afrique pour préserver la nuque. N'oubliez pas une grande couverture de voyage, des chemises de flanelle, une voilette pour vous garantir des escarbilles, une cuvette et un pot à eau en ferblanc ou en métal bien émaillé, une timbale en argent, un verre épais, les objets ordinaires de toilette et tous accessoires, un bougeoir, de la bougie, un petit carnet de poche et tout ce qu'il faut pour écrire, un petit nécessaire contenant timbres-poste, fil, aiguilles, boutons, cordonnet, etc., tout cela contenu dans un sac de cuir portatif, bien fermé, un véritable *silva rerum*. Ajoutez du tabac et des cigares français, vous n'en trouverez pas en route, ou du moins d'affreuse qualité. L'usage des allumettes est défendu sur le pont, mais toléré à la chambre. Un parasol recouvert d'une toile blanche vous rendra service dans les relâches. Les ombrelles sont insuffisantes pour les dames. Notez encore un pliant solide, une forte canne pour vous protéger contre les chiens, les ânes d'Alexandrie et les animaux malfaisants, au besoin contre les voleurs. Vous pouvez compléter votre liste en y ajoutant une lorgnette, des livres, des cartes marines, une gourde en osier ou en peau, un flacon d'eau de mélisse, etc. Tels sont les divers objets nécessaires pour cette longue traversée. Ce sont des recommandations dont vous vous trouverez bien, *in parvis utilitas*.

III

En mer. — Les escarbilles. — Usages du bord. — Tangage et roulis. — Mal de mer. — Le lok. — Un nœud. — Termes les plus usités à bord. — Manière de compter l'heure. — Bouées de sauvetage.

Je me suis embarqué le 24 octobre.... par un temps magnifique. J'ai passé la journée sur le pont. Le navire laisse derrière lui une longue traînée de fumée. En s'échappant de la cheminée en gros flocons épais et noirs, elle répand sur le pont des parcelles de suie et des matières carbonisées qui salissent les vêtements, et, poussées par le vent, peuvent pénétrer dans les yeux.

On vend, dans les ports de mer, des lunettes ou conserves pour préserver des escarbilles. Les unes entourent les yeux d'un réseau métallique à mailles fines et serrées, et s'attachent au moyen d'un cordon élastique. Les autres sont munies de quatre verres disposés de telle façon que deux de ces verres se replient latéralement sur les tempes. Je crois bien préférable une petite voilette verte ou bleue comme on en porte sur le turf des courses. La vue est ainsi abritée sans être fatiguée. Si l'on évite de lever les yeux ou de regarder dans la mâture, lorsqu'on est au vent des escarbilles, on souffrira peu de cet inconvénient.

Au coucher du soleil, on amène les couleurs, au bruit des tambours, des clairons et d'une décharge de mousqueterie. On lit ensuite les punitions. Les délinquants sont souvent punis du retranchement, ce qui veut dire qu'on leur retranche leur quart de vin.

Pandant la prière, on garde le silence, même à table et dans le carré, qui est à la fois une salle à manger et un salon. On doit toujours saluer le bord, lorsqu'on arrive ou lorsqu'on part.

Vers le soir, le navire commença à tanguer, c'est-à-dire à se balancer de l'avant à l'arrière. Le roulis, qui est l'oscillation d'un bord à l'autre, se fit bientôt sentir également. Ce mouvement est plus désagréable que le tangage; aussi quelques passagers commencèrent à ressentir les atteintes du mal de mer. La vue, les efforts, l'odeur des malades firent que le mal me gagna bientôt.

Heureusement, j'avais dîné comme à l'ordinaire, et l'estomac n'étant pas vide, j'envoyai sans de trop pénibles secousses mon tribut aux poissons. De sorte que je pus ensuite m'endormir.

Le matin, en me levant, j'étais encore tout étourdi. Tout balançait autour de moi. Je rassemblai mes forces et me traînai sur le pont en me cramponnant aux appuis qui se trouvaient sur mon chemin. Quoique malade à l'heure du déjeuner, je descendis et me forçai à manger; j'éprouvai après le repas un mieux très-sensible et n'eus plus de vomissements.

Je dus m'abstenir de fumer; je me tins non loin du grand mât, et n'arrêtai les yeux que sur des objets relativement fixes et non sur les parties hautes du navire ou sur l'horizon, afin de ne pas avoir devant les yeux l'arc d'oscillation décrit par le navire dans le roulis.

Je commence à avoir le pied marin. L'odeur de la machine et du goudron, le bruit de l'hélice, le craquement des boiseries ne m'incommodent plus. Je fais des promenades à pas rapides sur le pont. Je cherche à avoir l'esprit constamment occupé par la conversation, la lecture, le spectacle des manœuvres et je m'habitue ainsi à ma nouvelle maison flottante.

Que je plains ces pauvres dames que le mal de mer ne quitte pas ; elles tombent parfois dans un état de prostration complète, et l'on en voit qui, pendant le mauvais temps, oublient les soins à donner à leur enfant.

Heureusement, ces petits êtres sont privilégiés et rarement malades à la mer.

Il y a des passagers pour lesquels le mal est sans remède. Je lisais dernièrement dans une réclame que le mal de mer n'était pas provoqué par l'air de la mer, l'odeur du navire et la vue des patients, mais par le ballottement du foie et des intestins, qu'il suffisait donc d'emballer et d'arrimer ces perturbateurs au moyen d'une ceinture. Les Anglais recommandent un peu de créosote dans un verre d'eau.

En prenant, dans l'intervalle des vomissements, un grog, un consommé, ou plutôt quelques aliments solides, et en faisant tous les efforts possibles pour marcher, se donner du mouvement et se distraire, on parvient souvent à s'en rendre maître au bout de quelques jours. J'entends des voisins s'écrier avec Panurge : « Oh! que troys et quatre foys heureux sont ceulx qui plantent choulx! » et je leur montre une partie du pont où sont amarrés des bœufs et des moutons, « planchier des vaches » dérisoire.

Le soir de notre départ nous n'avions pas encore perdu de vue les côtes de France. J'avais les yeux tournés vers cette terre que je quittais pour plusieurs années, et où je laissais tout ce qui m'était cher au monde. La mer était si calme, le ciel si pur, les nouveaux rivages si attrayants! Au milieu de mes réflexions, me voilà interrompu par les nausées d'un voisin passager; le mal me gagna, et force me fut d'aller me jeter sur ma couchette.

Le lendemain, le soleil radieux éclairait les rivages de la Corse! Nous avions vent debout; la mer était grosse, nous ne filions que six nœuds, c'est-à-dire environ 6 milles à l'heure (1), c'est-à-dire deux lieues marines, ou 11 kilomètres.

---

(1) La lieue marine est de 5,555 mètres ; le mille marin de 1,852 mètres. Une encâblure est une longueur de 200 mètres.

C'est en jetant le lok que l'on peut apprécier la marche du navire.

Tout le monde sait (c'est pourquoi il est toujours bon de l'apprendre) ce que c'est que le lok et ce que c'est qu'un nœud. Le lok est une planchette de la forme d'un triangle sphérique dite bateau de lok, dont la base circulaire est chargée de plomb; ses angles se rattachent à un petit cordage dit ligne de lok, et on le laisse tomber derrière le bâtiment. Flottant verticalement, il devient un terme de comparaison aussi fixe que l'état de la mer peut le permettre, et la quantité dont le vaisseau s'en éloigne pendant un temps donné est une mesure approchée de sa vitesse.

On file la ligne de lok à la demande du sillage, cette ligne est divisée par des nœuds en parties de 15 mètres 429. On dit qu'un vaisseau file 2, 3, n nœuds lorsque, dans 30 secondes, mesurées au sablier, il parcourt 2, 3, n fois 15 mètres 429.

La connaissance des termes maritimes les plus usités n'est pas sans utilité.

Il n'y a qu'une corde à bord d'un navire, c'est celle de la cloche : n'en concluons pas qu'il faille apprendre le nom de tous les cordages; mais il est bon de savoir que tribord est le côté droit du navire, de l'arrière à l'avant, et bâbord, le côté gauche. Tribord est le côté d'honneur pour les bâtiments français. C'est à tribord qu'accostent la baleinière du commandant, le canot-major, un youyou monté par un officier. Dans le *Capitaine Pamphile*, Alexandre Dumas se trompe en disant que bâbord est le côté par où doit monter le capitaine du navire.

Les sabords sont les ouvertures latérales servant à mettre les pièces de canon en batterie.

Les hublots sont les petites fenêtres des cabines.

Les bossoirs sont deux poutres en saillie à l'avant du navire. Ces diverses dénominations me rappellent un quiproquo des plus drôlatiques entre un officier de vaisseau et un fonctionnaire passager. Ce dernier ayant eu assez peu de tact pour s'adresser à l'officier second du bâtiment pour lui demander où étaient les *anglaises*, celui-ci lui répondit qu'il n'y en avait aucune embarquée à bord et qu'il ne les connaissait pas. Le passager ayant formulé sa demande plus explicitement, l'officier, avec un sourire ironique, appela un matelot pour lui indiquer la poulaine, tandis que le water-closet des officiers ou passagers assimilés au même rang s'appelle *la bouteille.*

Une autre fois c'est une très grande dame qui débarque à marée basse d'une corvette de la marine impériale. Force lui fut de se faire porter à terre par un vieux quartier-maître, bâti en Hercule. Comme elle remerciait le matelot de l'avoir portée si loin et si bien : « Pas de quoi, madame, répliqua le vieux, j'en ai porté de ces gueuses qui pesaient plus que vous ! »

Le matelot parlait de gueuses de fer arrimées dans la cale comme lest du navire.

Il est bon de savoir encore comment s'adresser aux officiers et aux gradés du bord. Le capitaine de vaisseau ou de frégate est appelé : « Commandant. » Le lieutenant de vaisseau, second du bord : « Lieutenant. » Les lieutenants de vaisseau et officiers de quart ou en service : « Capitaine. » Les élèves qui ne sont pas de quart : « Monsieur. » Les premiers maîtres, seconds maîtres, quartiers maîtres, répondent aux grades de sergents-majors, sergents et caporaux. Le matin et le soir, lorsqu'on hisse ou qu'on amène les couleurs nationales, on doit se découvrir; de même lorsqu'on monte sur le pont, se découvrir et laisser libre le côté du bord où se promène le commandant; ne pas s'exposer pendant les manœuvres à être blessé par la chute d'une poulie ou d'un cordage, éviter de monter sur le pont pendant le lavage. A bord, le jour et la nuit sont divisés en six quarts de veille. Une cloche sert à piquer l'heure de la façon suivante : à huit heures quatre coups doubles, à huit heures et demie un coup simple, à neuf heures un coup double, à neuf heures et demie un coup double et un coup simple, à dix heures deux coups doubles, à dix heures et demie deux coups doubles et un coup simple, à onze heures trois coups doubles, à onze heures et demie trois coups doubles et un simple, à midi quatre coups doubles, et ainsi de suite pour chaque quart.

A l'arrière du bâtiment se tient un matelot une hache à la main, prêt à couper l'amarre d'une bouée de sauvetage, dès qu'un homme tombe à la mer. Le poids de cette bouée dans sa chute fait déployer un petit drapeau pendant le jour pour servir d'indication au naufragé. La nuit, la bouée est installée de façon qu'une fusée qui brûle quinze ou vingt minutes serve de guide au matelot tombé à l'eau et à ceux qui sont à sa recherche.

En outre, ces bouées servent de point d'appui et permettent d'attendre les secours d'un canot.

Ces quelques renseignements seront appréciés des passagers civils peu initiés aux choses maritimes.

IV

En route. — La Corse. — L'île d'Elbe. — Messine et Reggio.

Depuis le 26 octobre nous avons doublé le cap Corse, navigué entre l'île d'Elbe et l'île inhabitée de Monte-Christo, longé les rivages de Pœstum, célèbre par ses roses et ses ruines, doublé le cap Palinure, où se noya, pendant son sommeil, Palinure, pilote d'Enée, salué les bords de l'Italie par le travers de Civita-Vecchia, et perdu de vue les îles de Gilio et de Capraïa. La profondeur des eaux a permis à Lamartine de chanter les flots bleus de la mer de Sorrente; ce que Byron n'aurait pu faire pour la mer d'Angleterre, dont les flots sont gris comme son ciel.

Le 28, nous avions le Stromboli à bâbord et les Lipari à tribord. Ce sont les anciennes îles éoliennes.

Nous bravons les courants terribles de Charybde en Sicile et de Scylla en Italie, écueil qu'on appelle aujourd'hui Garofalolo, et nous doublons le cap Faro, qui étale sur une plage sablonneuse de blanches maisonnettes, un fortin, un télégraphe et de légères embarcations.

Nous entrons dans le détroit ou phare de Messine, qui doit son nom au phare de cette ville. Ce détroit a sept kilomètres de largeur. La ville de Messine, les fortifications, la citadelle, célèbre par sa belle défense en 1860, et le port rempli de navires nous apparaissent à droite. Les paquebots des Messageries impériales y font escale, ce qui permet de se promener au Corso, de visiter le senatorio ou hôtel-de-ville, le grand hôpital, la cathédrale et de curieuses églises. Le consul français à Messine est M. Boulard.

Plus belle est la vue de Reggio, Santa Agatha delle Galline, chef-lieu de la Calabre ultérieure.

Sur la ville plane le soleil éclairant les dômes des églises, les rues en escalier, et produisant l'effet d'un photoscope pour nous les faire mieux distinguer.

Les sommets de l'Etna se dressent dans le

lointain. Nous voici par les longitudes de la Grèce, 29 octobre. N'entend-on pas, avec Byron, se réveiller dans les montagnes, les échos du Latium ?

Non, c'est la sonnerie du dîner :

> That all softening overpowering knell,
> The tocsin of the soul, the dinner bell.

Le meilleur remède contre la tristesse est un beefsteak. Byron nous recommande d'en essayer ; mais si l'on est embarqué au poste des élèves, c'est le cas de s'écrier avec Xavier de Maistre :

« O ma bête, ma pauvre bête, prends garde à toi ! »

V

Candie. — Mer d'huile. — Côte d'Égypte. — Voie des paquebots de l'Adriatique. — Compagnie Marc Fraissinet.

Nous sommes par le travers de Candie, l'ancienne Crète qui nous rappelle le terrible Minotaure, le labyrinthe, le vin de Malvoisie, et le doux bourdonnement des abeilles du mont Ida. Ce mont, nommé aujourd'hui Piloriti, paraît n'être qu'un rocher nu et escarpé, cependant il est couvert de pins, de cèdres et d'érables.

L'île étend sa robe verdoyante sur les flots qui l'entourent comme d'une ceinture bleue, et les sommets des monts sont couronnés d'une auréole de lumière. Comme une sirène antique elle disparaît bientôt en plongeant dans la mer.

Vers le soir la brise avait cessé de souffler, il faisait calme plat ; nous naviguions dans un lac immense, sans une ride à la surface. Cette mer d'huile se confondait avec l'horizon dans une même teinte éclairée par les derniers rayons du soleil. Il n'était pas possible de dire où finissait l'Océan et où commençait le ciel. Bientôt la nuit se fit, une de ces nuits dont Châteaubriand nous a donné l'admirable tableau : « Des milliers d'étoiles rayonnant dans le sombre azur du dôme céleste, la lune au milieu du firmament; une mer sans rivages; l'infini dans le ciel et sur les flots. »

J'ai peine à m'expliquer comment il se trouve des voyageurs sceptiques ou indifférents qui vont droit devant eux sans regarder ni à droite ni à gauche, et passent leur chemin en s'écriant que le monde est un désert. « C'est, dit Sterne, qu'ils ne veulent pas cultiver les fruits qu'il leur offre. » Chacun pourra donc me ranger à sa fantaisie dans la catégorie des « sentimental travellers, » ou des « inquisitive travellers, » ou plutôt parmi les « simple travellers. »

2 novembre, quatre heures et demie du soir. La vigie de la grand'hune vient de crier terre ! Tout le monde est sur le pont. La côte est plate, on dirait une dune de sable jaune hérissée de quelques rochers et de palmiers rabougris; on

voit dans le lointain un palais isolé, non loin de grands moulins à huit ailes, rangés en bataille et défiant tous les chevaliers de la Manche. Ces moulins à farine appartiennent à la maison Darblay. On aperçoit en face les blancs minarets des mosquées, et à bâbord le palais du vice-roi donnant sur la rade, ainsi que son harem.

Ismaïl-Pacha, petit-fils de Méhémet-Ali, succéda à son oncle Saïd-Pacha comme vice-roi d'Egypte le 18 janvier 1863. Il est né en 1830.

Un délégué du conseil sanitaire est venu à bord; nous sommes admis en libre pratique, mais nous ne pourrons descendre à terre que demain.

En même temps que nous, arrive un paquebot de la Société adriatico-orientale. Ces paquebots mettent en moyenne 74 heures de Brindisi à Alexandrie. De Paris à Alexandrie par Turin et Brindisi, on paye en première classe 409 fr. 85 c. De Paris à Alexandrie par Marseille et les Messageries impériales, 517 fr. 50 c. De Paris à Alexandrie par les paquebots de la Compagnie Marc Fraissinet, première classe 405 fr., deuxième classe 280 fr.

VI

Alexandrie. — Débarquement. — Anes et âniers. — Omnibus et voitures. — Les rues par beau temps. — Arrosages et arrosoirs. — Les rues par mauvais temps. — Place Méhémet-Ali. — Hôtels et dépenses. — Cercle, bibliothèque, théâtre. — Poste aux lettres. — Télégraphes. — Monnaies en usage. — Consulat. — Mot d'ordre. — Police. — Les rues la nuit.

Après dix jours de mer, jugez de l'empressement que l'on met à se rendre à terre, surtout quand cette terre est l'Egypte. Des quantités de barques, montées par un ou deux Egyptiens, viennent le long du bord nous prendre avec notre petit bagage : « A terra, signor ? A terra ? » Si vous leur demandez combien : « Quanti ? » Ils vous diront eux-mêmes le prix : « Ouno franco, ouna liré. » Mais le bagage doit se payer en sus, en moyenne une piastre ou 25 centimes par colis. On paie son passage en francs, et plus tard on change de l'argent français pour de la monnaie égyptienne. De même, avant de partir d'Alexandrie on change de l'argent français pour de l'or anglais ou des roupies, qui doivent servir dans les relâches suivantes jusqu'à Singapore inclusivement.

Après avoir salué le commandant et les officiers du bord, nous sautons dans un canot et nous traversons cette magnifique rade d'Alexandrie, où flottent les pavillons égyptiens, français, anglais, autrichiens, américains, sardes, grecs, russes, etc., et où viennent mouiller, en moyenne, 4,000 navires chaque année, dont un millier de navires à vapeur.

Nous abordons au quai de la marine ou transit-wharf et passons à la douane ; puis nous voilà assaillis par une troupe d'Arabes, au teint noir, à la physionomie étrange, au costume débraillé. Nous nous débarrassons de ces ciceroni repoussants et nous tombons au milieu de nouveaux assaillants amenant un renfort de cavalerie. Ce sont de jeunes Arabes qui offrent des ânes à louer à la course, à l'heure, à la journée. *Ex orientis partibus — adventavit asinus — pulcher et fortissimus :* Le voilà l'âne d'Orient, le roi des ânes, tant célébré dans la prose de la fête des ânes? Chacun des âniers crie en nous désignant : « Dis donc! » ou : « I say! » nous avance les étriers, insiste, pousse sa bête devant nous, en vante les qualités, et piaille en arabe, en italien, en anglais ou en langage français tel que celui-ci : « Bom Boudi, dis donc, Bom Boudi, andar comme le vent, comme le diable, comme le chemin de fer français, » ce qui me paraît être une satire contre la lenteur du chemin de fer égyptien. L'un nous offre de nous conduire à la Gomme de Bombé (Colonne de Pompée); un autre à la Guille de Clipâtre (Aiguille de Cléopâtre) Si vous échappez à ces jeunes âniers, vous êtes immédiatement entouré de gens qui s'offrent à vous conduire dans les divers hôtels. Puis viennent les omnibus, les voitures. Si l'on a du bagage, il vaut mieux prendre un omnibus ou une voiture. Le prix de l'omnibus, sans compter les bagages, qui se paient en sus, est de 50 centimes du quai à l'hôtel. Le voyage à âne coûte le même prix. Les voitures coûtent environ 5 francs la course. Elles seront prochainement tarifées. Le mieux est de se dépêtrer le plus vite possible de cette bagarre et de faire rapidement le choix du moyen de transport. On peut très-bien aller à pied du quai à la place Méhémet-Ali. Si l'on veut se promener, on trouve là des ânes et des âniers plus convenables qu'on peut garder toute la journée pour 2 francs environ. Une voiture pour la journée coûte de 15 à 20 francs. En avant des chevaux court un saïs nubien qui fait écarter le monde avec une baguette.

Enfin, me voilà sur un âne, faisant mon entrée triomphale dans la ville. Avec cette monture, on a l'avantage de pénétrer dans les rues les plus tortueuses et les plus étroites. Bonaparte qui s'était le premier fait conduire en voiture à quatre chevaux dans les rues du Caire, fit dire de lui que s'il avait fait de plus grandes choses, il n'en avait guère fait de plus difficiles. Lorsqu'on parcourt pour la première fois les rues d'Alexandrie, leur curieuse animation frappe les regards, et il faut ne pas se laisser trop distraire pour diriger sa monture, éviter les chameaux chargés, les auvents des boutiques, les ânes qui trottent, ne pas renverser les aveugles, ni les femmes voilées, ni les enfants, empêcher les âniers de piquer brusquement leur bête, de manière que le cavalier surpris risque d'être démonté.

Les chiens sans maîtres abondent à Alexandrie comme à Constantinople; mais on n'a pas comme en Europe la rage à craindre. Au lieu de les frapper, il vaut mieux faire semblant de leur jeter une pierre, et l'on verra que chien qui aboie ne mord point. Leurs bandes importunes adoptent divers quartiers, nettoient les rues des débris qu'on y jette et jappent après les étrangers. A Constantinople, on a essayé d'en débarrasser la ville en en déportant 25,000 dans les îles de Marmara; mais, après une semaine d'exil, la population demanda et obtint leur rappel.

Pour abattre l'épaisse poussière du sol, encore vierge de toute macadamisation, des Arabes arrosent la rue au moyen d'outres en peau de bouc. Ils tiennent sous le bras l'outre gonflée d'eau, la pressent en ouvrant un peu l'orifice et décrivent en marchant un demi-cercle, de façon à répandre l'eau devant eux dans la largeur de la route.

Par les temps de pluie, les rues d'Alexandrie sont peu praticables. On patauge dans la boue, et soit que l'on ait de grandes bottes, soit que l'on sorte à âne, on reçoit tant d'éclaboussures qu'il faut aller en voiture si l'on veut arriver

3.

dans un état présentable. Ainsi, on a le double inconvénient de la poussière par beau temps et de la boue par mauvais temps. L'usage européen de balayer les rues pourrait peut-être remédier à cet état de choses. Mais on doit se rappeler en Egypte que Sélim-Pacha périt dans une émeute en 1832 pour avoir voulu introduire à Damas cette innovation.

Nous traversons une rue habitée par des Grecs. Oh ! jardin des précieuses racines, à quoi sert-il de vous avoir cultivé si je dois subir le supplice de Tantale en voyant vos fruits sans y goûter ? On nous a appris au collége les dialogues des morts et nous ne comprenons pas les dialogues des vivants, c'est à peine si nous pouvons déchiffrer les enseignes des boutiquiers.

Nous entrons dans une rue qui semble ne se composer que de murailles avec une petite porte de distance en distance. Ces maisons ont un étage en saillie sur la rue et percé de fenêtres découpées à jour ou moucharabis. Nous débouchons sur une place où se tient un marché, en face d'une mosquée, dont le minaret peint à la chaux s'élance dans les airs. Sur la plate-forme du temple, nous voyons les musulmans se prosterner le front sur la pierre.

Dans l'intérieur, on aperçoit les croyants en prière, les pieds nus, le visage tourné vers la kiblah, petite niche pratiquée dans le mur pour indiquer la direction de la Mecque. La seule mosquée remarquable est celle d'Ibraïm-Pacha ; on peut y entrer, pourvu que l'on ôte sa chaussure et qu'on s'y tienne dans une attitude respectueuse.

Nous voilà sur la place autrefois dite des Consuls : les divers consulats s'y trouvent groupés. On la nomme aujourd'hui place Méhémet-Ali. Elle est plantée de belles allées d'arbres et ornées de deux bassins avec jet d'eau. Il y a sur la place plusieurs hôtels : l'hôtel de l'Europe est anglais; on y trouve une affreuse cuisine et des bains à 2 francs, bien installés à l'européenne ; l'hôtel Abbat, place Abbat, l'hôtel d'Angleterre, qui est le meilleur de tous, sont voisins de la place des Consuls. La vie est chère à Alexandrie. Il faut compter pour la chambre et la table de 15 à 20 francs par jour.

Autour de la place des Consuls se trouvent des brasseries allemandes, où l'on boit de la bière de Trieste pendant qu'un orchestre, composé de trois ou quatre musiciens, jouent des airs allemands. Les femmes chantent en allemand en s'accompagnant sur la guitare ou la harpe. Il y a aussi des cafés-concerts où l'on chante en français. On ne saurait trop se défier des tripots grecs ; le gain de la veille ne couvre pas les pertes du lendemain, et la roulette est une tentation souvent fatale aux étrangers. Le café d'Europe, à l'angle de la place Méhémet-Ali, sert de rendez-vous entre la ville et la rade ; on y trouve les journaux de toute l'Europe et de l'Egypte, le *Nil,* rédigé en français, ainsi que le *Moniteur de la publicité.* Au-dessus du café est le cercle des Etrangers, ouvert aux voyageurs de toutes les nations. Un cabinet de lecture est établi rue d'Anastasi, ancienne rue Mahmoudieh, et une bibliothèque publique, 23, place Méhémet-Ali. Alexandrie a aussi son théâtre italien.

La poste française est dans l'hôtel du consulat. L'affranchissement des lettres est de 40 centimes par 7 grammes et demi pour la France et l'Algérie ; les lettres partent par les Messageries impériales les 9, 19 et 29 de chaque mois. Un courrier français arrive à Alexandrie les 5, 15 et 25 de chaque mois et quatre courriers anglais. La poste française ne délivre de mandats qu'aux militaires et marins de l'Etat. Les bureaux de la Compagnie des Messageries impériales à Alexandrie sont situés rue de la Bourse, 3. Il y a en outre une poste anglaise, autrichienne, russe, italienne, cette dernière est dite poste européenne. Le bureau du télégraphe anglais, place Méhémet-Ali, transmet les dépêches par Malte, et le bureau du télégraphe égyptien, maison de la Bourse, les transmet par la Syrie et la Turquie. Une dépêche simple de 20 mots, adresse comprise, d'Egypte pour la France et réciproquement, par la voie de la Turquie (bureau égyptien), coûte 48 francs pour tous les bureaux.

Par la voie de Malte (bureau anglais), une dépêche échangée entre la France et Alexandrie coûte 34 fr.; Le Caire, 39 fr.; Suez, 39 fr.; Port-Saïd et les autres bureaux de l'Isthme, 41 fr. 50.

D'Alexandrie au Caire, une dépêche télégraphique, voie égyptienne, coûte 5 fr. 20; d'Alexandrie à Suez, 10 fr. 40 *et vice versâ;* du Caire à Suez, même prix que d'Alexandrie au Caire.

Si l'on a de l'or à changer, c'est chez un changeur et non au café ou à l'hôtel qu'on doit le faire.

Les monnaies en usage à Alexandrie sont :

La piastre égyptienne tarifée, qui vaut environ 26 centimes ou 75 paras, monnaie de compte, et la piastre courante valant un peu plus de 14 centimes, monnaie de commerce, ou 40 paras.

Le sadiyé est une pièce d'or de 7 piastres courantes, valant à peu près 1 franc ou 280 paras.

Le kériyé (pièce d'or), vaut 14 piastres, à peu près 2 francs.

Les pièces de 5, 10 et 20 paras valent moins de 3, 6 et 12 centimes.

Les monnaies étrangères sont :

La lire, pièce italienne qui vaut 1 franc.

Le tallari autrichien, ou scudo, vaut 5 fr. 20.

Le thaler vaut 3 fr. 75 c.

Le zwanzig, 65 centimes.

La drachme (monnaie grecque) vaut 85 centimes ou 100 leplas.

La pièce française de 5 francs (argent) vaut 19 piastres 1/4 tarifées.

La pièce française de 20 francs (or) vaut 77 piastres 6 paras, tarif.

La piastre mexicaine ou le dollar (valeur variable), qu'il ne faut pas confondre avec la piastre égyptienne, vaut 20 piastres égyptiennes ou 5 fr. 50 c.

Les monnaies anglaises, dont l'usage est fréquent pour toutes les relâches, sont :

Le souverain d'or de 20 shillings = 25 fr. 32 c. ou 97 piastres 1/2.

La livre (pound) et la guinée sont des valeurs semblables.

Le demi-souverain (or) = 10 shillings = 12 fr. 64 c.

La roupie des Indes = 2 fr. 50 c.

La couronne (argent) = 5 shillings = 6 fr. 30 c.

La demi-couronne = 2 shillings 6 pence = 3 fr. 15 c.

Le shilling = 1 fr. 26 c. = 4 piastres 35 paras.

Le six pence = 63 centimes = 2 piastres 17 paras.

Le four pence = 42 centimes.

Le two pence (cuivre) = 21 centimes.

Le penny = 10 centimes 5 millièmes.

Le half penny = 5 centimes.

Le farthing = 2 centimes 5 millièmes.

L'or et l'argent français sont maintenant reçus au cours du change.

Une monnaie très divisée est indispensable à la population misérable d'un pays où les choses de la vie pour les indigènes ne coûtent presque rien.

Le capitaine de vaisseau commandant la station navale française à Alexandrie réside dans la ville ; il demeure 50, rue de la porte de Rosette (1).

Le consulat général de France est situé sur la place des Consuls (place Méhémet-Ali), vers le milieu du rang gauche. Des cawas ou gardes se tiennent à la porte et conduisent les étrangers aux bureaux du consulat qui se trouvent au premier étage.

Le consul général est M. Poujade. M. le consul mit obligeamment à notre disposition, dans une salle du consulat, le grand ouvrage de la commission d'Egypte.

Les quatre portes d'Alexandrie sont fermées le soir à huit heures ; il faut, si l'on veut sortir de la ville la nuit, se rendre au consulat de France, avant trois heures après midi, et demander le mot de passe. Ce mot d'ordre est écrit en arabe sur un petit carré de papier re-

---

(1) C'est en ce moment M. Dangeville.

vêtu du cachet du consulat. Lorsqu'on se présente à l'une des portes de la ville, le chef du poste demande : « la parola. » On lui remet ce billet par une fente pratiquée dans la porte du corps de garde ; le chef de poste l'examine, fait ouvrir et laisse passer.

Si l'on a quelques réclamations à adresser à la police, il faut se faire conduire chez l'un des commissaires de police européens, appelés par les indigènes maaonen.

La plupart des rues d'Alexandrie sont maintenant éclairées au gaz. Mais, dans certains quartiers, des veilleuses à l'huile sont placées à de grands intervalles, et le vent les éteint fréquemment. Des gardes veillent de distance en distance de façon à pouvoir s'appeler et se répondre entre eux. Ils se tiennent blottis dans les encoignures des portes. Dès qu'ils entendent des pas ou des voix, ils crient : *Gouarda ! Prenez garde à vous !* Le quai n'est pas muni de garde-corps et l'escalier n'a pas de rampe, mais on ne risque plus comme autrefois dans l'obscurité de tomber à l'eau.

On trouve au quai à toute heure de la nuit des bateaux arabes qui vous reconduisent en rade pour la somme de 2 francs.

VII

L'ancienne Alexandrie. — Colonne de Pompée. — Guide anglais. — Cimetière, convoi funèbre. — Ophthalmies. — Catacombes. — Les Coptes. — Eglises. — Ecoles des frères. — Hôpital français, école de filles. — Aiguille de Cléopâtre. — Jardin Pastré. — Fellahs. — Population de l'Egypte.

L'existence d'Alexandrie remonte à 332 ans avant Jésus-Christ. « Qu'on nous montre, dit Ampère, une autre ville fondée par Alexandre, défendue par César et prise par Napoléon? » De toutes ses gloires passées, il ne reste même pas de traces remarquables. Le temps a tout effacé et ne nous a laissé que quelques misérables ruines, qui se dégradent et disparaissent peu à peu. Des deux aiguilles de Cléopâtre une seule est encore debout; le temple de César n'existe plus; la tour des Arabes est rongée par la mer; le sable remplit les caveaux des catacombes; la fameuse bibliothèque, avec son portique de 400 colonnes, a disparu, on n'en connaît que l'emplacement. Où sont aujourd'hui les maisons des consuls européens, là s'élevait le musée où les savants étaient entretenus aux frais du roi. Dans cette ville, les progrès des sciences, des arts et des lettres marchaient de pair avec le développement du commerce. A peine se souvient-on d'Hypathie, cette femme célèbre par sa science dans les mathématiques et la philosophie, qui périt victime des passions religieuses (1). L'école d'Alexandrie est morte. Euclide, Strabon, Théocrite, Callimaque, Zoïle, Aristarque n'ont pas eu de successeurs. Les 700,000 rouleaux de la grande bibliothèque ont été brûlés, partie dans un incendie sous César, partie dans une insurrection, et enfin, en 640, par les soldats arabes d'Amsrou, qui les firent servir pendant six mois à chauffer les bains de la ville. Alexandrie est donc loin d'avoir pour le voyageur l'attrait du Caire, et l'on a vite fait de parcourir les lieux auxquels se rattache quelque souvenir intéressant.

Nous sommes allés visiter la colonne de

(1) Un exposant du salon de 1868 a retracé la mort d'Hypathie avec un grand talent. C'est une aquarelle due au pinceau de M. Navlet.

Pompée, élevée, selon les uns en l'honneur de Dioclétien par Pompéianus, préfet d'Egypte, selon les autres par César en l'honneur de Pompée, près de l'endroit où se trouvait le temple de Sérapis, à un quart de lieue de la ville.

Un touriste anglais ne manquerait pas de s'assurer si ce bloc de granit rose a bien cent quatorze pieds de haut, et si le diamètre du fût est de neuf pieds. Pour ma part, je trouve assez insignifiant ce débris qui reste debout et seul :

>Sérieux comme une épitaphe,
>Immobile comme un rocher.

Il est vrai qu'il nous rappelle le malheureux sort de Pompée. Le vaincu de Pharsale venait chercher un asile en Egypte, mais Ptolémée XII le fit assassiner en mer et fit porter sa tête à César.

Des Anglais et même une Anglaise se sont procuré l'étonnant plaisir de grimper sur le sommet de cette colonne. Pour cela on lance un grand cerf-volant en papier au moyen duquel on fait passer une grosse corde sur le chapiteau; on serre fortement cette corde autour de la colonne, on dispose des haubans et l'on accomplit cette intéressante ascension. Il ne faut pas désespérer de voir nos amis d'outre-Manche tenter la chose sur l'obélisque de la Concorde. C'est au *Bradshaw's guide* que nous sommes redevables de cet ingénieux procédé ; mais nous ne saurions le recommander aux voyageurs en Egypte, pas plus que de « s'abstenir de manger du bœuf en décembre, des oignons et des sucreries en août. » Quant au conseil de « manger modérément de chaque chose dans le mois de juillet, » nous voudrions le voir pratiquer pendant tous les mois de l'année et toutes les années de la vie.

Il est plus intéressant pour les Français de savoir que c'est au pied de la colonne de Pompée que furent ensevelis les soldats tués dans l'attaque d'Alexandrie. Ce sol que nous foulons est imprégné du sang des braves, saluons et rappelons-nous encore que c'est à la porte du Sud, que nous venons de traverser, que Kléber fut blessé d'une balle au front.

De petits moricauds, spéculant sur notre curiosité vaniteuse, nous offrent des morceaux de granit en échange de quelque argent. Ils vendraient jusqu'aux pyramides s'il se trouvait un acheteur. Comme si le temps ne détruisait pas assez vite, chaque passant croit bon d'emporter une pierre des monuments qu'il rencontre.

M. Mariette a droit à la reconnaissance de l'Egypte et du monde artistique comme fondateur du musée égyptien de Boulak, à trois kilomètres du Caire, où il a rassemblé tant de précieuses reliques de l'antiquité égyptienne.

Près de la colonne de Pompée est un grand champ des morts, un cimetière arabe. Au pied des tombes sont plantés des aloès. C'est la plante qui protége du mauvais œil. Derrière le cimetière est un magnifique bouquet de dattiers. Un enterrement nous croise sur le chemin. Une trentaine d'Egyptiens, dont beaucoup étaient aveugles, et de jeunes garçons ouvraient la marche, psalmodiant sur un ton nazillard et lamentable : « Lah il lah Allah. » Puis venait la bière recouverte d'un drap et portée sur les épaules de quatre hommes. Derrière marchaient la femme du défunt et des pleureuses vêtues de longs voiles bleus, agitant des mouchoirs pour chasser les djinns ou mauvais génies.

Les Egyptiens enterrent à peu de profondeur et laissent, en interposant des planches entre le cadavre et la terre qui le recouvre, un espace libre pour que l'ange de la mort vienne s'entretenir avec le défunt.

On est tristement frappé de la quantité d'ophthalmies qu'on rencontre dans les rues d'Alexandrie, chez les enfants surtout. La lumière vive du soleil réfléchie par un terrain sablonneux ne paraît pas être la cause de ces affections, puisque les Bédouins en sont exempts, à ce qu'il paraît. La rosée, la lumière de la lune paraissent engendrer des héméralopies chez ceux qui ont l'habitude de coucher sur leur toit en terrasse. Le peu de soin, la malpropreté développent et compliquent le mal ; on voit les petits enfants dans les bras des femmes avoir les paupières couvertes d'humeur, et les mouches s'y reposer. Par une déplorable superstition, par crainte du mauvais œil, leur mère ne veut ni leur laver le visage, ni en chasser les mouches. Les maladies d'yeux règnent dans les campagnes comme dans les villes, les Européens n'en sont pas exempts après un long séjour. Elles atteignent même les animaux. Il y a, paraît-il, de jeunes Egyptiens qui s'aveuglent avec de la chaux vive pour ne pas être enrôlés comme soldats.

Nous avons visité, non sans quelque peine, l'emplacement des catacombes. Il fallait une petite échelle pour descendre dans les caveaux, et de la bougie pour voir où l'on mettait le pied. Les lézards et les gekkos couraient dans la poussière et sur les parois des murs. Les catacombes sont en partie envahies par l'eau des pluies, en partie par le sable. Cependant on y voit encore quelques traces de style dorique, des fresques représentant des saints entourés d'une auréole ; on retrouve quelques inscriptions grecques et des caveaux ornementés ; les caveaux sont superposés.

Saint Marc prêcha l'Evangile à Alexandrie un siècle et demi après Jésus-Christ. Il fut mis à mort pendant les fêtes de Sérapis. C'est le premier évêque de cette église, qui compta parmi ses membres tant d'hommes illustres : Saint Clément, saint Cyrille, saint Pantène, saint Athanase et Origène, qui s'était mutilé lui-même pour se vouer à une vie d'étude et de pureté. Il croyait à la préexistence des âmes qui viennent animer les corps terrestres, qui peuvent se purifier dans la vie et atteindre à la félicité suprême par l'absorption en Dieu. Ces idées amènent un rapprochement involontaire et étonnant avec les vieilles religions de l'Asie.

La capitale de l'Egypte chrétienne était Coptos, près de Thèbes. C'est de là que tirent leur nom les Coptes, qui descendent des anciens Egyptiens dont ils ont conservé le type. Ils professent la religion chrétienne, mais suivant l'hérésie d'Eutychès, c'est-à-dire qu'ils ne reconnaissent en Jésus-Christ qu'une nature. L'évêque d'Edesse, Jacob Zanzale, les réunit en une seule église. De là leur surnom de Jacobites.

Ils pratiquent la circoncision; leurs prêtres sont mariés, mais leurs moines et leurs évêques vivent dans le célibat. Leur patriarche réside au Caire ou au monastère de Saint-Maurice. Le patriarche catholique d'Alexandrie, d'Antioche et de Jérusalem est Mgr Yousouf, de l'église grecque, rit melchite; il réside au Caire et a un délégat à Alexandrie. Les patriarches s'appelaient papes autrefois, comme l'évêque de Rome, mais ce titre fut ensuite réservé au chef de la catholicité. Il y a à Alexandrie plusieurs églises, la cathédrale de Sainte-Catherine, du culte catholique, dont l'évêque est Mgr Ciurcia; l'église grecque orthodoxe de

l'annonciation, l'église maronite et le couven
des Prêtres Lazaristes, une église anglaise pro
testante, place Méhémet-Ali, des synagogues e
une église copte.

Les Frères de la doctrine chrétienne on
fondé à Alexandrie une école de près de si.
cents élèves. L'hôpital français ou plutôt euro
péen est situé rue de la porte de Rosette, n° 4.
Il est desservi par des médecins français, des
religieuses de Saint-Vincent de Paul et les Révérends Pères de Terre Sainte. On y reçoit
tous les soins désirables ; on y est traité à rai-
raison de 8 francs par jour en chambre.

Les religieuses de Saint-Vincent de Paul tiennent, rue Ibrahim, 6, une école pour les petits
garçons et une plus nombreuse pour les filles
européennes et pour les filles indigènes, sans
distinction de religion. Elles ont une pension
d'externes et d'internes, partie payant, partie
reçues gratuitement ; un orphelinat, un asile
d'enfants trouvés et de petites filles noires du
Soudan et du Darfour. Cet établissement
réunit plus de 600 jeunes filles de toutes
les nationalités et de toutes les religions. Les
enfants trouvés sont seuls élevés dans le catholicisme. Les bonnes sœurs, loin de se livrer à

un prosélytisme inopportun ne s'occupent que d'enseigner à ces races diverses la langue française, l'écriture et les travaux d'aiguille, si utiles plus tard pour des femmes appelées à vivre comme des recluses. Chaque jour des religieuses distribuent des médicaments aux indigènes.

Enfin la charité a son palais dans la ville de Cléopâtre, si célèbre par ses charmes et sa mort volontaire à 39 ans.

Le seul souvenir de la reine qui soit encore debout, est un obélisque en syanite de 70 pieds de haut et 7 pieds de base, et que l'on nomme aiguille de Cléopâtre. Méhémet-Ali a donné à un Anglais celui qui est debout. Un autre monolithe semblable est couché dans le sable en trois morceaux. Cléopâtre les avait fait amener d'Héliopolis pour orner le temple de César.

Près de l'obélisque est la tour des Arabes, qui est de construction romaine et forme une dépendance du temple de César. On peut visiter le palais du vice-roi (ras el teen) en s'adressant à l'intendant.

A notre retour, une procession nous croisa. Un orchestre, composé d'une grosse caisse, d'un tambour et d'une clarinette, ouvrait la marche. Sur un cheval richement caparaçonné, s'avançait un enfant en turban rouge, orné d'une petite plaque et de franges d'or. Son corsage était couvert de broderies, il tenait un mouchoir à la main et paraissait fort triste. Il se rendait, me dit-on, à la mosquée pour la circoncision.

Dans l'après-midi nous fîmes une promenade au jardin Pastré, qui est le Longchamps d'Alexandrie. On trouve en ville des chevaux à louer. On va au jardin Pastré à cheval ou en voiture, comme à Paris au bois de Boulogne. On y rencontre les costumes les plus divers et les toilettes les plus élégantes. A côté des dames européennes on voit passer des Levantines, des Grecques, des Illyriennes, des Valaques, des Egyptiennes, et l'on remarque souvent des types admirables.

Les maisons européennes qui avoisinent la place des consuls ont des vestibules de marbre, et le contraste est frappant lorsqu'en s'éloignant un peu de ce centre on tombe sur les huttes en terre des Fellahs. Ce sont les arabes cultivateurs, les gens corvéables et taillables à merci.

Les femmes fellahs sont enveloppées d'une

longue robe bleue, le feredjé, leur couvrant la tête et ne laissant voir que deux noires prunelles. Ce vêtement vient se nouer sur le front au moyen d'une agrafe composée de pièces de monnaie ou d'anneaux en métal. Souvent ces femmes ont de grands anneaux passés dans les narines, un signe, une étoile tatoués sur le front et le menton, et de gros anneaux aux bras et aux jambes. On rencontre des petites filles de 12 à 13 ans portant sur leur hanche un petit enfant qui leur doit le jour. Pour les deux sexes l'âge du mariage a été fixé à 15 ans.

Nous avons eu occasion de voir de jeunes femmes fellahs dont la physionomie n'était pas sans attraits. Leurs yeux agrandis par le holl (antimoine) et leurs sourcils arqués, sont noirs comme du jais et tranchent même sur leur teint un peu bronzé. Leur bouche était un peu large, leur peau douce et fine, leurs mains potelées et petites, leurs ongles longs et rougis de henné, leurs dents magnifiques. Elles portaient des colliers d'or ou de perles; leurs cheveux étaient partagés en une foule de petites tresses qui pendaient sur le dos, ils étaient coupés sur le haut du front. Leur corsage ouvert s'agrafait par devant. Elles portaient un large pantalon, semblable à celui des hommes, et leurs jambes étaient renfermées dans de grandes babouches jaunes.

Le type des anciens Egyptiens est parfaitement conservé chez ces femmes ; en les voyant aller à la fontaine, portant sur la tête leur vase, pareil à une amphore, on croit voir marcher un bas relief égyptien ou Rebecca s'approchant du puits. Cependant les fellahs sont une race implantée avec Amsrou, 639 ans après Jésus-Christ.

Quant aux dames d'un certain rang, elles sont enveloppées de longs voiles de soie noire (l'habara), chaussées d'une façon très incommode, par suite ont une démarche fort disgracieuse, et semblent affligées d'un embonpoint précoce, genre de beauté dans le goût turc et que semble désavouer la vivacité de leurs yeux qui brillent sous le voile. Elles vivent dans les harems à peu près oisives.

Les Grecques que nous avons vues avaient la taille élevée, la peau très blanche, la bouche petite, le nez caractéristique de la race et les yeux maquillés.

Enfin on rencontre quelquefois à Alexandrie de jeunes Slaves, des Illyriennes, des femmes blanches que la misère a chassées de leur pays et qui sont tombées sous les griffes d'un maître avide.

Ces créatures sont élevées pour les gynécées, et quoiqu'il n'y ait pas de marché public d'esclaves, le meilleur sort qui puisse les attendre est de peupler les harems.

Les Egyptiens musulmans (Fellahs) sont avec les Coptes la race autochtone du pays. On en compte 3,500,000 et 500,000 Coptes. Ils forment la grande majorité de la population de l'Egypte, puis viennent les arabes Bédouins, au nombre de 400,000.

Le reste se compose de Turcs, de Juifs, de Grecs, d'Arméniens, de Nubiens et d'Abyssiniens. Les européens, francs et syriens, sont au nombre de 250,000, ce qui donne pour toute l'Egypte un total de près de 5 millions d'habitants.

VIII

Port et commerce d'Alexandrie. — Ramleh. — Le Nil. — Gargoulettes. — Bains arabes. — Haschich. — Bakchich. — Bazars. — Cafés arabes. — Population d'Alexandrie. — Langages divers. — Repas turc. — Canal Mahmoudieh. — Voyage par eau ou par chemin de fer.

Alexandrie est le port naturel de l'Egypte, et la fondation de Port-Saïd avec ses 10,000 habitants ne peut exercer aucune influence sur l'avenir de cette ville, dont la vie ne dépend uniquement que du pays lui-même. En effet, si l'on excepte les produits de la Perse et des Indes, dont Alexandrie a été jusqu'ici l'entrepôt et le port de transit, elle reçoit d'Europe des draps, des cotonnades, du sucre, des teintures, du fer, des liqueurs, etc., etc., et lui envoie du coton, des laines, de la gomme, des peaux, des dattes, du séné, etc., etc. Ces divers produits de l'Egypte arrivent à Alexandrie soit par le chemin de fer, soit surtout par le canal Mahmoudieh.

Nous avons traversé le vieux port ou Eunoste, ou port de l'ouest. Aujourd'hui on chercherait vainement les 4,000 ouvriers de l'arsenal fondé par Méhémet-Ali et créé par M. de Cerisy. A la mort de Méhémet-Ali l'Egypte possédait 33 bâtiments de guerre, dont 11 vaisseaux et 6 frégates. Les équipages de cette flotte comptaient 20,000 marins. L'Egypte ne possède plus que quelques navires, et les offres avantageuses faites à des officiers de la marine française, pour prendre le commandement de deux magnifiques bâtiments de guerre égyptien, construits à la Seyne, sont restées sans résultat.

Le vieux port est vaste et sûr; le port neuf ou port de l'est offre peu d'espace et peu de fond. A cause des requins, il est dangereux de se baigner en rade. L'entrée d'Alexandrie est rendue difficile par de nombreux récifs. A la pointe du vieux port s'élève le phare actuel qui date de 1842 et se voit à 20 milles en mer. Du fameux phare d'Alexandrie il ne reste aucun vestige.

Nous avons fait une excursion à Ramleh, à moitié chemin d'Aboukir. Un chemin de fer y conduit toutes les heures pour 1 fr. 50 en première classe, 2 fr. 25 en deuxième, et 1 fr. en troisième.

Ramleh est un délicieux endroit dont le climat est excellent, même lorsque souffle le Kamsin, le vent du midi. Il y a là de superbes maisons de campagne, de charmants oasis.

En y allant, nous avons vu des sakkiers ou machines à élever l'eau pour l'irrigation des champs. Sur des roues mises en mouvement par des bœufs, passent deux cordes auxquelles sont attachés de petits pots. Les cordes ont assez de jeu pour atteindre le niveau de l'eau. Les pots immergés se remplissent, et, passant sur le sommet de la roue, se vident dans un réservoir. Quant à l'eau potable, c'est l'eau filtrée du canal Mahmoudieh, qui lui-même est alimenté par le Nil.

La crue du Nil commence en juin, et les eaux descendent en octobre. Cette eau, qui contient du muriate de soude est très bonne, surtout quand le niveau du fleuve baisse. On lui attribue une vertu prolifique et purgative. Cette dernière qualité peut avoir des inconvénients pour les voyageurs. On expédie de l'eau du Nil dans toute la Syrie et jusqu'en Turquie dans des bouteilles cachetées comme l'on fait en Europe pour les eaux gazeuses. On la transvase aussi dans des gargoulettes ou alcarazas pour rafraîchir par l'évaporation. Les gargoulettes de Kenneh et du Caire sont les mieux faites ; c'est un composé d'argile et de sel. Cette dernière substance en fondant rend la pâte poreuse.

A notre retour, nous entrâmes dans un hammâm ou établissement de bains arabes, rue Raz el Tin ; il y a encore deux autres établissements semblables, rue Franque et rue de l'Eglise.

On nous fit traverser un premier appartement dallé autour duquel règne une galerie. Au milieu se trouve une piscine d'eau froide. Des hommes sont étendus sur des planches pour y être massés. Nous suivons la galerie et entrons dans un appartement garni de tapis, de divans, de couchettes, de miroirs. Là, nous remettons notre argent et nos bijoux ou valeurs à un agent de l'établissement. Nous ôtons nos vêtements, on nous ceint les reins d'une étoffe de couleur. Nous chaussons des socques en bois, ce qui rendait notre marche difficile sur les dalles mouillées, et nous passons dans une pièce pavée en marbre, dont le dôme est percé de petites ouvertures en forme d'étoiles. Là se trouvaient deux bassins en marbre contenant l'un de l'eau froide, l'autre de l'eau à une haute température.

Cet appartement était chauffé au point que la sueur commença à perler par tous les pores; nous prenons un bain sans être dans l'eau. On nous étend sur des planches et on nous frotte au savon avec des pistils de la fleur du dattier; puis nous entrons non sans hésiter dans le bassin d'eau chaude. Reconduits de là dans le premier appartement, nous nous étendons sur les couchettes. On nous entoure les reins d'une nouvelle étoffe bariolée de raies rouges et bleues, on nous enveloppe les épaules d'un ample vêtement en laine blanche à franges, on nous ceint la tête d'un turban, et nous voilà transformés en vrais croyants, en fils du prophète, en bons musulmans. Un Arabe vient nous masser et nous fait craquer tous les membres du corps; c'est le supplice de la roue sans douleur. Puis on apporte des chibouks des narguilés, de la limonade et du café. Je demandai du Haschich, qui est une pâte faite avec les sommités fleuries du chanvre mêlé à du miel, de la muscade, du poivre et de essences. On en prend gros comme une noisette en boisson. Il est préférable de l'absorber dans le narguilé. Cette drogue fut loin d'exciter en moi des idées gaies et des songes agréables, elle m'incommoda et je n'éprouvai que des maux de tête. Il y a certains tempéraments qui ne peuvent la supporter. Après quelques instants de repos, nous reprîmes nos habits européens et nous sortîmes.

Le bain avait coûté, y compris tous les bakchich, 3 francs.

Il y a des jours où ces établissements sont réservés pour les dames qui s'y réunissent et y passent de longues heures entr'elles. On voit alors au-dessus de la porte extérieure de l'établissement une pièce de coton blanc.

Il n'est pas possible de faire un pas à Alexandrie et de se servir d'un indigène sans entendre demander « el félous, el bakchich, » l'argent, le pourboire. Les saïs, les bateliers, les domestiques vous poursuivent de leurs instances. Aujourd'hui notre journée a été consacrée à visiter les bazars. Ce sont des halles très basses, obscures, étroites, remplies de vermine dans les allées et de marchandises empilées dans les boutiques.

Les marchands accroupis attendent les clients en fumant le chibouck ou le narguilé. Ils vont et viennent sans paraître craindre les voleurs, et semblent peu soucieux de vendre et de prôner leur marchandise. Lorsque des européens achètent, on leur demande souvent trois fois la valeur des objets. Nous avons acheté diverses espèces de tabac d'Orient : du tabac de Lattakié, petite ville de la Palestine, en face de Chypre, du tabac de Constantinople, du tombaki, etc. On nous le vendait par oke, poids de 1 kilogramme 237 grammes. Le rotoli est de 445 grammes. Des étoffes que nous marchandâmes furent mesurées au pyk, longueur de 0^m 66^c. Les marchands nous saluaient en disant salam aleick, haouagh (salut, monsieur), et quelquefois nous appelaient hadjis (pèlerins).

Les bazars sont divisés en trois sections ayant chacune sa spécialité : ainsi il y a la section des marchands de tabacs, des changeurs, des chaussures, sandales, babouches, des vêtements, burnous en poil de chèvre, en laine de Thessalie, soiries, mousselines, broderies d'or, foulards de Smyrne, kafiechs à raies jaunes et brunes, etc.; la section des parfums, des aromates, épices, opium, henné, eau de rose à 7 piastres (1 fr. 25 c.) le flacon, des chapelets, pipes, bourses, narguilés; la section d'orfèvrerie, colliers d'ambre, paniers en graines; la section des armes, kanjiars, poignards, plateaux, aiguières, vieux costumes dorés; la section des fruits, dattes, saintes pastèques, comme disaient nos soldats de l'expédition d'Egypte.

Il y a aussi de nombreux établissements destinés à recevoir les marchands; on les nomme okels (wakaléh). Ils consistent en une vaste cour carrée autour de laquelle règnent une galerie et des magasins pour les marchandises.

La rue Franque, appelée aujourd'hui Raz-el-tin, est une des plus animées. On rencontre dans chaque rue des cafés égyptiens où l'on prend pour un para une mycroscopique tasse de café servie avec le marc et sans sucre. La tasse est contenue dans un petit coquetier pour éviter de se brûler les doigts.

On sert avec le café un verre d'eau que les Egyptiens boivent d'abord. On trouve au café chibouk et narguilé; mais il faut apporter son lattakié ou son tombaki. Ces cafés sont de la plus simple apparence et le luxe y est inconnu.

On ne voit plus de marché d'esclaves ni d'eunuques, quoique les Coptes de Syout, en haute Egypte, malgré leur religion, mutilent encore de jeunes garçons pour cette profession. La danse de l'abeille est un spectacle qui devient fort rare, et les almées poétiques passent à l'état légendaire.

On donne à Alexandrie 200,000 habitants. On attribue en partie à l'introduction de la vaccine l'accroissement de la population. La ville est divisée en trois classes de population ou quartiers : le quartier fellah, le quartier turc et le quartier franc. Il faut comprendre dans ces diverses catégories les Abyssiniens, Nubiens, Syriens, Maltais et les Arméniens; ceux-ci parlent le turc, qu'ils écrivent en caractères arméniens; les Grecs, les Monténégrins, les Albanais ou Arnautes au costume pittoresque : les guêtres, le jupon court et plissé, pistolets, poignards à la ceinture, la tête ceinte du kafiéh, voile à raies jaunes et brunes qui garantit le cou des ardeurs du soleil; enfin les Arabes bédouins, pilotes du désert, enveloppés dans leurs longs burnous épais. On compte 15,000 Français à Alexandrie. Les Grecs, les Italiens, les Anglais, les Maltais, les Levantins, les Allemands complètent à 100,000 le nombre des européens.

L'arabe est la langue dominante. Le copte n'est plus en usage que dans les prières des chrétiens. Les Coptes parlent un mélange d'arabe, de turc et de copte. On entend autour de soi parler toutes les langues. Si l'on fait une question à un marchand, il répond : *Naham, sahi*, oui, ou *lâ mâ mafich*, non, ou encore *tahib*, bien, c'est bon. Un peu plus loin, on répond en grec, en anglais, en italien, en allemand, en français.

La haute société d'Alexandrie reçoit beaucoup et donne quelquefois sur le canal Mahmoudiéh de splendides fêtes. On joue beaucoup dans les réunions du monde.

Les Egyptiens prennent leurs repas assis sur une natte, autour d'un escabeau sur lequel sont placés dans un plateau les mets découpés d'avance, de façon à être mangés avec les doigts. L'étiquette veut que l'on accepte les morceaux offerts par le maître de la maison lui-même.

Nous avons fait une promenade sur le bord du canal Mahmoudiéh. C'est l'ancien canal de Cléopâtre, reconstruit par Méhémet-Ali de

1818 à 1819, et ainsi nommé en l'honneur du sultan Mahmoud, qui régnait alors à Constantinople.

Il commence à Fouah, à un mille du quartier franc; il a 90 kilomètres et reçoit à Atfé les eaux du Nil élevées par des pompes.

On le franchit en huit heures environ en bateau à vapeur.

Le vice-roi, les ministres, des Européens et de riches Égyptiens ont sur ses bords de superbes maisons de campagne, devant lesquelles sont amarrés des dahabiehs, ou bateaux de plaisance.

Le long du quai on voit des canges chargées de grains, dont les longues vergues portent des voiles latines.

On peut se rendre d'Alexandrie au Caire par cette voie; le voyage coûte 75 francs environ. Par le chemin de fer, il coûte en première classe 35 francs, en deuxième classe 20 francs, et en troisième 7 fr. 80 c.

Ces prix sont les mêmes du Caire à Suez. Il y a tous les jours quatre ou cinq trains d'Alexandrie au Caire et à Suez.

IX

Gare d'Alexandrie. — Chemin de fer égyptien. — Lac Maréotis.

Nous sommes partis d'Alexandrie le 6 décembre. Dans l'après-midi, des barques ou mahonnes sont venues prendre nos bagages et un remorqueur à vapeur du Nil ou plutôt du canal Mahmoudiéh nous a conduits au chemin de fer. Nous montons en wagon à la nuit tombante et nous restons en gare pendant qn'on charge les bagages. J'eus à me louer d'avoir constamment surveillé mes colis pendant le chargement qui est opéré par des corvées de fellahs requis par le vice-roi. Ils sont remplacés chaque mois par d'autres réquisitions, et pour toute solde on leur donne la nourriture. Les délinquants reçoivent sur la plante des pieds des coups de courbache, lanière de cuir d'hippopotame. Le surveillant gourmande les paresseux et leur distribue des coups de corde ou de bâton. On ne peut se faire une idée du bruit et du tumulte auxquels donne lieu le départ d'un train. Chacun pénètre et va et vient dans la gare à sa fantaisie. Les fellahs remplissent leur tâche en criant, en courant, en implorant des Bakchich, en se battant pour attraper la monnaie qu'on leur jette. Ils sont robustes, bien faits, alertes et gais, malgré leur misérable condition.

Le chemin de fer égyptien n'ayant qu'une voie, il en résulte pour les trains des retards considérables. Les wagons sont semblables à ceux d'Europe. Aucun avertissement n'est donné au voyageur du lieu où il se trouve. Il y a des buffets aux stations principales. Toutefois, il est essentiel d'emporter avec soi des provisions de bouche, du vin, quelques oranges, un flacon de cognac.

Nous côtoyons le canal Mahmoudiéh ; nous rencontrons les huttes en terre des villages fellahs. Les maisons basses, les murs dégradés, les toits plats, les portes sans fermeture font ressembler ces villages à des amas de cases incendiées ou à des forts démantelés. A côté des maisons se trouvent de vastes pigeonniers.

Dans la plaine, les canaux d'irrigation, les palmiers et autres arbres alternent avec la verdure et les moissons.

Nous traversons le lac Maréotis, qui était autrefois un lac d'eau douce très poissonneux. En 1801, les Anglais, pour se défendre, y ont fait entrer les eaux de la mer en rompant les digues d'Aboukir. Aujourd'hui la digue a été reconstruite. Le lac se dessèche quand les eaux du Nil sont basses, et se remplit au moment de la crue du fleuve, de juin en septembre, mais l'eau reste salée. Les chasseurs y trouvent des canards sauvages, des pluviers, des ibis, des hérons.

Nous arrivons à Kafr-el-Dawar, puis à Damanhour. A Kafr-el-Zaïa, où l'on passe un viaduc, nous perdons deux heures d'arrêt forcé.

On atteint un grand aqueduc, on voit les stations de Tantah, on franchit le viaduc de Birket-el-Sab, Benha, où se trouve un pont tubulaire de dix arches, sur le Nil. Le milieu est tournant pour permettre le passage des bateaux pendant la crue du fleuve. Nous passons Calioub. Le jour, on voit d'ici les pyramides sous la forme de petits nuages gris, triangulaires.

5.

A huit heures du matin nous avions fait, en sept heures, les 211 kilomètres qui séparent Alexandrie du Caire, et nous entrions dans la gare de Bal-el-Had.

X

Séjour au Caire. — Ascension aux pyramides.

Je me suis arrangé avec deux amis pour passer quelques jours au Caire. Les dépenses sont faites en commun et partagées entre nous trois. Nous avons choisi entre une demi-douzaine d'hôtels, l'hôtel des Ambassadeurs. Nous faisons d'avance le prix du séjour, logement et table, ce qui revient à 20 francs par jour. Nous engageons un interprète indigène pour 6 francs par jour, et nous prenons une voiture à raison de 20 francs pour la journée. Les voitures sont tarifées ; les ânes coûtent 1 franc l'heure.

Le Caire (la Victorieuse, el Kahirah) est une grande ville de 400,000 habitants, c'est la reine de l'Orient : « Qui n'a pas vu le Caire n'a rien vu ; son sol est d'or ; son ciel est un prodige; ses femmes sont comme les vierges aux yeux noirs qui habitent le paradis. » (*Mille et une Nuits.*)

Le vieux Caire a été fondé par Amsrou en 641, et le Caire actuel, trois siècles plus tard, par Mooz, premier calife fatimite.

Lorsqu'on est embarqué sur un bâtiment de l'Etat, si l'on veut aller passer quelques jours au Caire, il faut en demander l'autorisation au commandant de la marine à Alexandrie, qui vous délivre une réquisition pour le chemin de fer égyptien.

Il est essentiel de faire un choix parmi les nombreux ouvrages sur l'Egypte, de lire les descriptions des monuments que renferme la capitale, de s'initier un peu aux mœurs et aux usages du pays. Clot-bey, Maxime du Camp, Barthélemy Saint-Hilaire, et surtout le guide général de l'Egypte de François Levernay, donnent les meilleurs renseignements. Ce dernier fournit en même temps les plans les plus complets d'Alexandrie, du Caire, de Suez et du canal maritime.

Je ne reviendrai donc pas sur des sujets si bien traités, et me bornerai à quelques indications qui me paraissent utiles et à mes observations personnelles. La place de l'Esbekieh, grande comme le champ de mars à Paris, est le rendez-vous des Européens. C'est là que sont les bureaux de poste, les télégraphes, le cercle oriental. Près de là commence le Mousky ou quartier franc. La plus belle vue du Caire et de ses environs est celle dont on jouit du haut de la citadelle, qui est la première chose à visiter. On y admire le tombeau de Méhémet-Ali et la mosquée d'albâtre.

Il y a au Caire comme à Alexandrie des cafés-concerts donnant des soirées musicales. Le journal de l'Egypte se publie chaque jour en français au Caire.

Les pyramides sont environ à 12 kilomètres du Caire. La grande pyramide a 500 pieds d'élévation, deux fois la hauteur des tours Notre-Dame. Il y a 206 marches à monter. On parvient au sommet en 15 à 20 minutes. La descente s'opère plus rapidement. Il faut compter un jour pour cette excursion, que l'on fait à âne, et partir de grand matin. Les dépenses de la journée peuvent s'élever en général à 20 fr. On donne ordinairement 5 fr. au moins à l'Arabe qui vous aide à monter, et le skeik el beled ou chef du village est responsable de votre personne. Le voyage aussi bien que l'escalade sont très fatigants. Si une dame se hasarde à l'entreprendre, il est utile d'emporter un petit banc (et non un pliant) qu'un guide arabe tiendra pendant l'ascension à la disposition de l'intrépide voyageuse. Les fellahs nous hissent par les mains de marche en marche, et pour descendre on saute de degrés en degrés, de sorte qu'on est souvent obligé de se reposer en route. La pierre est très glissante et il faut prendre des précautions. Il est indispensable de ne donner aucun bakchich avant que la descente ne soit opérée complétement. L'intérieur de la pyramide (décrit dans plusieurs auteurs ou voyageurs) ne vaut pas la peine qu'on prend pour y pénétrer. Si l'on tient à visiter la chambre du roi et de la reine, il faut emporter de la bougie pour s'éclairer. Ces monuments sont des talismans contre le Khamsin, disent les Arabes. Selon M. de Persigny, ils paraissent avoir été élevés pour empêcher l'invasion des sables du désert.

Il est plus probable qu'ils ne furent que des tombeaux.

Il est bon de se défier des indigènes qui vous offrent à prix d'or des scarabées gravés, des statuettes et des monnaies. Ces antiquités prétendues ne sont fort souvent que d'habiles imitations.

Pour retourner du Caire à Alexandrie, on a le train express de 8 heures du matin et trois ou quatre autres trains. Les prix sont les mêmes que d'Alexandrie au Caire et du Caire à Suez. Le train pour Suez part à 10 heures du matin tous les jours.

XI

Le désert, en chemin de fer. — A dos de chameau.

Comme nous avions un train spécial, nous avons quitté le Caire à trois heures du matin. Il faisait un splendide clair de lune. La nuit était très fraîche, et ma couverture ne suffisait pas à me réchauffer en wagon. Il y a 153 kilomètres du Caire à Suez.

Nous voilà lancés à toute vapeur dans le désert; la noire silhouette des pyramides s'efface dans le lointain. Les chars de feu volent sur la surface plane et vitreuse d'un sol rayé de noir. Des poteaux télégraphiques se dressent comme les mâts d'un fantastique navire sur cette mer de sable. Partout le silence et partout la stérilité, et nous défions le khamsin, le simoun, le vent du midi, qui surprenait les caravanes, engloutissait les pèlerins, les étouffait, desséchait leur cadavre, et avec l'aide du soleil et du sable le rendait tellement léger, que s'il arrivait, dit un vieil auteur « à quelque voyageur passant par le même chemin de marcher sur le pied d'un de ces corps, le squelette se levait et le frappait au visage ! » Si vous fermez les stores et que vous regardiez en face de vous, vous êtes en Europe, en pleine civilisation. Si vous jetez les yeux au dehors, vous vous trouvez en plein désert et l'effet produit est surprenant.

Le matin nous aperçûmes des files de chameaux portant de l'eau aux quelques villages établis non loin des travaux de la voie ferrée. Des huttes de fellahs se découpent en grisailles sur un ciel sans nuages. Le mirage reflète au loin l'image d'un train qui laisse derrière lui une longue traînée de fumée. Quelques touffes d'herbe, des tertres de sable font croire à des forêts et à des montagnes s'élevant à l'horizon.

Enfin à onze heures du matin, nous arrivons à Suez. On met ordinairement moins de temps et le trajet peut se faire en cinq heures. La gare est sur le quai du transit. Ce chemin de fer sera prolongé plus tard jusqu'à peu de distance du cap Gardafui, le long de la côte de la mer Rouge.

Du Caire à Suez, le voyage peut se faire en trois jours à dos de chameau, pour dix francs par chameau. Un chameau peut porter en moyenne 250 kilogr. Les chameaux d'Egypte n'ont qu'une bosse. Il m'a pris fantaisie à Alexandrie d'essayer cette monture; je n'ai pas ressenti de malaise par suite du balancement du corps. « Pour monter à dromadaire on fait coucher la bête, on met le pied gauche dans l'étrier attaché au pommeau antérieur de la selle, et on enjambe du pied droit, pendant que quelqu'un tient le licou du chameau pour l'empêcher de se relever subitement. Le chameau relève d'abord les jambes de derrière. Il faut donc au moment où l'on est projeté en avant se tenir au pommeau de la selle et faire de même lorsqu'on est renversé en arrière, quand le chameau relève ses pieds de devant. On est en selle dans la position des femmes à cheval, la jambe droite repliée autour du pommeau de devant. Pour conduire l'animal on a un petit bâton recourbé qui sert à ramener le licou quand on l'a laissé tomber de sa main. Quand on veut mener l'animal à gauche, on le touche sur le col à droite avec le bâton; pour le mener à droite on le touche à gauche.

Pour l'arrêter on tend le licou en arrière ; pour descendre on avertit le chameau en le touchant à l'épaule et par un bruit de gosier. Il plie les jambes de devant, puis celles de derrière ; on se tient cramponné à la selle pendant ce temps-là. Enfin lorsque l'animal est couché, on descend facilement. » M. Barthélemy Saint-Hilaire, à qui nous empruntons ces renseignements (1), dit qu'on est parfaitement à son aise sur un dromadaire, et qu'on pourrait y dormir, y manger et même y écrire sans trop de gêne ! Un bon chameau coûte 500 francs.

(1) Lettre sur l'Egypte. Paris, 1857.

XII

Suez. — Hôtels et dépenses. — La ville et les environs. — Fontaines de Moïse. — Bains. — Hôpital français. — Écoles. — Poste aux lettres. — Télégraphe. — Population. — Canal de Suez. — Port-Saïd. — Rade de Suez. — Consulat.

A l'hôtel anglais de la Compagnie péninsulaire et orientale, la table et le logement montent à une livre sterling par jour. Le dîner coûte 6 shillings sans le vin. A l'hôtel Victoria, les prix sont moins élevés, et l'on ne paie que 15 francs ou 3 piastres par jour. La meilleure installation, la meilleure table et les prix les plus doux sont à l'hôtel d'Angleterre. A l'hôtel de France, sur la place du marché aux grains, on est convenablement hébergé à des prix modérés.

En 1865 une compagnie anglaise s'est formée dans le but d'établir des hôtels sur la route des Indes et de la Chine. C'était, en effet, une importante lacune à remplir. Déjà cette

Compagnie a ouvert au Caire un établissement monté sur un bon pied et où l'on trouve tout le comfort désirable.

Le canal de Suez est une œuvre française, aussi les Français affluent-ils maintenant dans cette ville, qui, outre le commerce de l'Asie avec l'Occident, accaparera tout le commerce de la côte orientale d'Afrique.

Suez n'a rien qui attire la curiosité du voyageur. Le bazar ressemble à ceux d'Alexandrie. Sur le chemin qui y conduit est une curieuse maison habitée par un grec. La maison où logea Bonaparte appartient à Clot-Bey. On peut visiter les mosquées ou voir comme but de promenade le cimetière arabe, le bassin des Messageries impériales, parcourir le canal d'eau douce en bateau à vapeur allant de Suez à Port-Saïd, voir les travaux du canal (el haleg) jusqu'à Chalouf, à quatre lieues de Suez, faire une excursion en six heures d'embarcation, avec brise favorable, aux fontaines de Moïse sur la côte d'Arabie.

Les Coptes qui habitent la petite ville de Tor, dans le golfe de Suez, exploitent la dévotion des pèlerins en leur vendant de l'eau provenant de ces fontaines.

On va de Tor au mont Sinaï en deux jours, à dos de chameau, par une route détestable. Les voyageurs reçoivent l'hospitalité au couvent grec du mont Sinaï où 25 à 30 moines vivent dans le célibat et ne mangent pas de chair. A un mille et demi de Tor il y a dans un bois de dattier une source limpide, saumâtre et chaude à 35 degrés, où l'on peut se baigner.

Suez possède des bains publics à l'hôtel d'Orient, une bibliothèque populaire dans l'établissement des Messageries impériales, un café concert.

Un hôpital français y est subventionné par les ministères des affaires étrangères et de la marine. Il est desservi par un médecin français et des religieuses françaises du Bon-Pasteur. En outre, ces religieuses tiennent une école de petites filles et les pères de Terre-Sainte une école de petits garçons.

Notons encore la poste française ouverte de 11 heures à 3 heures du soir. Le paquebot-poste part de Suez pour Saïgon, le 26 ou le 27, et arrive à Suez venant de Saïgon, le 28 de chaque mois. Le télégraphe correspond avec les villes principales de l'Egypte et avec l'Europe. De Suez au Caire une dépêche de 20 mots coûte 5 francs 20 et de Suez à Alexandrie, 10 francs 40. De 5 heures du soir à 6 heures du matin, la taxe est double.

Suez est relié par le télégraphe de l'isthme, à Port-Saïd. Une dépêche adressée de Suez à l'une des 13 stations de l'isthme, coûte 2 francs.

Il est perçu 50 centimes en plus, pour toute dépêche venant de l'extérieur à destination de l'isthme.

La population de Suez qui était en 1864 de 3,000 habitants, est aujourd'hui de 4 à 5,000 Européens et de 20,000 indigènes.

Cet accroissement rapide est dû au canal d'eau douce et aux travaux de percement de l'isthme commencés en 1859, et dont l'importance est telle que deux villes ont été créées, l'une, Ismaïlia avec 5,000 habitants dans le désert, au milieu du parcours du canal, et Port-Saïd sur la côte de la Méditerranée.

On sait que le canal maritime a 155 kilomètres de longueur, et qu'il est rencontré à peu près en son milieu par le canal d'eau douce qui va du Nil à Ismaïlia et d'Ismaïlia à Suez. La longueur est de 135 kilomètres. Les eaux de la Méditerranée remplissent les 60 premiers kilomètres du canal maritime de Port-Saïd à Ismaïlia. Des remorqueurs à vapeur fonctionnent sur cette section et des toueurs à vapeur se meuvent sur le canal d'eau douce d'Ismaïlia à Suez. De cette façon a commencé le service du transit et des transports, dont la France a la première profité dès les premiers mois de 1867. Avant deux ans, l'œuvre admirable de M. de Lesseps sera achevée, et cette grande voie commerciale sera ouverte à tous les peuples.

Pour visiter les travaux il faut demander une autorisation au directeur général des travaux à Ismaïlia. La bienveillance des fonctionnaires de la Compagnie est universellement connue. Il faut deux jours pour aller d'un bout à l'autre du canal. Pour visiter en détail, une semaine n'est pas trop.

Comme beaucoup des navires de guerre ou de commerce français touchent maintenant à Port-Saïd, disons en passant que cette ville a 10,000 habitants, une église catholique, une chapelle grecque, une mosquée, un hôpital, un télégraphe, un marché assez bien approvisionné, des hôtels, des cafés, des cercles, des bains publics, et d'importantes maisons de commerce.

Revenons maintenant à l'autre extrémité du canal maritime, à Suez. La distance de la ville au mouillage des grands bâtiments est de 5 à 6 milles. Les remorqueurs à vapeur servant de bateaux de passage mettent moins d'une heure pour franchir cette distance et demandent 2 fr. 50 c. par passager ou 10 piastres égyptiennes ou tarifées.

Chaque jour à 9 heures du matin, un petit vapeur parcourt la rade et se rend à Suez, d'où il repart le soir à 3 heures.

A 5 heures du soir il retourne à Suez et en revient à 9 heures du matin.

Le consul français à Suez est M. Emerat.

Si l'on a besoin de retourner de Suez à Alexandrie le train part à 8 heures 45 du matin. Quant à nous, nous tournons le dos au chemin d'Europe et nous avons à parcourir sur mer 1,891 lieues marines jusqu'à Saïgon.

XIII

Mer Rouge. — Le Sinaï. — Le mont Horeb. — Mont de Moïse. — Moka. — Périm. — Baie d'Osboc. — Bal-el-Mandeb. — Océan indien. — Rade d'Aden. — Pagayeurs et plongeurs.

Nous appareillons de Suez le 3 décembre. La traversée de la mer Rouge, à cause de la grande chaleur, est très pénible depuis le mois de juin jusqu'à la fin de septembre. Nous la passons à l'époque la plus favorable. Nous avons environ 1,308 milles à franchir pour arriver à Aden, et nous ne perdons pas de vue les côtes. Le golfe arabique a été appelé mer Erythrée, mer Rouge, en raison de la coloration de ses eaux, due à une algue particulière, le trichodesmium, à des zoophytes et à des récifs de corail rouge.

La chaîne des monts qui bornent la côte d'Afrique s'interrompt et laisse à découvert la vallée par laquelle les Israélites arrivèrent au bord de la mer au nombre de 200,000. La mer Rouge a 12 milles de large à l'endroit où ils passèrent, et qui, selon les Arabes, est entre le cap Zafarana et le cap Abouderage. Moïse ayant étendu la main sur les eaux, le Seigneur les entr'ouvrit et les enfants de Jacob passèrent à pied sec. Dans le sourd grondement de la mer et le brisement des lames, on croit entendre le fracas des chariots, le choc des cavaliers de Pharaon engloutis dans les flots, tandis que sur les bords opposés les Hébreux entonnent le cantique d'actions de grâces.

Les Israélites arrivèrent à Mara, ou puits des eaux amères, au désert de Sur ; mais Moïse en adoucit l'amertume en y jetant un certain bois. Les puits qu'on voit aujourd'hui sur le rivage, contenant une eau saumâtre, ont reçu le nom de fontaines de Moïse.

Sur la côte d'Asie, en Arabie pétrée (l'Hedjaz actuel), la double pointe du Sinaï se découpe sur un ciel bleu. Les tentes des Hébreux étaient dressées vis-à-vis de la montagne où Dieu promulgua sa loi. Vu de la mer, le Sinaï présente un flanc abrupte et rocheux. Ses arêtes sont vives et saillantes. Le sommet se partage en deux pointes laissant entr'elles un espace en forme d'entonnoir, semblable au cratère d'un volcan, et d'où l'on voudrait voir s'élancer les jets de flamme et de fumée qui accompagnèrent la promulgation du décalogue. Le Sinaï est à 914 mètres au-dessus du couvent grec.

A côté du Sinaï se dresse le mont Horeb, ou mont de Moïse, dont la pente est hérissée de rochers. Moïse d'un coup de sa baguette en fit jaillir une source d'eau vive.

Les blanches maisons de Moka et les flèches de ses minarets nous apparaissent sur la côte d'Arabie.

Il en est du café de Moka comme de certains crûs de vins rares. La consommation qu'on en fait dans le monde entier est de beaucoup supérieure à la production du pays. L'excellent café que l'on boit sous le nom de Moka vient surtout de l'Yémen.

Nous sommes par le travers de Périm dont le phare nous guide. C'est une île de quatre milles et demi de long, élevée de 70 mètres au-dessus de la mer, n'ayant pas d'eau douce et habitée par des soldats anglais. L'Angleterre prit cette île en 1798.

Périm est en communication télégraphique avec Aden.

En face de Périm, à trois milles du cap Resbir, on trouve la baie d'Osboc. En 1862, le *Curieux* a pris possession d'une concession qui a été faite à la France sur ce point, par les chefs indigènes. Nous y avons un bon mouillage et nous pourrions entretenir là un dépôt de charbon.

Nous franchissons le détroit de Bab-el-Mandeb, la porte des larmes, passage qui occasionnait autrefois de fréquents naufrages.

Nous entrons dans l'Océan indien. La mer est calme et limpide ; une multitude de petits poissons entourent le navire comme d'une ceinture parsemée de paillettes d'argent ; de gros oiseaux pêcheurs planent sur les eaux et tout d'un coup s'abattent sur une proie qu'ils emportent dans leurs serres. Nous passons à côté de gros îlots de rochers, nous avons devant nous les pics rocailleux de la côte d'Asie. Ces rochers forment une chaîne sur les flancs de laquelle nous voyons, dès notre mouillage en rade d'Aden, l'établissement de la Compagnie des Messageries impériales, de la Compagnie péninsulaire et orientale, et sur chaque sommet se dressent des forts et des canons anglais.

Des barques montées par des Hindous font force de rames jusqu'au navire. Ces rames ou pagayes sont de longues perches terminées à chaque extrémité par une palette en bois, fixe, ronde ou en forme de lance. Des pirogues glissent près de nous. De petits nègres plongent sans crainte des requins pour saisir quelques pièces de monnaie qu'on jette pour eux à la mer. Ils les rattrapent toujours avant qu'elles ne soient au fond. Des indigènes pagayant sur trois petits troncs d'arbres liés ensemble viennent offrir des fruits.

Notre relâche à Aden doit durer deux jours. Après avoir demandé l'autorisation de descendre à terre, l'heure précise du départ du bâtiment et salué les officiers du bord, nous nous rendons à terre pour visiter la ville.

XIV

Aden. — Prix et moyens de transport. — Hôtel du Prince-de-Galles. — Les Parsis. — Chapeau en saja. — Monnaies. — Le port. — Approvisionnements. — La ville. — La route d'Aden. — Fortifications. — Citernes de Tawila. — Manque d'eau potable. — Femmes dangereuses. — Rues d'Aden. — Types indigènes. — Paquebots des Messageries impériales. — Curiosités.

Nous venons de quitter Aden et je vais vous donner sur cette ville de l'Arabie heureuse quelques détails qui pourront d'autant plus vous intéresser que ce pays a beaucoup changé depuis une trentaine d'années.

Le prix des bateaux de passage, aller et venir, avec séjour d'une demi-heure au plus, est :

Pour 1 ou 2 passagers...	6 annas ou.....	1 fr.	»	c.
Pour un 3ᵉ passager.....	2 annas en plus.	»	30	
Pour aller du bord à terre.	4 annas.......	»	60	
Un bateau à l'heure.....	4 annas.......	»	60	
Pour plus de 8 heures...	2 roupies.....	5	ou 1 piast.	

Pour aller de Steamer-point à la ville arabe

Coolies............	2 annas.......	» fr.	30 c.
Mules.............	8 annas......	1	35
Anes.............	4 annas......	»	60
Voiture à 2 places.....	1 roupie 2 annas.	3	» environ;
— à 4 places.....	2 roupies......	5	» id.
— à 2 chevaux....	3 roupies......	7	50 id.
Chameau...........	6 annas.......	1	»
Cheval............	1 roupie......	2	50

Pour aller et venir, avec séjour d'une demi heure au plus :

Coolies............	3 annas.......	» fr.	50 c.
Mules.............	12 annas.....	2	» environ.
Anes.............	6 annas.......	1	» id.
Voiture à 2 places.....	2 roupies 4 annas.	5	60
— à 4 places.....	3 roupies.....	7	50
— à 2 chevaux....	4 roupies.....	10	»
Chameau..........	10 annas	1	50
Cheval............	1 roupie 8 annas.	3	75

Par heure :

Coolies...........	2 annas.......	» fr.	30 c.
Mules	8 annas.....	1	25
Anes............	5 annas.....	»	75
Voiture à 2 places.....	1 roupie 6 annas.	3	50
— à 4 places.....	2 roupies 5 annas.	5	75
— à 2 chevaux....	3 roupies 6 annas.	8	50
Chameau..........	6 annas.....	1	»
Cheval...........	1 roupie 2 annas.	2	80

Par jour :

Coolies............	4 annas.......	» fr.	60 c.
Mules	1 roupie 4 annas.	3	20
Anes.............	12 annas.....	1	80

Voiture à 2 places	4 roupies	10 fr.	»
— à 4 places	5 roupies	12	50
— à 2 chevaux	6 roupies	15	»
Chameau	1 roupie	2	50
Cheval	3 roupies	7	50

La nuit, moitié des prix ci-dessus en plus.

Quoique les voyageurs forcent généralement ces prix et paient largement, les indigènes ne sont jamais satisfaits. En cas de contestations, il faut bien se garder de frapper, mais en référer aux policemen.

Il n'y a à Aden que l'hôtel du Prince-de-Galles, tenu par le parsis Covasdji dinchâo et situé à la pointe des steamers, à l'endroit où l'on débarque. On n'y trouve que des chambres nues comme une prison, un lit sans oreiller ni couverture, et des consommations anglaises, dont les prix sont réglés par des tarifs. Il y a une salle de billard et des salles de bains. Le prix de ces mauvais logements est très cher.

On vend chez les Parsis, voisins de l'hôtel, de médiocres curiosités de l'Inde et de la Chine, de la chapellerie, etc., etc. Ces Parsis sont surtout compradors, ou dobachees, ou pour parler un langage intelligible, fournisseurs des navires. Cependant ils n'ont pu à

notre passage nous fournir de vin potable.
Partout dans l'Inde on rencontre des Parsis. La
plupart de ceux que l'on trouve sur la route
de Chine viennent de Bombay, où s'étaient
réfugiés les Perses, leurs ancêtres, lorsque les
califes voulurent les forcer, il y a douze cents
ans, à embrasser le mahométisme. Leur refus
leur valut le nom de Guèbres ou infidèles : ils
adorent le soleil et le feu, qu'ils n'éteignent
jamais, même si leur maison brûle. Ils ne se
servent pas d'armes à feu. On dit qu'ils se marient entre eux et même entre frère et sœur. Ils
laissent leurs cadavres se dessécher à l'air sous
l'ardeur du soleil. On les dit riches et honnêtes,
alliance fort rare de deux grands biens. Ils
portent une grande robe blanche, serrée à la
taille, un bonnet en carton et toile cirée, semblable à une mitre, et des souliers relevés en
pointe. Leur robe de dessous est nouée par un
cordon regardé comme sacré. Ils ont la figure
ronde, très brune, des épaules carrées. Ils sont
tous gros et gras. La religion de ces disciples
de Zoroastre, à ce qu'il paraît, leur fait un
devoir de se bien nourrir, prétendant, contrairement à l'Evangile, que si la chair est faible
l'esprit le devient encore davantage. De même

ils pensent que pour être heureux dans l'autre monde, il faut avoir dans celui-ci une femme et un fils, croyance que l'on voudrait voir propager en France.

L'année 1867 correspond à l'an 1236-37 de l'ère des Parsis.

Nous laissons à ces bons Parsis leurs opinions et leur mitre et nous faisons emplette d'un chapeau en tige de saja, ce qui ressemble assez à de la moëlle de sureau. Ce chapeau, qui a la forme d'une pagode à étages, ornée d'un ruban ou d'un voile, des rebords dignes d'un fervent quaker, l'épaisseur d'un doigt, la légèreté du papier, doit nous garantir des ardeurs du soleil. Il y en a en forme de casque de pompier, d'autres semblables au dôme du Panthéon, avec des ouvertures ménagées pour laisser circuler l'air à l'intérieur. Ce sont des coiffures qui sont certainement peu gracieuses, mais bien précieuses.

Ainsi équipés, nous avons à choisir pour nous rendre en ville, un âne, un cheval, un chameau ou une voiture. Les voitures sont peu nombreuses.

Les monnaies d'Aden sont la piastre = 5 fr. 60; le shilling = 1 fr. 25; la roupie = 16 annas = 2 fr. 50; l'anna = 0 fr. 15 c. = 12 pies, 4 pies = 0 fr. 05 c.; double anna = 0 fr. 30 c. Si l'on a quelque difficulté avec les indigènes, il faut éviter de les frapper. Il suffit de s'adresser à la police indigène ou plutôt aux policemen anglais; ces dignes défenseurs de l'ordre public ont la respectability de notre bon gendarme, et j'en veux à Cooper de les avoir, malgré leur taille, appelés « les myrmidons de la loi. » L'agent consulaire français à Aden est M. de Créty, directeur de l'agence des messageries impériales. Le résident anglais est le lieutenant-colonel Merewether. Le bureau de la poste est sur la plage.

Aden n'est pas un port de commerce. Les navires n'y trouvent comme ravitaillement que ce qui vient de l'intérieur, et comme approvisionnement d'eau que celle fournie par les appareils distillatoires. Les habitants emprisonnés dans un rayon fort restreint, sont à la merci des navires qui apportent des provisions d'Europe et à la merci des indigènes qui amènent de l'intérieur le bétail et les vivres frais. Il est en effet très dangereux de s'avancer dans le pays, et l'on risque même aux environs de la ville d'être enlevé par des tribus

nomades ou par les indigènes eux-mêmes.
Aussi recommande-t-on toujours d'être armé
pour se promener à terre de jour ou de nuit.
La ville est à 6 kilomètres du point d'atterrissement. Elle n'a d'importance que par sa position qui commande l'entrée de la mer Rouge.
Depuis que les Anglais, en 1839, sont venus
casser les pierres d'Aden pour en faire un avant-
poste sur la route de l'Inde, la population a
augmenté et elle atteint maintenant le chiffre
de 30,000 habitants. On n'y parle qu'anglais.
Le percement du canal de Suez et le passage
de nombreux paquebots et transports donnent
à Aden une vie nouvelle et un rapide développement. Une belle route conduit à la ville. On
passe devant une caserne de cipayes, construite
entre la mer et une chaîne de montagnes rocheuses. Bientôt la route se bifurque et fait un
détour vers l'Océan jusqu'à un tunnel percé
dans le roc qui se rend au rivage, à un endroit où se trouvent des réservoirs d'eau pour
les dromadaires et les bêtes de somme. On
remarque en passant un campement arabe,
un port pour les barques de peu de tonnage,
de nouvelles constructions marchandes, et l'on
rencontre les costumes les plus variés et les

plus pittoresques. A droite la route continue en suivant la pente ascendante du rocher aplani. Rien n'est majestueux comme le spectacle dont on jouit lorsqu'on est au pied de la montée : à gauche, l'Océan ; à droite et en face, des rochers abruptes. Des forts hérissés de canons en couronnent le sommet, dont l'accès est défendu contre les tartares occidentaux par de longues murailles courant dans les sinuosités du roc ; tandis qu'une porte fortifiée et un bastion muni de canons et de soldats coupe la route obliquement.

En franchissant cette porte, gardée par des cipayes en habit rouge, vous vous trouvez dans une tranchée creusée dans la pierre vive et resserrée entre deux immenses falaises rocheuses, formidables Thermopyles britanniques. Une arche relie entr'elles ces deux murailles à une grande hauteur. Cette gorge, qui va en serpentant selon les accidents du sol, offre dès l'entrée un aspect pittoresque et grandiose. Le soir surtout, lorsque la lune jette sa lumière blafarde sur les flancs des rochers, les parties saillantes se détachent sur un fond noir, tandis que les moindres cavités ressemblent à de sombres cavernes. Une grande fraîcheur vous saisit. Il règne en ces lieux un silence qui n'est troublé que par les sourds grondements de la mer et les pas mesurés de la sentinelle que l'écho répète en les prolongeant.

En sortant de ce col étroit, Aden nous apparaît avec ses blanches maisons et ses cases en feuilles de palmier desséchées. Que l'on s'imagine une chaîne circulaire de montagnes noirâtres dominant et entourant de leurs arêtes immenses, comme d'une couronne dentelée, une vaste plaine semblable au cratère d'un volcan dont la lame et la cendre se seraient refroidies, affaissées, solidifiées et nivelées :

Ci-gît Aden, nature morte, vie factice, sentinelle isolée, station politique, caravansérail maritime.

A califourchon sur un âne vigoureux, qu'un jeune says indien aiguillonne de sa sagaye, je me rends directement aux citernes (tawila-tanks). Aden est privé d'eau de source ou de rivière. Il est arrivé que pendant quatre ans il n'avait plu que deux fois. Les Anglais, qui songent avant tout aux premières nécessités de la vie et à une installation confortable ont tenté d'obvier à ce grand inconvénient en construisant les citernes, et suppléer ainsi à la distillation de l'eau de mer qui s'opère au moyen de machines à vapeur installées sur le rivage.

La surveillance anglaise ne permet pas que l'on prenne des dessins ou qu'on lève des plans des fortifications ou des citernes sur les lieux mêmes.

Aucune description ne fera comprendre entièrement ce qu'il y a de magnifique dans cette œuvre où les sublimes beautés de la nature s'allient aux efforts persévérants de l'art et de la puissance des hommes. Je vais cependant en essayer l'esquisse.

On rencontre d'abord une ancienne citerne creusée par les Maures et qui vient d'être comblée par les Anglais. Le mur qui en entourait l'orifice a été abattu. Quelques pas plus loin on arrive à une terrasse garnie dans sa largeur d'une grille de fer. De là le regard plonge dans un immense bassin à fond plat. Les parois ont conservé les larges inégalités de la roche et sont entièrement revêtues d'une épaisse couche de ciment blanc, poli et brillant comme du stuc. De chaque côté ce sont des allées bordées de plantes du pays, des jardins, des fleurs, qui ne vivent qu'à force de soins, et qu'il faut visiter à pied. Une caverne où les travailleurs indigènes se reposent est pratiquée dans le rocher à l'entrée d'une allée qui se prolonge en laissant dans l'intervalle de profondes cavités et des puits de diverses grandeurs. Des escaliers de granit nous conduisent ensuite jusqu'à un pont qui débouche sur une seconde terrasse où quelques arbres abritent de leur verdure l'orifice d'un puits. Des Indiens en remontent l'eau dans des outres. Un nouvel escalier nous mène à un nouveau pont, après lequel viennent encore des degrés jusqu'à la hauteur de la dernière plate-forme, donnant sur le dernier bassin; c'est là principalement que les eaux descendent. La citerne du fond peut contenir 4,645,273 gallons anglais = 21,089,600 litres. Ces bassins remplis suffiraient à l'approvisionnement d'Aden pendant deux ans.

L'ensemble de ces réservoirs est encaissé dans une immense cavité en forme de fer à cheval, formée par les rochers qui s'élèvent encore à une grande hauteur au-dessus du plateau du dernier réservoir. De ce dernier point, en se plaçant au centre du fer à cheval, le spectacle est magnifique. Le fond de la scène est rempli par les teintes bleues du ciel et de la mer qui se confondent dans le lointain, tandis que plus près les feux du soleil se reflètent sur les flots écumants. La masse noire de rochers escarpés qui séparent la ville de la mer se découpe sur cet océan d'or et d'azur. Les lignes blanches des maisons semblent, pour faire contraste, venir se ranger au pied des montagnes. Les cases en paillotes s'élèvent en amphithéâtre. Ces ouvrages nous offrent des accidents pittoresques, des ponts jetés d'un rocher à l'autre, des roches immenses déchirées depuis leur sommet jusqu'au fond des réservoirs, des crevasses profondes d'où l'eau des pluies descend par cascades ou par torrents, s'engouffre dans les anfractuosités de la pierre et rejaillit en bouillonnant jusque dans le bassin le plus élevé. De là elle se rend par des canaux dans un second bassin en remplissant les puits sur son passage, les petits bassins latéraux et enfin le grand réservoir.

Nous revenions de visiter les citernes de Tawila. Nous laissions nos montures, la bride sur le cou, nous ramener tranquillement à la ville à travers des rangées de cases en paille, lorsque nous voilà entourés d'une avalanche de femmes de toutes les couleurs et de tous les types qui nous invitent en anglais à venir prendre le café dans leur case. Les unes portent sur la tête un voile qui vient se renfermer dans un étroit corsage, une jupe complète leur costume ; d'autres sont vêtues de longues robes d'une seule pièce, d'autres s'enveloppent et se drapent dans une grande étoffe blanche. Leurs cheveux sont partagés en plusieurs petites tresses parfumées. Leurs jambes et leurs bras nus sont ornés de gros anneaux d'or et d'argent. Quelques-unes ont le visage tatoué, d'autres ont des anneaux dans chaque narine et de plus grands encore aux oreilles. Le corset est chose inconnue, aussi les hanches sont-elles très développées.

Le paradis de Mahomet est peuplé de femmes au teint jaune, ou vert, ou rouge, et leur corps est un composé de safran, de musc, d'ambre et d'encens, pour la plus grande satisfaction des vrais croyants. Tel est l'effet que produisent les figures bronzées, cuivrées, noires ou d'un blanc mat de ces beautés vénales, effet peu séduisant pour un Européen, et si l'on songe au dicton qui s'y frotte s'y pique, ni la curiosité, ni la soif de Moka, ni la complicité des âniers et de leurs ânes ne serviront de prétexte pour s'arrêter dans les demeures impures de ces étranges bayadères. L'odeur d'aloès et d'encens nous suffoquait, nous avions satisfait notre curiosité.

Nous rentrons enfin dans la ville que nous parcourons lentement. Les rues sont bien alignées, les maisons ont généralement un étage ; les fenêtres sont en saillie sur la rue. Sur le devant des maisons se trouve fréquemment une galerie sous laquelle les habitants passent la nuit, étendus sur des nattes. Les indigènes d'Aden sont grands, bien faits, noirs comme l'ébène. Ils restent nus, exposés au soleil. Beaucoup d'entre eux ont les cheveux divisés en petites mèches frisées et ondulées. Ils regardent les cheveux roux comme une beauté, et l'on en voit qui, pour obtenir ce joli résultat, se mettent sur la tête une calotte de chaux.

Ils ont la peau douce, fine et luisante sans être huileuse ; on croirait voir un bronze d'Albert Durer. Leurs dents sont belles et bien entretenues. Ils sont sectateurs de Brahma.

De jeunes bateliers indiens dorment sur le sable du rivage. Au premier appel, je les vis aussitôt se dresser, regarder et en un bond tous ces diablotins étaient debout; ils nouèrent en turban leur unique couverture, et, rivalisant entre eux, se jetèrent à l'eau pour atteindre leur barque amarrée à mer basse, loin du rivage. Quelle vigueur de race de pouvoir passer ainsi sans transition du sommeil au saisissement physique d'un bain froid !

Les passagers pour la Réunion et Maurice, partis le 9 de Marseille sur un paquebot des Messageries impériales, s'arrêtent à Aden, puis font route pour Mahé des Seychelles, pour La Réunion et enfin arrivent à Maurice vers le 6 du mois suivant.

Le Parsis fournisseur nous a approvisionné de moutons venus du Turkestan ou de l'Afganistan, et qui ont à l'origine de la queue un large appendice graisseux. Des cannes, des plumes d'autruche, des paniers somalis, sont à peu près les seuls objets de curiosité à acheter à Aden.

XV

Socotora. — Installation du bord. — Mode de couchage. — Cancrelats. — Le soir à bord. — La table.

En quittant Aden le 15 décembre, nous sommes passés au pied de Socotora, grande île de vingt-quatre lieues de long, qui était il y a deux mille ans une des grandes stations commerciales entre l'Arabie et les Indes. Elle a soixante-onze milles anglais de long et vingt-deux milles de large. Les indigènes sont hospitaliers. On trouve dans ces parages des moutons, bœufs, dattes, bananes, oranges, pastèques, raisins, etc.

La côte est escarpée, des nuages floconneux flottent sur le sommet des pics de granit. Des poissons ailés voltigent autour du navire.

Le 20, nous sommes par le 8ᵉ degré de latitude Nord et le 52ᵉ de longitude Est, de sorte que lorsqu'il fait nuit pour nous, le soleil chez vous n'est pas encore couché.

Un brillant météore vient de sillonner le ciel en jetant sur son passage une vive lumière.

Déjà la traversée me paraît longue. En quittant chaque relâche, je ressens un malaise, un léger mal de mer qui se dissipe après un repas ou un peu de sommeil à bord.

Les passagers des bâtiments de l'État sont logés suivant leur grade, ou le grade auquel ils sont assimilés. Les uns sont seuls dans leur cabines, d'autres ont une chambre à plusieurs couchettes, d'autres enfin sont réunis dans un poste en toile, installé pour le voyage.

A bord des paquebots des Messageries, le linge de toilette et les draps sont fournis, mais sur les transports de l'État, il est souvent impossible d'en donner à tous, à cause du grand nombre de passagers. Il est donc bon d'en emporter pour une si longue traversée.

Je passe souvent une partie de la nuit sur le pont, pour fuir la chaleur étouffante de la batterie ou du faux-pont. Je me roule dans une grande couverture et m'étends dans un coin en m'enveloppant la tête d'un foulard pour me préserver des escarbilles et de la lumière de la lune qui est dangereuse pour les yeux. Vers le milieu de la nuit, la rosée étant très abondante et la fraîcheur se faisant sentir, il est prudent de descendre dans sa cabine, à moins que le bâtiment n'ait des tauds ou tentes qui garantissent le pont des ardeurs du soleil et de l'humidité de la nuit.

Dans une couchette l'effet du roulis ou du tangage se fait sentir très péniblement. Si l'on est logé à l'arrière du bâtiment, la rotation de l'hélice imprime au corps et surtout à la tête de fortes secousses qui deviennent insupportables lorsque par une mer houleuse les branches de l'hélice se trouvent momentanément hors de l'eau, la vitesse de rotation s'accélérant subitement. Le hamac ne peut convenir qu'aux jeunes gens. Il faut être assez leste pour se hisser à la force des poignets et s'y glisser malgré le balancement continuel du navire et de ce lit suspendu.

Le hamac est muni d'un petit matelas. Pour le maintenir développé dans toute sa largeur, on se procure deux bâtonnets d'environ 0^m 50 centimètres de long, un peu recourbés en forme d'arc, dont on échancre les deux extrémités, et on interpose ces bâtonnets à la tête et au pied du hamac entre les araignées ou cordes de suspension.

Le mode de couchage préférable est le cadre dont le fond plat et fixe est bordé de toile à voile. Il n'y a donc pas à craindre d'être jeté en bas par le roulis. Il est suspendu et oscille sans secousses et sans que le mouvement de l'hélice se répercute sur la tête comme autant de coups de marteau. On y est moins exposé que dans la couchette à être tourmenté par les cancrelats ou ravets.

Le cancrelat ou blatte est un orthoptère aux larges ailes, brunes, luisantes, aux longues pattes, ayant une odeur particulière qui infecte les navires. Le contact de ces insectes est répugnant. Ils percent les effets de trous circulaires et s'attaquent même aux extrémités des doigts et des oreilles. Ils sont surtout gênants le soir. Ils voltigent autour de la lumière qu'ils éteignent quelquefois, et le bourdonnement de leur vol très lourd peut empêcher de dormir. Ils courent avec rapidité, et il est préférable de ne pas les écraser à cause de l'odeur désagréable qu'ils répandent autour d'eux.

Le pliant est un siége commode qu'on transporte facilement et qu'on déplace à volonté, soit pour se mettre à l'ombre, soit pour ne pas gêner dans une manœuvre. La veillée sur le pont a souvent bien des charmes. Lorsque le temps est calme, que la lune brille dans son éclat, qu'on est réuni par groupes, assis où l'on peut et comme l'on peut, on se suspend volontiers aux lèvres de quelque conteur à l'imagination vive ; on aime à écouter les merveilleux récits de voyages lointains, de récentes campagnes, des descriptions humouristiques des pays les plus divers. On passe quelquefois sans transition du domaine du Père la ligne aux huttes des Esquimaux et des palais romains dans les forêts du nouveau monde. Le plus souvent les hommes sérieux, posés, font gravement leur partie de whist ou d'échecs au carré On entreprend des parties de besigue interminables, des rams innocents, ou de silencieuses réussites qui réussissent à passer le temps. Dans une joyeuse réunion sur le pont, on se livre aux petits jeux ; dans une autre, on exhume tout un répertoire d'airs variés depuis la chanson jusqu'aux chœurs d'opéra, et l'auditoire indulgent ne marchande pas ses applaudissements.

De même qu'il y a diverses catégories de

logements, de même il y a à bord différentes tables. Les officiers supérieurs prennent place à la table du commandant, les autres officiers ont le couvert au carré des officiers ou au poste des élèves. Il est alloué par l'État à chacune de ces tables par personne ou par jour pour la première catégorie, 6 francs, la seconde, 3 fr. 75, et la troisième, 1 fr. 50. Les repas ont lieu le matin à neuf heures, le soir, à quatre heures avant le branlebas. On vient ensuite prendre l'air sur le pont, on fume un cigare, on cause, on se promène, on admire un soleil couchant, on cherche dans un ciel étoilé la croix du sud et les plus belles constellations.

Nous eûmes aujourd'hui le magnifique spectacle d'un arc-en-ciel, mais la pluie vint ensuite, ce qui rend la vie plus monotone et plus fatigante à bord.

XVI

Pointe-de-Galle (Ceylan). — Pagayeurs indigènes et marchands de curiosités. — Le port. — La ville anglaise. — Hôtels et dépenses. — Blanchisseurs. — Langages. — Le cimetière. — Ville noire. — Bazars. — Monnaies. — Télégraphe. — Bains. — Jardin des cannelles. — Temple boudhique. — Boudhisme. — Pic d'Adam. — Chapelle catholique. — Excursion à Colombo. — Paquebots-poste.

Le 27 septembre nous avions parcouru à peu près les 2135 milles qui séparent Aden de Pointe-de-Galle (Ceylan); nous étions en vue du pic d'Adam et bientôt au mouillage.

Après avoir franchi le désert, la mer Rouge, dont les côtes sont arides, Aden et ses rochers noircis par le feu, quelle sensation de plaisir on éprouve en voyant de loin, sur des hauteurs verdoyantes, le blanc pilier d'Edouard, et en approchant de terre, des bouquets d'arbustes, des bois de palmiers élancés! Une foule de pirogues si étroites, qu'il faut un balancier pour les soutenir sur l'eau, s'approchent du navire avec des provisions fraîches. Des indigènes au teint noir, barbus, mâchant le bétel, portant les cheveux longs, noués en chignon et maintenus par un peigne d'écaille, viennent offrir des pierres, soi-disant précieuses, des opales d'une belle eau et à vil prix, des yeux de chat, des imitations de diamants, des coquillages, des dents d'éléphants, des objets en ivoire, en écaille, en ébène, des curiosités de l'Inde, des scies d'espadon, mais surtout des bijoux faux dont ils demandent des prix si exhorbitants, avec une telle impudeur, qu'on est tout surpris de les voir donner pour 2 francs des objets dont ils ont demandé 100 ou 150 francs. Il faut entendre par livre (sterling) des francs et rien autre chose. Il vaut mieux, pour les achats, s'adresser chez les marchands de la ville, dont les magasins sont nombreux, bien assortis et plus dignes de confiance.

Le port de Galle n'est sûr que pendant quatre mois de l'année. Un bateau nous conduit à terre pour 50 centimes. Nous passons sans encombre entre les rochers du port, et nous débarquons à Pointe-de-Galle (et non Galles), dans l'île de Ceylan, la Taprobane des anciens, l'île de Lanka des livres indiens, l'île Shinghala des indigènes, d'où l'on a fait Ceylan, Ceylanais, Shinghalais, Sinlandais.

Nous entrons par une vieille porte en pierre dans la ville anglaise. On y remarque la propreté proverbiale des Hollandais. Une odeur de musc et d'huile de coco est répandue dans l'air. Nous remontons une superbe avenue de vieux arbres au feuillage touffu, et nous allons nous installer à l'hôtel Oriental. Le terrain, l'ameublement et les dépendances, ont coûté à la Compagnie 20,000 livres sterling=500,000 francs. Il faut compter pour l'hôtel de 20 à 25 francs par jour. Loret's hôtel, l'hôtel Eglinton, l'hôtel de la vue de la mer (Sea-View) s'offrent au choix du voyageur.

La liste en langue anglaise des breuvages fournis par l'hôtel Sea-View à ses consommateurs est des plus originales : on peut se passer la fantaisie d'un verre d'ouvre-l'œil, — d'un verre de mort-de-Jacob, — ou d'embrassez-moi vite, ou d'éclairs et tonnerre, etc., etc., etc., et d'autres liquides intraduisibles. Dans ces hôtels, la table, sans le vin, coûte 2 piastres 50 par jour. Le vin de Bordeaux (Claret) se paie 5 shillings la bouteille. On peut prendre des bains dans ces divers hôtels. A Pointe-de-Galle comme à Aden et à Singapore, les lits sont sans couverture, et il est bon d'en emporter une si l'on veut coucher à la ville.

Comme à Alexandrie et à Suez, un blanchisseur vient chercher le linge des passagers; mais ici il est nécessaire de lui bien fixer le jour et l'heure où il doit le rapporter, car on est souvent exposé à partir sans être rentré en possession de ces objets. Les pièces à blanchir se paient une roupie la douzaine.

On trouve à Pointe-de-Galle de la glace en tout temps, elle y est à bon marché et vient de Boston. Les fruits des tropiques, ananas, papayes, cocos, oranges, bananes y abondent.

On parle anglais partout et aussi le hollandais et le portugais. Les vieux hôtels et les vieilles maisons hollandaises ont de frais portiques entre cour et jardin. Dans les appartements, un serviteur indigène agite le panka, cadre léger, recouvert de mousseline blanche, et qui, en l'absence de la brise, rafraîchit l'air. Les quelques Portugais qui restent dans le pays, ne manquent pas de porter du drap, un chapeau haut de forme, et c'est dans cet équipement que j'en vis plusieurs venir me demander l'aumône.

Sur le quai se trouve un cimetière sur la porte duquel est peinte une tête de mort avec cette inscription : *Memento mori.*

De 1505 à 1658 Ceylan a appartenu aux Portugais; de 1658 à 1796 aux Hollandais. En 1796 les Anglais se sont emparés des établissements hollandais, et en 1815, de toute l'île qu'ils ont conservée depuis le traité d'Amiens. Le gouverneur de Ceylan est nommé par la reine.

L'agent consulaire français est M. Reid.

Nous faisons le tour de la ville en suivant les fortifications anglaises. Nous rencontrons dans nos promenades de vertes pelouses, des chemins bordés de bananiers, un ruisseau coulant à travers un bois de palmiers, à l'ombre desquels s'élèvent de chétives cabanes habitées par les indigènes. Nous visitons la ville noire ou Pettah — le marché qui est plus fréquenté l'après-midi que le matin — et le bazar. Il y a de superbes poissons à scie, des peaux de tigres, de la poudre anglaise bon marché, des parasols indiens, etc. Les monnaies sont les mêmes qu'à Aden : piastres espagnoles, roupies, etc., ou argent anglais.

Pointe-de-Galle a son journal « *l'Observer.* »

La ville est reliée par le télégraphe avec les Indes jusqu'à Rangoon et avec l'Europe. Une dépêche de Pointe-de-Galle à Paris coûte 131 fr. 75 c. par la voie turque et 114 fr. 50 c. par la voie russe.

Les requins, comme à Aden, sont fort à craindre. Il est dangereux de se baigner en pleine mer ; mais au fond de la rade, on trouve une plage de sable peu profonde, hors de la portée de ces dangereux voisins.

Ceylan est le pays de la cannelle. On en fait deux récoltes par an ; l'une d'avril en juillet, l'autre de novembre en janvier. On en exporte pour 20 millions par an. A 5 milles de la ville, est un jardin qu'on appelle le jardin des cannelles. On s'y fait conduire en voiture à quatre places pour 3 roupies, plus 1 shilling 6 pence à payer pour le péage d'un pont. Arrivé au jardin, on a encore à payer 6 pence (60 centimes) d'admission par personne, et l'on cherche en vain la forêt de canneliers. On n'en aperçoit que quelques pieds dans un enclos peu attrayant. Le seul intérêt de cette excursion est de suivre l'admirable route de Colombo. On y voit de curieux villages, de belles plantations de palmiers et des arbres que possède aussi la

Cochinchine. A côté du jacquier, on trouvera l'arbre à pain. Mᵐᵉ Ida Pfeiffer confond ces deux arbres, qui sont bien différents, quoique les fruits aient à peu près le même aspect. Sur cette route on rencontre des meules à huile, des attelages du pays, de beaux types indigènes, des femmes aux grands yeux noirs, la poitrine couverte d'une petite camisole blanche, courte et flottante.

En revenant du jardin, on se fait conduire au temple boudhique de Dadalla Penzella. On trouve là les temples, les autels, les statues, les peintures à fresque, les bonzes, les livres que l'on verra plus tard au Cambodge et qui existent aussi à Angcor et au Siam. De retour à l'hôtel, un charmeur de serpents fit devant nous des tours surprenants.

La plupart des Cingalais sont boudhistes et non brahmanistes comme dans l'Inde. C'est-à-dire qu'ils n'admettent pas, comme les Indiens, un être suprême, infini. Pour le boudhiste cingalais, la perfection consiste dans l'état d'isolement absolu, et non dans l'absorption en l'être supérieur. Quoiqu'ils emploient, sous beaucoup de rapports, les mêmes moyens pour arriver à la perfection, on voit que le but final de ces systèmes est différent.

Les Cingalais conservent à Kandy une dent de Boudha ; d'autres disent que c'est la dent d'un singe fameux qu'ils ont divinisé sous le nom d'Hanuman. Ce singe-dieu avait pourtant incendié leur poura Lanka, capitale de Ceylan, en se faisant attacher des matières enflammées à la queue et en courant ainsi par la ville.

Quant à l'empreinte d'un pied d'homme que l'on voit sur le pic d'Adam, les mahométans disent que c'est le pied d'Adam, les Indous, le pied de Siva, et les boudhistes, le pied de Boudha. Au moment où ce dernier se transporta de Ceylan au Siam, et de là au Cambodge, en passant d'une montagne à l'autre, son pied laissa à chaque enjambée sa trace sur la pierre. Ceylan est la Rome des boudhistes ; c'est là que l'on conserve les livres sacrés, c'est de là que sont partis les bonzes qui portèrent le boudhisme au Pégou, en Birmanie, au Siam, au Cambodge.

Il y a à Ceylan quelques mahométans.

Dès 1542, saint François Xavier y prêcha l'Évangile, et l'antique souche de catholiques, descendant des Portugais et des Hollandais, se perpétue dans le pays.

La blanche façade de la chapelle catholique portugaise, se dessine sur la pente fleurie d'une colline et se trouve entourée d'arbres au riche feuillage. On la découvre de loin en mer. Le climat de Ceylan est sain, la chaleur est supportable. Le poisson, le gibier, les fruits, les fleurs abondent. C'est un véritable paradis terrestre.

Si l'on reste plusieurs jours à Pointe-de-Galle, il est facile de faire une excursion à Colombo, la capitale de l'île, qui en est distante de 116 kilomètres. Un omnibus s'y rend trois fois par semaine et coûte 12 shillings. Il met 12 heures en route. La malle-poste part tous les jours et coûte 2 livres sterlings et demie (75 francs).

On trouve sur le chemin des caravansérails, où l'on déjeune et dîne pour 1 piastre, et où le véritable cary indien est le mets de rigueur.

L'agent consulaire français à Pointe-de-Galle est M. Aubert.

A Pointe-de-Galle est l'embranchement : 1° pour Calcutta, Madras, Pondichéry, par paquebots français et anglais; 2° pour Maurice, par paquebots anglais.

XVII

Golfe du Bengale. — Gros temps. — Iles Nicobar. — Poulo-Pinang. — Lieu de convalescence. — Le chef-lieu. — Poulo-Ticou. — Institutions diverses. — Curiosités. — Détroit de Malacca.

Nous avons eu, comme vous le pensez bien, notre tempête, et j'en commençais l'inévitable récit, lorsque je vis l'officier de quart faire inscrire au journal du bord : « Bon temps, belle brise ! » Il ne fait pas cependant un temps à chanter des barcarolles en laissant voguer la galère au gré des flots et du vent. En effet, dans la journée la brise fraîchit, la mer creuse, la gueule des canons plonge dans l'eau ; nous tanguons, nous roulons et ne pouvons tenir debout qu'en nous amarrant. Les chevilles ne suffisent plus pour retenir le couvert et les pieds de la table sont vainement amarrés. Les bouteilles chavirent et s'en vont à la dérive. Les chaises glissent et les convives roulent sous la table. Ventre affamé n'a pas d'oreilles, et malgré le qu'en dira-t-on, nous nous asseyons par terre, adossés contre une cloison, notre assiette entre les jambes, notre verre à la main et le corps se balançant comme si nous étions pris de vin. Cependant notre verre se vidait quelquefois avant d'arriver à nos lèvres. Sur le pont, la situation était autrement sérieuse, les éclairs perçaient la nue, les lames déferlaient à bord. On amena les mâts de perroquet; on prit des ris au grand hunier. Ce n'était pas sans frayeur que je voyais les matelots perchés sur les vergues, pour exécuter la manœuvre, pendant qu'elles décrivaient un immense arc de cercle. Heureusement, le typhon dont nous ressentions les suites, avait passé loin de nous. Bientôt les alcyons viennent voltiger autour du navire et se poser sur les cartahuts où ils se laissent prendre. Nous rendons la liberté à ces doux précurseurs d'un meilleur temps. Vers minuit, le calme renaît et les étoiles apparaissent au firmament.

Le 1er janvier, nous étions par le travers et à peu de distance de la grande Nicobar, qui ressemble à une forêt vierge s'élevant du sein des eaux. Elle est à 200 kilomètres N.-O. de

Sumatra. Ses habitants sont serviables, hospitaliers, grands mangeurs de bétel. Ils exportent à Poulo-Pinang de grandes quantités de noix de coco.

On a monté sur le pont un orgue de Barbarie destiné à égayer l'équipage et les passagers. Les matelots dansent entre eux au son de cette musique peu entraînante, et tout le monde s'amuse à peu de frais.

Depuis notre départ de Pointe-de-Galle, nous avons accompli 1,213 milles en six jours. Nous avons la bonne fortune de relâcher à Poulo-Pinang, l'île des noix d'Arec. Les Anglais l'appellent l'île du Prince-de-Galles. Ils la possèdent depuis 1786.

Cette oasis au milieu de l'Océan est un lieu de convalescence, un sanitarium, disent les Anglais. Quand on veut se soustraire aux influences du climat énervant des régions voisines et recouvrer les forces perdues, c'est là qu'on se réfugie, au milieu des plantations d'ananas, d'arbres dont les fruits sont aussi agréables au goût que les fleurs à la vue. On fait de charmantes excursions aux jardins d'aréquiers, à la montagne où poussent la cannelle, la muscade, le giroflier, et à la cascade à cinq kilomètres de la ville. Là règne un air frais et pur. Devant soi, l'on a la vue de la mer, et autour de soi un des plus riches tableaux de la nature tropicale.

George Town a 125,000 habitants. On peut choisir pour logement l'un des quatre hôtels de la ville. Les dépenses sont de 20 à 30 francs par jour, sans la boisson. La ville possède un théâtre, a une très belle place, le Commercial-Square. Le temple boudhiste est à voir. La congrégation catholique des missions étrangères entretient à Poulo-Ticou un collége qui compte plus de deux cents élèves, Chinois, Cochinchinois, Tongquinois, Siamois, auxquels on apprend surtout le latin. On leur donne même quelque teinture des langues d'Europe. De leur côté, ils apprennent à leurs maîtres, aux jeunes missionnaires, la langue du pays où ces derniers se proposent d'aller prêcher la religion.

Là aussi est un asile pour les Chinois âgés, une maison de refuge pour les aliénés, un collége anglo-chinois. A George Town deux journaux paraissent chaque semaine. Dans la ville résident les Européens et les Chinois. Les Indiens et les Malais habitent hors de la ville.

Notre agent consulaire à Poulo-Pinang est M. Ventre.

Les indigènes de Poulo-Pinang offrent aux étrangers des kriss malais, des coquillages, des cannes faites avec le tronc et la racine d'un jeune aréquier, et que les Anglais appellent lawyers (avocats), parce que sans doute elles peuvent servir d'arguments frappants.

Nous entrons dans le détroit de Malacca. On y essuie presque chaque jour de petits grains accompagnés de pluie.

Les établissements malais du détroit ont été florissants autrefois, surtout sous la domination portugaise. Mais en un demi-siècle, Singapore a ruiné Malacca, comme Hong-Kong a ruiné Macao.

Cependant Malacca compte encore 30,000 habitants, Malais, Chinois, Portugais, Hollandais et Anglais. Il y a une garnison de Cipayes commandés par des Hindous.

XVIII

Rade de Singapore. — Débarquement. — Hôtels et dépenses. — Monnaies. — Origine de la ville. — Monuments. — Population. — Gouvernement. — Culte arménien. — Ville chinoise. — Jardin Whampoa. — Palanquin. — L'esplanade. — Excursion à la butte d'étain. — Tigres. — Églises. — Écoles. — Hôpital. — Port et docks. — Paquebots-poste de la Compagnie péninsulaire et orientale et des Messageries impériales. — Publications. — Télégraphe. — Valeur des importations et exportations. — Ville malaise. — Ville indienne. — New-Harbour. — Bains de mer. — Curiosités. — Préparation des joncs.

Nous avons parcouru depuis Poulo-Pinang 381 milles, et nous sommes en rade à 2 milles de la ville de Singapore, l'Alexandrie de la mer des Indes.

La rade est peuplée de navires de toutes les nations. Elle est sillonnée de vapeurs européens, de jonques chinoises, de proas malaises. Les pavillons les plus divers flottent sur les bateaux les plus divers. A notre arrivée, une frégate de guerre hollandaise saluait le pavillon anglais. Un sampan ou pirogue malaise à plusieurs rameurs nous conduit à terre pour la somme d'une demi-piastre. Les sampans chinois à un rameur ne coûtent qu'un shilling. Ces embarcations sont munies d'un petit toit léger en paille de palmier, semblable à une voûte sous laquelle on s'allonge à l'abri du soleil.

Singapore est moins une ville de l'Inde qu'un mélange de Malais et de Chinois. Toutefois, on peut dire que l'on a un pied dans l'Inde et l'autre en Chine. Cette étape intermédiaire entre ces deux régions est en effet la réunion de quatre villes, européenne, malaise, chinoise et indienne. Les Européens vivent à la campagne dans des villas entourées de beaux jardins et de vertes pelouses, et chaque matin les négociants vont à leurs bureaux de la ville. Nous descendons à l'hôtel de l'Europe, tenu par un Français de Pondichéry, c'est l'ancien hôtel de l'Espérance. Il est situé sur l'esplanade ; on y est confortablement installé pour 20 francs par jour, chambre et table. On est près du quai de débarquement. On trouve des bains dans l'hôtel. Après une traversée sous les tropiques, si courte qu'elle soit, le bain a des avantages inappréciables. Il y a aussi dans l'hôtel une table d'hôte. Le dîner coûte une piastre sans le vin. On trouve en tout temps de la glace; on la vend 5 cents la livre anglaise.

L'hôtel français de la Paix (United service) est également très recommandable.

L'argent courant à Singapore est la piastre mexicaine ou le dollar, dont la valeur varie suivant le cours du change de 5 fr. 37 c. à 6 fr. 20 c. Aussi, dans les achats journaliers, l'on donne et l'on reçoit la piastre à 6 francs ou 5 shillings. La piastre est divisée en 100 cents, monnaie de cuivre. La roupie, monnaie d'argent de l'Inde anglaise, vaut un peu moins d'une demi-piastre ou 45 cents 1/2. L'anna vaut 3 cents; le demi-anna = 1 cent 1/2, 8 pies = 2 cents. Enfin, des pièces d'argent à l'effigie de la reine Victoria viennent de Hong-Kong, et valent 10, 20, 50 cents. Je ne sais s'il existe d'autres nations frappant des monnaies aussi diverses, avec des exergues en quatre langues différentes, en chinois, en indien, en espagnol et en anglais, et permettant à des particuliers, dans les établissements coloniaux, de battre monnaie.

Avant l'arrivée des Anglais, Singapore n'était pas, comme on se plaît à le dire, une plaine inculte et marécageuse. Vers le milieu du xii⁰ siècle, une émigration de Malais s'était établie sur cette terre fertile et avait fondé une ville qui eut, comme Malacca, une grande importance commerciale. Le nom malais de la ville du Lion (Singa lion, Poura ville), a été conservé avec raison depuis que le lion britannique, le 8 février 1819, s'est établi sur ce territoire, qui appartenait autrefois au sultan de Djohore. La moderne Singapore a été fondée par sir Stamford Raffles (1) qui avait précédé à Java, comme gouverneur, le général hollandais Van-den-Bosch. Sur l'esplanade, au bord de la mer, sont situés le post-office, l'hôtel-de-ville (town-hall), la bibliothèque, l'ancien et le nouveau tribunal. En cet endroit, une colonne a été élevée pour rappeler la visite de lord Dalhousie en février 1850, et le discours qu'il prononça sur la liberté commerciale. Dans Raffles-square, à l'endroit où débarqua sir Stamford Raffles, est une fontaine en marbre blanc où « toutes les nations viennent boire de l'eau pure, » d'après l'emphati-

(1) Mort en 1827.

que inscription qui y est gravée. A côté est le télégraphe, de la ville à New-Harbour.

Il y a aujourd'hui à Singapore 81,000 habitants, dont 15,000 Malais et 40,000 Chinois et Asiatiques. La ville est éclairée au gaz depuis 1864.

Les Européens y ont une Bourse et une chambre de commerce. Il y a aussi un comptoir d'escompte et de nombreuses maisons de banque.

Le 1er avril 1867, les établissements de Singapore et du détroit ont cessé de dépendre de Calcutta, et ont passé sous le gouvernement de la reine. Le major général Cavenagh était gouverneur depuis 1859. Le colonel du génie Harry Saint-George lui a succédé, le 1er avril 1867, comme gouverneur et commandant en chef dans les établissements du détroit.

Le consul français est M. Troplong. Le consulat est situé à Beach-road. Toutes les grandes puissances ont des consuls à Singapore. Le représentant de la Russie est un Chinois de la maison Whampoa.

Les troupes du détroit se composent de trois batteries d'artillerie et de deux régiments de cipayes.

Nous sommes entrés en passant dans l'église arménienne, où l'on nous a montré une Bible en caractères arméniens. Cette église est orientée vers le levant ; on ne nous fit pas déchausser pour y entrer. Les Arméniens professent un culte ni catholique ni grec. Ils sont venus des bords de l'Euphrate, d'Ezeroum, de la Perse, jusque dans l'Inde et à Singapore.

Nous parcourons d'abord la ville chinoise. On y rencontre des élégants portant une culotte de soie bleu-ciel, maintenue par une jarretière dans un bas en coton blanc ou bleu, des souliers en satin noir avec broderie, et des semelles de feutre blanchi, ayant un pouce d'épaisseur. Leur vêtement se croise et s'attache sur l'épaule droite par de petits boutons en étoffe, en métal ou en verre. La queue est bien fournie, grâce à une tresse en cordonnet noir qui se mêle aux cheveux, et se termine en formant une frange qui descend jusqu'aux talons. Un Chinois manque aux convenances lorsqu'il sort ou se présente devant quelqu'un la queue enroulée sur le sommet de la tête. Le haut du front est rasé de près. Le visage imberbe de ces Chinois n'est pas sans attrait et l'ensemble de leur personne est agréable à l'œil.

D'autres fils du Céleste-Empire, moins fortunés, ont la tête couverte d'un immense chapeau fait de gros papier et de feuilles desséchés, recouvertes d'un treillis en rotin ou en bambou, le tout se terminant en pointe comme le toit d'un kiosque. Ce chapeau est assez grand pour abriter tout le corps contre le soleil et la pluie. Comme leurs chapeaux de paille aux larges bords, ces chapeaux sont fort lourds et la coiffe est extrêmement étroite, de sorte qu'ils sont simplement posés sur le haut de la tête, sans la couvrir comme chez nous.

Le Chinois est d'une grande propreté, et c'est bien à tort que Mme Ida Pfeiffer trouve qu'il est l'ennemi des bains et des ablutions. Du reste, comment connaître les mœurs des peuples visités lorsqu'on a fait en un an le tour du monde ?

Les Chinois se font coolies, tiennent de petites boutiques ambulantes, vendent des fruits, vivent avec frugalité, sont patients, persévérants, habiles au commerce, s'entr'aident, se soutiennent entr'eux et s'élèvent souvent au rang de gros négociants. Cette aptitude commerciale et leurs richesses les a fait surnommer les Juifs de l'Orient.

Ils habitent des maisons dont l'étage surplombe un rez-de-chaussée obscur, écrasé, étroit. Il faut passer un pont à péage pour aller de l'esplanade sur le boat quay, où sont situés les magasins du négociant chinois Whampoa. On y trouve denrées coloniales, liquides, huiles, toiles, goudron, thés, chinoiseries, japoneries, canons, caronades, ancres énormes, chaînes de fer et chaînes de montre, boutons, boulets et mitraille. J'espère que l'agglomération est complète, et je ne connais pas en France de magasin d'épiceries, même dont le maître a l'honneur de servir dans la garde nationale, qui puisse fournir au même instant de la confiture et une pièce de canon.

Le musée d'histoire naturelle et le Singapore institute excitent la curiosité du voyageur.

Les étrangers ne trouveront rien de bien remarquable dans le jardin botanique de Singapore, entretenu par une société d'agriculture et d'horticulture.

En revanche, ne pas manquer de faire visite à M. Whampoa pour lui demander l'autorisation de parcourir ses jardins, aussi intéressants pour le botaniste que pour le touriste. Là sont rassemblées des plantes d'Europe et des Tropiques. On y admire la Victoria Régina d'Australie et un jardin chinois aux arbustes bizarrement taillés. On y entretient aussi des animaux, porcs-épics, porcs, singe énorme, des tortues et des oiseaux, grues, pintades, cacatois, etc. Un Chinois vous conduit dans ces dédales verdoyants et vous fait même les honneurs d'un pavillon de plaisance chinois, construit au-dessus d'un bassin et où sont rassemblées des raretés et des curiosités de tous les points de l'Asie. L'ameublement, en ébène sculpté à jour, mérite à lui seul qu'on se dérange pour le voir.

Près de la maison Whampoa est une pagode boudhique très bien décorée.

Le théâtre chinois ou sing-song est très curieux à voir à cause des costumes splendides des acteurs. Mais leur jeu sans variété, leur voix de fausset, le vacarme infernal du cimbalier, le bruit étourdissant du gong, de la clarinette et de violons criards fatiguent très vite.

Nous remontons en palanquin, nom improprement donné à des caisses carrées roulant avec un bruit désagréable et conduites par des cochers ou says indiens. Le prix de louage de ces voitures est très peu élevé, une journée ne coûte qu'une piastre et quart (de 6 à 7 francs). Une course de moins d'un demi-mille anglais, 15 cents, et de moins d'un mille anglais, 20 cents, et 10 cents pour l'excédant; pour 10 milles, 1 piastre 50. La nuit, moitié en sus. Singapore, qui est par 1° 10' N, n'a pas de crépuscule. Il fait nuit peu après 6 heures, mais sous ce beau ciel les nuits sont claires.

Paris a les Champs-Elysées ; Alexandrie a le jardin Pastré ; Singapore a l'esplanade, où la musique joue deux fois par semaine, et où l'on se promène chaque soir à pied, à cheval ou en voiture. Chaque nation y est représentée par les visages et les costumes les plus divers. Ce n'est pas un spectacle peu attrayant que de voir dans cette Babel asiatique des beautés venues des cinq parties du monde, étalant des toilettes qui brillent plus par la fantaisie que par l'élégance.

En faisant l'ascension de la butte d'étain (Boukit-tima), on jouit d'une splendide vue de la ville, de la rade, de la campagne et de la mer, au travers des plantations de muscades, de girofles, de sagou, de gambier (terra japonica). Les indigènes font bouillir les feuilles de cet arbuste dans des marmites en fer. Lorsque l'infusion a atteint un certain degré de consistance, le résidu est versé dans des moules où on le laisse refroidir, puis on le coupe en cubes ou en blocs que l'on fait sécher avant de les livrer au commerce. Les indigènes mâchent cette substance avec le bétel. En Europe on en extrait du tannin.

Le tigre fréquente encore le voisinage de Singapore. Aussi le gouverneur donne-t-il une prime de 50 piastres (275 francs) par tête de tigre pris ou tué, et la société des négociants en donne autant.

L'église anglicane de Saint-André (temple protestant) a été commencée en 1856 et n'a été complétement terminée qu'en 1864. Ce monument a coûté 250,000 francs. Le service divin s'y fait le dimanche à onze heures du matin en anglais, puis en chinois.

L'église catholique française du Bon-Pasteur (good shepherd) est située brass bassa road. On y célèbre la messe le dimanche à six heures et demie et à neuf heures du matin. Les chants sont exécutés par la société philharmonique. La procure des missions étrangères est située river valley road.

Il y a encore une église catholique portugaise, Victoria street; une église arménienne, une synagogue des missions, des institutions religieuses et jusqu'à un temple presbytérien pour les Chinois et les Malais. Une maison appelée Bethelda sert de lieu de prière à tous les cultes.

Singapore renferme des sectateurs de toutes les religions du monde, et chaque culte y a ses autels. On compte de nombreuses écoles pour les Malabars, les Chinois, les Malais. L'école très prospère des frères de la doctrine chrétienne a été fondée en 1852 ; le collége Raffles en 1823. L'école et l'orphelinat de la Sainte-Enfance, Victoria street, ont été établis en 1854. Il y a une école anglaise pour la propagation de l'instruction chez les femmes chinoises. Enfin une bibliothèque a été ouverte en 1844. Singapore possède un grand hôpital fondé en 1844 par un Chinois nommé Tan Tock-sing et qui coûta 10,000 piastres (60,000 francs).

La marine trouve à Singapore des chantiers de construction et des docks de réparation. Le port est franc de tout droit.

Le prix de passage par les paquebots de la Compagnie péninsulaire et orientale, de Marseille à Singapore, en première classe, est de

456 dollars, plus 21 dollars de transit égyptien, et par les paquebots des Messageries impériales, de 439 dollars, plus 22 dollars de transit. Il n'y a pas 100 francs de différence. Outre les services réguliers des Messageries impériales et de la péninsulaire entre l'Europe, l'Inde, la Chine et le Japon, il y a des paquebots qui portent les passagers et les correspondances provenant ou à destination de Batavia, Samarang, Rhio, Mintock, Bangkok, Rangoon, Moulmein, les ports de Birmanie, Poulo-Pinang, Malacca, Sarawak (Bornéo). C'est là qu'est l'embranchement des paquebots des Messageries impériales pour Batavia.

Singapore a deux publications journalières, le *Dayly times* et le *Dayly free press*; deux publications hebdomadaires, le *Straits times* et le *Straits government gazette*, et, en outre, des publications commerciales. Entre Singapore et Newharbour fonctionne un télégraphe reliant entr'eux cinq bureaux. Le prix d'une dépêche de 16 mots est de 40 cents (2 fr. 10), et un cent par chaque mot en plus.

On a immergé dans le détroit des câbles électriques. Ils sont aujourd'hui hors de service; mais on songe à les réparer.

Les importations de Singapore sont de 60 à 65 millions annuellement, et les exportations de 25 millions de francs environ.

Un indigène nous salue de la formule malaise *(tabé, tuan)*. Nous sommes dans un quartier habité par les Malais. Ils ont leur mosquée, comme les Indiens ont leur temple, dédié à Brahma. Les Indiens sont loueurs de voitures et cochers. Ceux qui portent un baudrier à plaque sont les facteurs ou péons des maisons de commerce. A l'hôtel, nous étions souvent divertis par des baladins indiens. Un des contrastes qui me frappèrent le plus, fut de voir dans un pré une femme indienne couverte de bracelets, gardant les vaches. Du reste je vis sur les bureaux de Whampoa, à côté de ses registres, quelques jouets d'enfants, et entr'autres un cheval blanc en carton sur une planchette à roulettes, et cela à côté des marchandises détaillées plus haut.

Nous retournons à bord par la route de New-Harbour. On passe devant la demeure d'un rajah, qui a de magnifiques écuries que l'on peut visiter. Nous voyons plus loin, au milieu d'une verte pelouse bien ombragée, un cimetière chinois. Chaque tombe forme un tertre contre lequel s'appuie une pierre où sont marqués le nom du défunt et la date de sa mort. Ce tertre est disposé en fer à cheval, dont les deux extrémités s'aplanissent en forme de banc, pour que l'esprit du mort puisse se reposer. On rencontre des champs d'ananas tout le long du chemin. C'est à New-Harbour que les navires et les transports font leur approvisionnement de charbon. On mouille bord à quai, et l'on peut, en se promenant le long de la rive, voir un village malais bâti sur pilotis. Les habitants se rendent d'une maison à l'autre en marchant sur de longues perches, exercice qui demande une certaine force d'équilibre. En face du mouillage est une petite plage de sable où nous prenions d'excellents bains de mer. Une source d'eau vive et claire descend de la montagne sous des nappes de verdure, et forme sur le rivage un petit bassin où l'on va se rafraîchir dans l'eau douce en sortant de l'eau de mer. C'est à New-Harbour que se trouvent les magasins des Messageries impériales, les bassins de Raboub, les parcs à charbon.

Les petits plongeurs malais nous amusent par leur adresse à saisir les pièces de monnaie qu'on leur jette dans l'eau. Des marchands malais et indiens viennent offrir des coquillages superbes, des nattes, des perroquets, de jolies petites perruches au plumage d'un vert tendre. Ces oiseaux sont enfermés dans une cage ronde, en treillis de rotin, sans ouverture, l'extrémité même du rotin servant à suspendre ces oubliettes aériennes. Ces petites bêtes dorment le corps suspendu par les pattes et la tête en bas. Elles sont vendues par couples, et lorsqu'une d'elles meurt, sa compagne ne lui survit pas, d'où vient qu'on les appelle des inséparables.

Les Malais ne manquent pas d'apporter des kriss ou des poignards, en rehaussant la valeur de chacune de ces armes par une légende propre à exciter l'envie des voyageurs.

Voici, selon les indigènes, comment on fabriquait ces coutelas à forte lame. On mettait dans la terre une grosse barre de fer; on l'arrosait d'urine et de sel marin. Le fer se rouillait; on le déterrait chaque matin; on le battait à froid, puis on le replaçait en terre dans les mêmes conditions. Au bout d'un mois, la rouille ne reparaissait plus, la barre de fer avait perdu une grande partie de son volume, et l'on forgeait la lame du kriss.

9.

Les Malais vendent des joncs de toute grosseur, de couleur jaune pâle ou brune, très recherchés en France.

Voici, suivant le docteur Yvan, comment les indigènes les préparent : « Ils coupent leur enveloppe de feuilles, laissent sécher les joncs, les enduisent ensuite d'huile de coco et les approchent d'un feu très vif. Les joncs rejettent l'eau de végétation qu'ils renfermaient. L'huile en pénétrant entre le réseau siliceux de leur tissu les rend inattaquables aux insectes. »

J'ai acheté de ces joncs que j'ai apportés en Cochinchine ; ils pourrissaient et tombaient en poussière comme le bambou. Les indigènes surfont tous les prix et demandent dix fois la valeur des objets. Les ouvrages d'ébène, de sandal peuvent aussi bien s'acheter en France, mais on se laisse tenter par divers produits tels que des foulards de Madras, des narguilés indiens ou gargoulis, des statuettes indiennes, etc. Il vaut mieux s'adresser à Salomon le Dobachée, ou Comprador. Si l'on a des difficultés, être patient vis-à-vis des indigènes, ne pas les frapper, chercher un policeman anglais. Ce grand homme, à la longue redingote, arrangera le débat à votre satisfaction. La police indigène est très sévère.

Le 7 janvier nous quittons Singapore. Il faut trois jours pour aller de Singapore à Saïgon. Le huit, nous sommes en vue du mont Ophir, dans la presqu'île malaise, qui est l'ancienne Chersonèse d'or.

C'est là que Salomon envoyait quérir de l'or.

Selon les uns, le mont Ophir, dont parle la Bible, serait situé à la pointe d'Arabie, près de Saba; mais on sait que les flottes de Salomon mettaient trois ans pour aller et revenir, ce qui prouve que cette montagne aurifère était fort éloignée. Laissons les savants discourir sur ces probabilités et continuons notre route, de concert avec la malle anglaise de Hong-Kong.

Les paquebots de la Compagnie péninsulaire et orientale partent de Marseille pour Singapore et la Chine, à sept heures du matin, les 12 et 28 de chaque mois. Ils ne touchent pas à Saïgon. Après avoir reconnu Poulo-Condor, le paquebot anglais remonte vers la Chine. Quant à nous, nous passons par le travers de ce groupe d'îles.

XIX

Poulo-Condor. — Ressources du pays. — Population. — Port.

Le nom malais de Poulo-Condor signifie île des reptiles et non île des calebasses. On n'y trouve cependant pas de serpents ; c'est le *lucus à non lucendo*. Les Annamites appellent la grande île de Condor Coulao-Cong-Nong, et la petite Condor, Coulao-Bac-Vung, port de l'est. En 767, les Malais habitaient ce groupe d'îles et y avaient un roi. Ils étaient assez nombreux pour tenter une invasion dans les provinces annamites, situées alors au-dessus du Tong-quin actuel. Le roi d'Annam y envoya plus tard des soldats annamites pour garder le territoire et surveiller les incursions des pirates malais. Cette garnison détruisit, en 1704, une factorerie anglaise établie dans cette île. Le poste militaire existait encore en 1820. Au moment de l'occupation française en 1861, on trouva à Poulo-Condor des monnaies espagnoles de 1521 à l'effigie de Charles-Quint.

« Les habitants de Poulo-Condor, dit le gia dinh thong chi (1), cultivent le riz, le maïs, des arachides; ont des chevaux et des buffles, recueillent des nids d'hirondelles, des écailles de tortues, des tortues de mer, fabriquent du nu'oc mam (saumure), aussi parfumé que de la cannelle, et de larges coquillages nommés oreilles d'éléphants. Ces différentes choses sont par eux offertes à l'Empereur. Leur nourriture habituelle se compose de poisson et de chevrettes. Les fruits des aréquiers sont plus précoces, plus gros et de meilleur goût que partout ailleurs. »

D'après le traité de Gialong (28 novembre 1787); Poulo-Condor avait été donnée en toute propriété et souveraineté au roi Louis XVI. Sentinelle avancée de la Cochinchine française, Poulo-Condor fut occupée au nom de la France en 1861. Nous y avons un pénitencier; un capitaine y commande. Un chirurgien de marine y réside aussi. Le climat en est sain.

(1) *Description de la Basse-Cochinchine.* traduction Aubaret.

L'île possède de bonne eau. Les indigènes disent qu'il y a dans la petite Condor des sources d'eaux chaudes sulfureuses au pied des montagnes volcaniques, et de l'oxyde de fer magnétique au sommet. Le granit de ces montagnes serait exploité avec avantage. On commence à mettre en culture les riches vallées de l'île. La population était de 311 habitants en 1866. Elle se compose d'Annamites pêcheurs et cultivateurs. Poulo-Condor a 18 kilomètres de long; elle est à 12 heures de mer du cap Saint-Jacques. Sa baie est de mauvaise tenue dans la mousson de nord-est.

Les navires allant du détroit de la Sonde en Chine viennent la reconnaître. Elle est à 75 milles nautiques du cap Saint-Jacques.

XX

Phare de Saint-Jacques. — Rade du cap Saint-Jacques. — Sémaphore. — Baie des cocotiers. — Bureau télégraphique. — Mât de signaux. — Baie de Gan-ray. — Prix du pilotage. — Mouillage et feu de Cangiou. — Ressources du village de Cangiou. — Vallée des Nénuphars. — Plantations. — Chasse. — Lieu de convalescence. — Pagode de la baleine. — Jonques annamites. — Jonques tongquinoises. — Un homme à la mer! — Rivière de Saïgon. — Fort du sud. — Rade marchande. — Église et village de l'Évêque. — Jonques chinoises. — Surveillance du littoral. — Messageries impériales. — Pointe Lejeune. — Mât de signaux. — Direction du port de commerce. — Monument Lamaille. — Barques et sampans. — Rade de guerre. — Dock flottant. — Grands bâtiments. — Bassin de radoub. — Aspect de la ville.

Nous avons parcouru les 637 milles qui séparent Singapore de Saïgon, et nous sommes en vue du phare du cap Saint-Jacques, inauguré le 15 août 1862. Ce phare est placé sur le sommet sud d'une chaîne de montagnes rocheuses et boisées, qui a 139 mètres d'élévation et l'avantage de ne pas être enveloppé de nuages comme les sommets voisins. La tour a 8 mètres de hauteur. Le phare est de première classe. Son feu est fixe, et il est visible jusqu'à plus de 30 milles en mer.

Nous voyons bientôt le pavillon français flotter sur un fortin construit entre la montagne et la mer. C'est le poste militaire du cap Saint-Jacques, qui est relié au phare par une route de 3 kilomètres, creusée dans le flanc même de la montagne. Elle est très pittoresque et praticable à cheval. Le fort est commandé par un officier de marine qui surveille la rade, l'entrée et la sortie des navires.

Le sémaphore du phare correspond avec les navires à leur entrée dans la baie des cocotiers ou à leur sortie. Les dépêches et avis sont transmis du phare au cap Saint-Jacques par le fil électrique, et de là directement à Saïgon.

La baie des cocotiers a la forme d'un fer à cheval. Dans le fond se découpe sur un ciel bleu les gracieux panaches de nombreux cocotiers, d'où lui vient son nom. Aux extrémités se dressent d'un côté le massif boisé et verdoyant du cap; de l'autre celui de Gan-ray, flanqué d'un fort circulaire annamite que nous avons pris et abandonné. C'est dans cette baie, au milieu de ce riant paysage, qu'est situé le fortin du cap Saint-Jacques, à côté duquel se trouve le bureau télégraphique. Le mât de pavillon dressé à l'angle du fort n'est point un sémaphore. Il sert à indiquer aux pilotes, par des signaux de convention locale, les navires en vue au large, et à prévenir les capitaines des bâtiments mouillés ou en passage dans la baie de venir à terre recevoir une communication ou prendre une dépêche télégraphique à leur adresse. Ce dernier signal consiste en une boule blanche à la corne appuyée d'une flamme blanc et bleu en tête de mât. La couleur de la boule varie selon le nombre des navires présents sur rade. La baie de Gan-ray est abritée contre les deux moussons, mais elle est peu fréquentée.

La baie des Cocotiers est fermée aux vents de N.-E. Aussi, pendant cette mousson, les bateaux-pilotes y séjournent. Des navires, des jonques chinoises et annamites sont au mouillage. Ces jonques font leur provision de bois dans la forêt voisine, et leur eau à l'aiguade qui se trouve entre le cimetière et le contrefort de Gan-ray.

Des compradors chinois, fournisseurs de navires, vont et viennent entre la baie du cap et Cangiou.

Le prix du pilotage est, pour les bâtiments de guerre :

	à vapeur.	*à voiles.*	
Du cap St-Jacques à Saïgon .	4 piastres.	8 piastres	par mètre de tirant d'eau.
De Cangiou à Saïgon	3 —	6 —	

Pour les bâtiments de commerce :

	à vapeur.	*à voiles.*	
Du cap St-Jacques à Saïgon.	5 piastres.	10 piastres	par mètre de tirant d'eau.
De Cangiou à Saïgon	4 —	8 —	

Ce qui fait 3 piastres 33 cents ou 18 fr. 52 par pied français, et 3 piastres 05 cents par pied anglais (ou 16 fr. 92).

Pour les navires remorqués de Cangiou à Saïgon, 5 piastres.

Pour le pilotage à la voile du cap Saint-Jacques à Cangiou, 2 piastres.

La nuit, la goëlette des pilotes porte un feu au mât de misaine. Comme la rade a peu de fond, et qu'elle est ouverte aux vents du S.-O., les navires, les jonques et les pilotes vont pendant cette mousson mouiller à Cangiou, à l'entrée même de la rivière de Saïgon. Un feu flottant est établi en cet endroit pour indiquer, la nuit, leur route aux bâtiments. Le village de Cangiou est à 11 milles du cap Saint-Jacques.

Les navires peuvent s'y procurer des volailles, des porcs, des fruits, du poisson. C'est de là que les produits des grandes pêcheries sont expédiés à Saïgon et Cholen par des barques rapides. Quant au chétif village de la baie des Cocotiers, il n'y a pas de marché. Il se compose d'une vingtaine de cases de pêcheurs. Des Chinois y ont ouvert boutique et vendent quelques provisions pour la consommation des Européens. Dans la vallée des Nénuphars, ainsi appelée d'un grand marais, voisin du Cap, tout émaillé des fleurs sacrées du Lotus rose (1) et enclavé dans des dunes couvertes d'un épais feuillage, on voit de beaux jardins de cocotiers qui fournissent au phare l'huile qu'il consomme. La plaine renferme des cultures de maïs et de patates, des prairies naturelles, des bois où abondent le cerf, le chevreuil, le sanglier, le paon, les tigres et les léopards. Une température rafraîchie par les brises de mer, l'air pur et vif des montagnes boisées, les bains de mer sur une plage de sable, font du cap Saint-Jacques un *sanitarium*, un lieu de convalescence fréquenté en toute saison.

---

(1) *Nelumbium speciosum.*

Sur le rivage, à l'ombre de superbes arbres à huile et de palmiers élancés s'élève une pagode de pauvre apparence, dédiée à la baleine protectrice des naufragés. On y conserve le squelette d'un de ces énormes cétacés. Il est pieusement recouvert de nattes et d'une étoffe rouge. Autour de ce grand débris, on voit plusieurs tombeaux renfermant les ossements de petites baleines et de marsouins. Les Annamites et même des Chinois viennent faire là leurs prostrations et leurs offrandes au bruit du gong et des pétards pour obtenir bon vent et une traversée favorable. Les Annamites prétendent que lorsqu'ils font naufrage la baleine ou le dauphin les prend sur son dos pour les porter au rivage. Il est de fait que leurs jonques ont la forme d'un gros poisson. Des yeux sont peints de chaque côté à l'avant orné de deux appendices en bois, imitant des nageoires. De là vient sans doute que les Annamites, excellents nageurs du reste, lorsqu'ils se trouvent sur la coque de leur barque, chavirée et poussée par la marée vers la terre dont ils ne s'éloignent jamais beaucoup, se figurent être sur le dos d'une baleine ou d'un dauphin.

Les voiles des jonques annamites sont triangulaires et se reploient autour de la vergue comme un drapeau autour de sa hampe. La vergue elle-même se redresse et s'attache parallèlement au mât. Les haubans sont en rotins ; l'ancre est en bois et composée de deux pièces assemblées, ce qui la rend peu résistante. Le pavillon n'est pas hissé à bloc et flotte comme s'il était en berne. Il y a ordinairement trois mâts qui n'occupent guère plus de la moitié du bâtiment à partir de l'avant et se suivent par ordre de grandeur. Les jonques qui viennent du Tongquin ont des voiles carrées et un balancier. Toutes ces jonques font un cabotage considérable entre la Basse-Cochinchine, le Cambodge, la Haute-Cochinchine, le Tongquin. La valeur des marchandises échangées par ces jonques avec Saïgon seulement s'évalue annuellement à plus de 13 millions de francs, et le nombre des jonques entrées et sorties à près de dix mille.

Nous étions dans la rivière de Saïgon et une troupe de singes sautant d'arbre en arbre nous amusaient par leurs ébats, lorsqu'on entendit soudain le cri : « Un homme à la mer! » Un coup de hache coupa la bouée de sauvetage suspendue le long de la dunette ; la baleinière fut armée; le navire stoppait; nous étions déjà loin de l'endroit où l'homme était tombé, le courant et notre vitesse étant rapides. Heureusement, ce matelot, bon nageur, avait saisi la bouée et s'y tenait cramponné jusqu'à ce que la baleinière l'eut atteint. Elle le ramena sain et sauf.

Le Donaï est une magnifique rivière navigable pour les plus gros bâtiments. Les rives sont plates et monotones, on ne voit que des bordures de palétuviers dont les racines dénudées sont baignées par la marée. De temps en temps on aperçoit quelques palmiers d'eau, un bouquet d'arbres où se joue une troupe de singes, des jonques cochinchinoises, des petits serpents ou des caïmans qui traversent la rivière, des pirogues conduites souvent par une femme ou un enfant ramant debout, la face tournée vers l'avant du bateau et gouvernant avec la rame ou tenant la barre avec le pied. Enfin, après quatre à cinq heures de navigation on arrive au fort du sud, prison militaire, et l'on traverse la rade marchande peuplée de nombreux navires français, anglais, hambourgeois, prussiens, danois, américains, etc.

Le clocher, en bois peint, devant lequel on

passe, est celui de la première église construite à Saïgon. Elle fut élevée en 1861 par une souscription de fonctionnaires et officiers de l'expédition. Les cases qui sont groupées le long de la rive forment le village de l'Évêque; c'est là que se tenait caché, avant la prise de Saïgon, Mgr Lefebvre, évêque d'Isauropolis et vicaire apostolique de la Cochinchine occidentale. Là sont amarrées bord à quai d'énormes jonques chinoises, arches de Noé, recouvertes d'un toit en feuilles de palmier. Deux yeux sont peints à l'avant. On voit sur le château d'arrière, le disque rouge de la lune ou un dragon prenant son vol. Aux jours de fête les pavillons chinois flottent à leurs mâts sans vergues, et ces vieilles diligences maritimes luttant contre la vapeur, semblent protester contre un progrès qui les tue. Elles ne font que le cabotage et voyagent avec la mousson favorable. Elles portent trois voiles carrées en natte ou en toile de coton. Les haubans sont en longs rotins flexibles. Elles sont armées de quelques canons pour se défendre contre les pirates.

Pour protéger la navigation, nos bâtiments à vapeur croisent fréquemment sur la côte et donnent la chasse aux pirates chinois qui infestent le littoral de la haute Cochinchine. Nous voici à l'angle de la rivière de Saïgon et de l'arroyo chinois, devant les établissement des Messageries impériales. A l'angle opposé, généralement appelé la pointe Lejeune (1), des bancs ont été disposés sur le bord de l'eau, et les promeneurs viennent le soir y prendre le frais et jouir de l'aspect animé des deux rivières. A l'extrémité de cette pointe s'élève un mât de pavillon, et la direction du port de commerce, située tout auprès, signale à toute la ville les navires de guerre et de commerce et les paquebots-poste annoncés par le télégraphe du cap Saint-Jacques. Là se réunit tout le beau monde de Saïgon pour entendre la musique le lundi et le vendredi à cinq heures du soir.

Les paquebots des Messageries impériales mouillent en face de l'hôtel du directeur des messageries. Nous entrons dans la rade de guerre, et nous mouillons par le travers de la rue Catinat et d'une petite pyramide élevée par le commerce à la mémoire de M. Lamaille, lieutenant de vaisseau, chargé des affaires euro-

---

(1) Du nom du capitaine de vaisseau, commandant supérieur de la marine, qui y éleva un mât de signaux.

péennes à Saïgon. Sur l'autre rive on voit le village de Thu-Thiem, formé d'Annamites catholiques qui ont voulu nous suivre quand nous avons abandonné Tourane.

Le long du rivage se pressent des barques cochinchinoises et des pirogues nombreuses. Il y a des familles vivant continuellement sur l'eau, faisant leur cuisine dans les barques; de petits enfants se balancent dans une corbeille suspendue à la voûte du bateau. Le soir, toutes ces habitations flottantes sont éclairées, et la rivière est sillonnée de lumières. Des jonques mandarines, ornées de parasols, de plumes de paon, de sonnettes, des sampans installés par des Européens pour leur usage, des jonques de commerce dont l'avant est peint d'une façon uniforme pour une même province, bordent les rives.

Plus loin sont les parcs à charbon. En suivant la rive droite sont alignés le *Duperré*, vaisseau amiral où réside le commandant de la marine; la *Meurthe*, transport transformé en ateliers et forges; les bâtiments de la réserve, les frégates, la *Didon*, la *Persévérante*, des avisos, des canonnières, des chaloupes grises. Le dock flottant en fér étale ses larges flancs un peu plus loin. Il a été lancé en mai 1866 sous la direction du capitaine de vaisseau Lejeune, et a fonctionné depuis d'une manière satisfaisante. Il a reçu la frégate la *Persévérante,* le transport l'*Orne,* puis la *Sarthe* et d'autres grands bâtiments. Sa construction a duré de janvier 1864 à mai 1866. Il a 91^m 44 de longueur, 21^m 33 de largeur au sommet et 13^m 71 de largeur au fond.

En face du dock se trouve un bassin de radoub de 72^m de long sur 24^m de large au niveau du sol, pour les grandes canonnières et les bâtiments calant au plus 4 mètres. Pour les petites canonnières il y a encore deux bassins de radoub. La construction d'un bassin fixe en maçonnerie est reconnue possible aujourd'hui, et sera probablement entreprise dans un temps plus ou moins rapproché.

Le long de la rive s'étendent les magasins des subsistances et les ateliers des constructions navales.

L'aspect de la ville est bien différent, selon qu'on arrive en rade de jour ou de nuit. Dans le premier cas, lorsqu'on a dépassé les établissements des Messageries impériales, on remarque que les maisons du quai sont peu considérables, peu nombreuses ; que la ville est encore en voie de formation.

Sur le quai s'élèvent cependant quelques constructions remarquables, le grand hôtel Wang-taï, le cercle du commerce, une pagode boudhique. La construction des quais se poursuit lentement. Il est vrai que Saïgon n'a pas toutes les ressources de la métropole, et Paris n'a pas été bâti en un jour. Un corps de garde est disgracieusement planté sur le bord de l'eau. Plus loin s'ouvre un grand espace vide qui se transforme en rond-point, en square, où l'on a déjà placé quelques bancs par anticipation. Lorsqu'on arrive en rade de nuit, la grande quantité de lumières qui bordent la rivière donne une idée beaucoup plus avantageuse de la ville.

XXI

Saïgon. — Débarquement. — Pirogues, coolies, paniers et voitures. — Hôtels. — Monnaies. — Sapèque. — Ville de Saïgon. — Tour-de-l'Horloge et place du Gouvernement. — Travaux d'assainissement. — Hôpital européen. — Hôpital annamite. — Cimetière. — Rue Isabelle II. — Établissement de la Sainte-Enfance. — Écoles de filles. — Collége d'Adran. — Collége des interprètes français. — Séminaire de la mission. — Couvent des carmélites. — Ancienne citadelle. — Magasins généraux. — Jardin botanique et zoologique — Casernes. — Évêché. — Marché. — Mairie. — Police. — Travaux à exécuter.

A peine un navire entre-t-il en rade de Saïgon, qu'aussitôt l'on voit accoster une foule de petits sampans à deux avirons. On choisit l'une de ces pirogues, on y place ses malles et le bagage peu pesant, et l'on s'étend sous la voûte en paille qui doit abriter du soleil ou de la pluie. Ces petites barques n'ont pas de gouvernail, et le rameur, qui est debout, la dirige avec son aviron. Une ou deux personnes seulement peuvent s'y tenir commodément. Le prix d'une course en rade est au moins de 20 centimes, sans compter le prix des bagages. La nuit, la course coûte au minimum 30 centimes. Les coolies, ou portefaix chinois ou annamites, attendent l'arrivée des bagages qu'ils transportent dans la ville au moyen de cordes et de gros bambous. Quant aux objets légers, on n'a qu'à les remettre à de jeunes Annamites, qui les portent dans un panier sur leur tête jusqu'à domicile, d'où est venu le nom de « paniers » que l'on donne à ces petits indigènes. Si l'on préfère être durement cahoté,

Sur les étroits coussins d'un char numéroté,

on trouve à proximité du quai des voitures semblables à celles qu'à Singapore on appelle palanquins : caisses bruyantes, étouffantes, attelées de haridelles, conduites par un saïs indien qui court à côté du cheval en le tenant par la bride et en l'excitant à coups de fouet.

Le tarif de ces voitures est de 2 francs la première heure, 1 fr. 50 la course, et 1 piastre et demie ou 9 francs pour la journée.

Il y a à Saïgon plusieurs hôtels sur le quai et dans la rue Catinat, mais on n'y trouve pas encore les installations désirables. On y est servi à table d'hôte. Un restaurateur est également établi sur le quai. Les déjeuners coûtent 1 piastre, et les dîners 1 piastre 25, y compris le vin.

Les monnaies dont l'usage est le plus général en Cochinchine sont la piastre mexicaine, dont le poids est de 26 grammes 94 centigrammes, et la valeur de 5 fr. 37 c., à 6 fr. 30 c., selon le cours du change.

Le taux officiel actuel fixé par le Gouvernement est de 5 fr. 55 c. Les piastres marquées en Chine (chop dollars) comme de bon aloi subissent à Saïgon une grosse perte ainsi que les piastres à colonnes. Toutes deux étaient primées ou recherchées autrefois. Dans les maisons chinoises il y a des compradors chinois aussi habiles à découvrir les fausses pièces que leurs compatriotes sont habiles à les fabriquer.

La piastre se divise en cent parties appelées *cents* (prononcez cints), division nominale en Cochinchine et effectivement représentée par les cents anglais dans les possessions anglaises.

Les Annamites se servent dans les transactions commerciales du nen ou barre d'argent valant 15 à 18 piastres. C'est un lingot ayant la forme d'un parallélipipède dont une face est concave et l'autre convexe. Il vaut de 80 à 100 francs. Les lingots annamites, au-dessous ou au-dessus de cette valeur, sont fort rares, en ce sens qu'ils restent entre les mains du gouvernement annamite. L'or entre fort peu dans la circulation. La pièce française de 5 francs en argent n'est pas non plus en faveur. Les monnaies françaises d'argent subissent un déchet considérable lorsqu'on veut les changer pour des sapèques. Ainsi les Annamites n'évaluent le franc au change qu'à 8 tiens de sapèques ou 80 centimes, le tien étant de 10 centimes, tandis qu'au contraire la piastre obtient un change avantageux.

La sapèque chinoise li (en anglais cash) est seulement employée dans les maisons de jeu, mais non en paiement. 1000 li = 1 liang = un taël d'argent = 7 fr. 50. Cette monnaie n'a pas cours en Cochinchine. Nous la citons, parce qu'on en parle souvent dans les affaires qui se traitent avec la Chine.

La sapèque annamite est un disque de zinc, percé à son centre d'un trou carré et portant sur l'une des faces le chiffre du règne sous lequel il a été fondu. 600 de ces disques enfilés ensemble forment une *ligature* (quan tien) ou chapelet valant 1 franc.

Chaque ligature se divise en 10 tiens de 60 sapèques chaque. On appelle gueuse de sapèques l'assemblage de 10 ligatures. Cette monnaie, digne de Lycurgue, est lourde et gênante à porter. L'adjudication de la fourniture de sapèques en pays annamite se fait au nombre et non au poids. De là, pour ne pas faire mentir le dicton : « *Non ponderantur sed numerantur*, » une fabrication mauvaise et un alliage très-cassant. Dans les transports, les ligatures rompent, les disques se défilent, et l'on a à subir des pertes considérables. Les sapèques sont devenues plus rares, mais les Annamites les préfèrent toujours à la monnaie de cuivre et d'argent, surtout sur les marchés de l'intérieur. L'introduction des monnaies françaises, nécessaires du reste en pays français, était un bien pour la population européenne, qui ne pouvait s'astreindre à l'emploi des sapèques dans les achats ou paiements journaliers. Dans les premiers temps de l'occupation on faisait de la monnaie en coupant des piastres en deux, en quatre ou en huit. Pour l'Annamite qui vit de peu, la sapèque est de la plus grande utilité. Il peut ainsi se procurer des choses valant moins d'un centime, ou payer par sixième, par quart ou par moitié de centime, telles que des noix d'arec, des feuilles de bétel, des cigarettes de tabac, une tasse de thé, une tranche d'ananas, un quartier d'orange, de jacquier, un fragment de canne à sucre, une cuillerée de mam, un morceau de poisson, un chapeau en feuilles de palmier, etc.

La ville de Saïgon est renfermée dans un carré formé par la rivière de Saïgon comme base, l'arroyo chinois à gauche (sud) l'arroyo de l'avalanche à droite (nord), et le canal de ceinture qui fait communiquer ces deux arroyos. Saïgon était le nom donné par les Annamites au marché chinois, qu'on appelle aujourd'hui Cholen (Cho-lon), et qui était établi sur les bords du vam ben nge (arroyo chinois).

Les Français ont improprement appliqué ce nom au Saïgon actuel, que les Annamites désignent par les noms de Ben nghé ou de Ben thanh, selon qu'il est question de la partie voisine de l'arroyo chinois (rach ben nge), ou de la partie voisine et en deçà de l'arroyo de l'avalanche, où se trouve l'ancienne citadelle (thanh).

Si l'on prend la rue Catinat, perpendiculaire à la rivière de Saïgon, à peu près au milieu de la ville et en face du monument Lamaille, on arrive sur la place du Gouvernement.

Une pyramide quadrangulaire cache sous une forme lourde et disgracieuse un chef-d'œuvre de charpente intérieure; c'est la tour de l'horloge. Autour de cette place sont groupés : La direction de l'intérieur, les bureaux du télégraphe, le Trésor et les postes, la résidence du commissaire en chef, du commandant des troupes, la majorité générale, les dépendances de l'hôtel du Gouvernement, de l'hydrographie et de l'Observatoire.

Le 23 février 1868, l'amiral gouverneur et commandant en chef, M. de la Grandière, a posé solennellement la première pierre du nouveau palais du Gouvernement, dont l'emplacement est à l'angle de la route de la ville chinoise et du boulevard.

Avant d'entrer sur la place du Gouvernement, on tombe sur le boulevard du gouverneur ; grande et belle voie ouverte sous l'administration de l'amiral de la Grandière. Elle est plantée de tamariniers et élevée sur les fossés larges et marécageux qui défendaient l'ancien Saïgon. C'est au génie maritime que l'on doit l'exécution de ces grands travaux, la création de cette voie, le nivellement de ce plateau pour l'écoulement des eaux et l'assainissement de la ville, ainsi que le percement du petit canal allant de l'arroyo chinois à l'arroyo de l'avalanche, parallèlement au boulevard du gouverneur, recevant les eaux du plateau supérieur et desséchant le bas-fond qu'il parcourt. Ce but étant atteint, il serait à désirer que ce canal fût comblé ou creusé plus profondément. En tout cas, cette opération ne peut venir qu'après celle du grand canal, grande artère perpendiculaire à la rivière de Saïgon, station des barques approvisionnant le marché, impasse où monte la marée deux fois par jour, véritable bassin dont le dragage a une grande importance pour les riverains et les commerçants. En suivant le boulevard du gouverneur, nous passons devant l'hôpital. On dit que pour fonder une colonie les Anglais commencent par une bourse, les Espagnols par une église, les Français par un café. Le premier établissement de Saïgon a été un hôpital pour les malades et les blessés du corps expéditionnaire.

L'amiral Bonard n'était pas logé, que déjà s'élevaient de vastes salles bien aérées, sur un emplacement bien choisi. Le journal de Singapore (Free press) signalait ainsi ce fait en 1861 : « Malgré le voisinage de l'ennemi, les Français ont réussi, la bêche et la truelle d'une main, et le sabre ou la carabine de l'autre, à bâtir des hôpitaux pour plusieurs centaines de malades et à créer plusieurs milles d'excellentes routes. » L'ensemble de ces constructions a été complété depuis, et l'hôpital de Saïgon a pu suffire aux besoins les plus pressants. Des salles sont réservées aux officiers malades, et le gouverneur y autorise même l'admission des particuliers à leurs frais.

Mgr Lefebvre, évêque d'Isauropolis, constituait en même temps un hôpital annamite, que le Gouvernement a pris depuis à sa charge et établi sur des bases plus larges. Cet établissement coûte en effet à la colonie près de 48,000 francs par an.

Le cimetière européen est situé près du village de Phu-hoa, route du troisième pont de l'avalanche.

Les Espagnols, officiers et soldats, qui ont laissé dans la colonie de si brillants souvenirs de valeur et de courtoisie, avaient construit un grand camp de baraques en bois, le long duquel ils ouvrirent la rue Isabelle II, une des premières, des plus longues et des plus belles de Saïgon. Une poudrière en pierre, près du télégraphe actuel, avait été élevée par leurs soins et a été supprimée depuis.

Le boulevard du Gouverneur nous conduit directement à la Sainte-Enfance, bâtiment de style mélangé, ornementé dans le goût indigène et flanqué d'une chapelle gothique, construite par un architecte annamite. On en voit de loin le gracieux clocher.

L'État a créé cent bourses pour des petites filles qui sont élevées et instruites à la Sainte-Enfance par les sœurs de Saint-Paul de Chartres.

Le collége des Frères de la Doctrine chrétienne se trouve un peu plus loin et rend de grands services en apprenant exclusivement le français aux jeunes indigènes et en leur donnant quelques notions sur les applications les plus usuelles de la science, aux arts et à l'industrie. Ce collége porte le nom de collége d'Adran, en souvenir de l'illustre évêque d'Adran. L'État l'a doté de cent bourses pour les jeunes Annamites, fils de fonctionnaires du Gouvernement ou de gens recommandables par leur probité et leur dévouement à la France. Les orphelins, des enfants dont l'intelligence promet de bons résultats, y sont admis sans distinction de religion. Le collége des interprètes français est dirigé par un Annamite très distingué, M. Petrus tru'ong vinh ky; dix aspirants interprètes français y poursuivent l'étude de l'annamite, et sont reçus interprètes après un examen passé par-devant une commission. Ce collége fait partie de l'institution municipale de Saïgon.

Le séminaire de la mission est un peu plus haut. La langue française est enseignée aux élèves des classes élevées. Cet établissement a une belle façade qui frappe les regards. Il est entouré d'un grand jardin et situé sur un terrain relevé. De cet endroit on découvre la rade, la plaine derrière Thu-thiem, les montagnes de Bienhoa et de Cau thi vay.

En face est un couvent de Carmélites européennes et indigènes. Nous ignorons les raisons pour lesquelles ces religieuses, qui vivent en France complètement cloîtrées, ont été appelées en Cochinchine pour y subir à perpétuité la même réclusion sous un climat des plus énervants.

Sur le haut du plateau est l'ancienne citadelle annamite dont les fortifications ont été restaurées. Les magasins généraux du gouvernement où a lieu l'exposition annuelle sont rapprochés de l'arroyo de l'avalanche. Sur les bords de cette petite rivière est le jardin botanique et zoologique. Déjà ce jardin s'est généreusement dépouillé pour la France des richesses qu'il possédait. On y a installé des enclos où jouissent d'une apparence de liberté des animaux et des oiseaux rares. Cet arrangement non-seulement fournit à l'étude de plus grands moyens d'observation, mais n'a pas l'aspect répugnant des musées de squelettes et de momies qui n'offrent de tolérable à la vue que les oiseaux empaillés. Les jardins d'acclimatation pour les animaux et pour les plantes sont un grand progrès accompli et dont bénéficieront à la fois bêtes et gens. Je m'étonne que cette amélioration n'ait pas été proposée par le bon Lafontaine qui savait si bien faire parler les bêtes.

En descendant, passons devant la direction et les établissements de l'artillerie.

Les casernes d'infanterie sont situées en haut de la rue impériale ; d'un côté le camp indigène, et de l'autre le camp des lettrés.

Sur la rive droite du grand canal s'élève la cathédrale.

L'évêché est entre la rue d'Adran et la rue de l'Impératrice.

Sur le bord du grand canal s'étend le marché qui est fort bien approvisionné, et où l'on trouve en tout temps des légumes frais. Ici c'est un Chinois qui fabrique devant vous ses saucisses ; là un confiseur en plein vent ; plus loin une vieille annamite fait des crêpes au riz et à la pistache, saupoudrées de cassonnade. Au coin sont les changeurs avec leurs piles de monnaies et leurs ligatures de sapèques ; sous les hangars s'alignent les étalages des marchands et des marchandes. Les marchandises les plus variées de provenance indigène, chinoise ou européenne offrent le choix à la foule qui encombre les allées.

Le bureau municipal ou mairie se trouve au haut de la rue Catinat. Les membres du conseil municipal doivent être choisis dans toutes les classes de la société tant asiatique qu'européenne, et dans toutes les nationalités.

Il y a à Saïgon un commissaire de police dans chacun des deux arrondissements. La police (giam thanh) est faite par la gendarmerie, par des agents de police européens, des gardes malabars et des matas ou gardes de police annamites. En outre des patrouilles militaires ont lieu chaque nuit, et des postes militaires gardent les alentours de la ville.

Bien des travaux sont encore à exécuter ou en cours d'exécution, dans la nouvelle ville de Saïgon et dans les provinces. A Saïgon, l'achèvement des rues, la pose des ponts, la construction du palais du Gouvernement, d'un collége, d'un tribunal, d'une mairie, de casernes, etc., etc., offrent bien des éléments à l'activité et à l'industrie européennes.

On peut se procurer chez un photographe, à Saïgon, des vues de la ville et des environs, et des types indigènes. Le plan de la ville a été dressé par l'administration des ponts et chaussées.

XXII

Port de Saïgon. — Valeur des transactions et mouvement des navires en 1860, en 1865, en 1866, en 1866-1867. — Cabotage avantageux. — Remorquage à vapeur. — Prix d'entrée dans le dock. — Chambre de commerce. — Trésorerie. — Comptoir d'escompte. — Journaux. — Comité agricole et industriel. — Exposition des produits. — Télégraphie. — Son importance pour la marine marchande. — Tarif des dépêches. — Télégraphe d'Europe à Saïgon, voie de terre. — Télégraphe d'Europe en Chine. — Télégraphe d'Europe en Cochinchine et en Chine, voie sous-marine. — Établissement des Messageries impériales. — Consulats. — Saïgon, centre commercial. — Port d'Hatien. — Port de Rachgia. — Ile de Phu-Quoc. — Agriculture. — Ventes et concessions de terrains. — Culture du riz. — Le sucre. — Le coton. — Aréquiers. — Cocotiers. — Fabrication d'huile. — Le tabac. — Bois de construction. — Ortie de Chine. — Mûriers. — Indigo — Maïs. — Cire. — Poivre. — Le blé. — Voies ouvertes à l'industrie européenne. — Poisson salé du grand lac. — Commerce des Moïs. — Commerce d'échanges. — Nécessité d'un capital de première mise. — Salaires. — Industries et objets d'art. — Orfèvrerie. — Incrustations. — Fonderies. — Sculpture. — Peinture. — Imprimerie. — Scieries. — Résumé. — Poids et mesures.

Le port marchand de Saïgon a été ouvert le 22 février 1860. C'est un port franc pour toutes marchandises à l'importation comme à l'exportation, et les navires chargés n'ont à payer qu'un droit fixe et unique de 2 francs par tonneau de jauge, représentant les droits de phare, balisage, quai, police et ancrage.

Antérieurement à cette époque, le total des importations et exportations de la Cochinchine ne dépassait guère *cinq millions* de francs par an.

Les navires ou jonques indigènes ne faisaient que le cabotage entre Hué, Tourane, Saïgon, Hatien. Quelques navires européens, des jonques chinoises, siamoises, échangeaient dans ces ports leur cargaison contre les produits cochinchinois qu'ils portaient à Singapore, à Canton, à Batavia ou au Siam. Le total des importations et exportations, seulement pour les trois premières provinces françaises, avec tous les ports, avait déjà atteint, en 1865, près de *35 millions* de francs, dont 10 millions et demi de riz et 3 millions de coton à l'exportation. Il était entré à Saïgon, dans le cours de l'année, 254 navires européens, dont 92 français, et 5,628 barques ou jonques. Il en était sorti 272 navires et 5,509 barques. Du 1er octobre 1865 au 1er octobre 1866, il est entré 348 navires européens, dont 89 français, jaugeant plus de 63,000 tonneaux, et 119 navires anglais, ne jaugeant que 44,627 tonneaux.

Les importations par navires européens et jonques annamites ont été de 39 millions et demi, et les exportations de 39,400,000 francs, sans tenir compte du commerce avec nos trois nouvelles provinces de l'ouest et le Cambodge.

Le total des importations et exportations par navires européens et jonques annamites a été de 78,831,575 francs, près de *79 millions*.

Du 1ᵉʳ octobre 1866 au 1ᵉʳ octobre 1867 il est entré 439 navires européens, dont 98 français, jaugeant 68,734 tonneaux.

Les navires anglais entrés sont au nombre de 142, mais leur tonnage est seulement de 57,748 tonneaux. Les importations par navires européens ont été de 189,713 tonneaux, et par jonques de 70,965 tonneaux, donnant une valeur totale de 29,606,285 francs. Les exportations par navires européens ont été de 190,835 tonneaux, et par jonques de 64,687 tonneaux, formant une valeur totale de 34,057,351 francs et portant le mouvement commercial à 63,663,636 fr. La diminution que l'on remarque sur les chiffres de 1866 vient de la baisse des prix du riz et de l'arrêt momentané que l'insurrection du Cambodge a mis à l'exportation de l'ivoire et de l'écaille qui figuraient pour 10 millions l'année dernière. Les approvisionnements de nos troupes et de la marine ne sont pas compris dans cet exposé. On voit en même temps combien notre établissement de Saïgon a donné d'impulsion à notre marine marchande, dans ces parages où nos navires paraissaient si rarement il y a une douzaine d'années.

C'est là un résultat bien frappant et bien éloquent pour une colonie qui ne compte pas encore sept ans d'existence. La possession des riches provinces occidentales ne peut manquer d'accroître considérablement ces chiffres dans les années qui vont suivre. Les navires européens, plus rapides, plus sûrs, pouvant être assurés ainsi que leur cargaison, sont plus avantageux que les jonques chinoises; aussi trouvent-ils de grands bénéfices à faire le cabotage entre Saïgon et les ports de Chine, du Siam, de Singapore, de Java, des Moluques, des Philippines, etc. Les navires qui ne jaugent qu'environ 200 à 300 tonneaux trouvent plus promptement et plus avantageusement que les gros bâtiments de 800 à 1000 tonneaux des chargements pour ces diverses destinations.

Le service de remorquage à vapeur dans la rivière de Saïgon a été fait successivement par le *Shamrock*, petit vapeur de l'État, par le *Wickoff*, et enfin par le *Powerful*; ces deux derniers navires appartenaient à une entreprise particulière.

Le prix d'entrée des navires dans le dock flottant est de 1 fr. 12 c. par tonneau, et le prix du séjour est de 56 centimes par journée et par tonneau.

Les intérêts du commerce ont pour promoteurs une chambre et un tribunal de commerce, la trésorerie qui délivre des traites à vue sur le trésor public, les banques, un comptoir d'escompte, succursale de celui de Hong-Kong, un journal officiel, le *Courrier de Saïgon*, qui donne deux fois par mois le cours des marchandises, le taux du fret, les chiffres des entrées et sorties, le mouvement des navires et le prix des denrées sur les divers marchés de la colonie et des pays voisins; un journal hebdomadaire, feuille d'avis et bulletin commercial, mi-partie en français, mi-parfie en anglais, donnant les nouvelles d'Europe, des mers de Chine et le cours des marchés.

Un comité agricole et industriel a été institué pour aider au développement de l'agriculture, de l'industrie et des arts. Chaque année, dans les premiers jours de février, une exposition a lieu, où les progrès accomplis se manifestent et des encouragements sont distribués aux exposants. Enfin, le télégraphe électrique rend les plus grands services, non-seulement dans les affaires du gouvernement, mais encore aux négociants qui ont des relations commerciales dans l'intérieur du pays, et surtout aux navires qui viennent chercher du fret. Ces navires mouillent au cap Saint-Jacques, préviennent leur consignataire de leur arrivée et ne montent à Saïgon que lorsque leur chargement est assuré ou prêt à embarquer. De là économie de temps et d'argent et sûreté d'opération.

En ce moment les dépêches de Paris en Cochinchine et *vice versâ* ne peuvent être transmises par les fils électriques que jusqu'à Pointe-de-Galle. De là elles sont expédiées par la poste, moyennant 1 fr. 60 c. de frais de chargement jusqu'à destination. Nous avons indiqué le prix d'une dépêche de Paris à Pointe-de-Galle.

Une mission télégraphique française, envoyée en Cochinchine, sur la demande du ministère de la marine, par M. le vicomte de Vougy, directeur général de l'administration des lignes télégraphiques, a inauguré la première ligne électrique cochinchinoise le 27 mars 1862, trois mois après la prise de Bienhoa.

Le tarif des dépêches avait été fixé au début à une piastre (5 fr. 55 c.). Les recettes de 1862 furent de 160 francs.

En 1866, malgré la réduction des taxes à 2 francs, qui avait eu lieu l'année précédente, les recettes s'élevèrent à 6,000 francs, et les prévisions pour 1868 sont de 15,000 francs ; C'est dire que l'augmentation du produit de la télégraphie privée a été en raison directe du développement du commerce. A Saïgon, deux bureaux sont ouverts à la correspondance privée : l'un sur la place de l'Horloge, l'autre sur le quai, à la Direction du port de commerce. Le tarif est le même qu'en France. Une dépêche de 20 mots coûte 1 franc de Saïgon à Cholen (ville chinoise), et 2 francs pour tous les autres points de la Cochinchine. Il y a 20 bureaux télégraphiques dans les quatre provinces de Saïgon, Bienhoa, Mitho et Vinh-Long. Le réseau électrique, qui comprend actuellement près de 600 kilomètres, et arrive en ce moment jusqu'à Chaudoc, chef-lieu de la province de ce nom, sera complété dans toute l'étendue du territoire.

Le télégraphe des Indes anglaises va jusqu'à Rangoon, et l'on travaille en ce moment à le prolonger jusqu'à Bangkok et Singapore, qui vont se trouver ainsi reliées à l'Europe. C'est à la France, ce semble, qu'il appartient de continuer cette ligne télégraphique de Bangkok (Siam), à travers la province de Battanbang jusqu'à Phnôm-pénh, capitale du Cambodge, pays placé sous notre protectorat et qui n'a d'autres débouchés que nos marchés.

De Phnôm-pénh à Chaudoc, chef-lieu de l'une de nos provinces de l'ouest, il n'y a qu'une très faible distance. Notre colonie serait ainsi rattachée étroitement à la métropole et aux ports les plus commerçants et les plus importants de la route de Chine : Singapore, Bangkok, Rangoon, Calcutta, Ceylan, Batavia, etc. La communication électrique entre

Singapore, Batavia et les îles de la Sonde par un câble sous-marin, sera rétablie et s'étendra par Java et Port-Denison jusqu'à l'Australie.

Quant à l'établissement d'un télégraphe en Chine, on sait que les Russes sont en instance depuis plusieurs années auprès de la cour de Pékin pour obtenir l'autorisation de continuer la ligne télégraphique d'Irkutsk à la capitale de la Chine.

La chambre de commerce de Hong-Kong a sollicité au commencement de 1867 une semblable autorisation, pour un télégraphe de Hong-Kong à Canton, qui serait poursuivi plus tard jusqu'à Shanghaï et Pékin.

Enfin, en août 1866, une députation de plusieurs chambres de commerce anglaises et de membres du parlement a soumis au gouvernement anglais un projet de télégraphe et de chemin de fer de Rangoon jusque dans la Chine occidentale, par Ava et Bamô, et en février 1867 une mission anglaise a commencé les travaux d'exploration ; mais ces divers projets ne pourront être mis en exécution tant que le gouvernement chinois y mettra opposition. Or, il ne paraît pas disposé à accueillir ces divers projets de constructions télégraphiques dans l'intérieur de l'empire.

Nous avons rappelé pour mémoire ces récentes et diverses tentatives. On voit qu'elles ont échoué, quant à la construction de lignes électriques terrestres dans l'intérieur du pays. La question importante est de faire communiquer les principaux points de la Chine et de la Cochinchine avec l'Europe. Sa solution pratique paraîtrait donc fort éloignée encore, si nous ne nous hâtions de dire pour conclusion qu'une Compagnie américaine a obtenu en juin 1867 l'autorisation de relier les divers ports de la Chine par des câbles immergés le long de la côte, et l'opération a commencé en septembre 1867 entre Hong-Kong et Shanghaï. En outre, une grande Compagnie anglaise se prépare à jeter des câbles le long du littoral, depuis Singapore jusqu'à Hong-Kong en passant par Hatien, Saïgon et le cap Saint-Jacques, ce qui compléterait la grande ligne électrique d'Europe en Chine. Ce projet offre à notre colonie tous les avantages désirables en lui évitant bien des charges.

Une agence principale des Messageries impériales a été établie à Saïgon, qui doit être la tête de ligne de ces paquebots. C'est dans cette conviction que le gouvernement a subventionné cet important service maritime et que la Compagnie de son côté a construit à Saïgon des établissements destinés à servir d'ateliers, de chantiers, de magasins. Il est vivement regrettable de les voir en grande partie abandonnés et déserts, et leur existence compromise.

Le consul d'Espagne est M. Ozorès, celui de Hollande M. Stadniski, celui de la confédération de l'Allemagne du Nord, M. Niederberger.

Le nombre de navires anglais qui fréquentent notre port étant considérable (119 navires du 1er octobre 1865 au 1er octobre 1866), il y a lieu de croire que l'Angleterre ne tardera pas à y envoyer également un représentant.

A Singapore vient aboutir et se concentrer tout le commerce de la Birmanie, du Pégu, d'Aracan et des régions voisines.

Les produits du Cambodge, du Laos, de la Haute-Cochinchine, du Tongquin doivent forcément avoir Saïgon pour entrepôt général. Dès l'occupation d'Hatien par les Français, le gouvernement siamois a manifesté officiellement l'intention de reprendre les relations commerciales que les prohibitions des autorités annamites avaient interrompues.

Le port d'Hatien est sur le golfe de Siam. Une centaine de jonques de mer venant de Bangkok le fréquentent chaque année. Comme ce port a peu de fond, il n'est accessible qu'aux navires d'un faible tonnage, de 180 à 200 tonneaux; en outre, il n'est pas abrité pendant la mousson de S.-O. Ce port et celui de Rach-gia, ouverts au mois d'octobre 1867, sont soumis aux mêmes droits que le port de Saïgon.

Rach-gia est une baie un peu au-dessous d'Hatien et dans le voisinage de laquelle on trouve une population très mélangée, de 8 à 9,000 habitants. Ce port fait le commerce du riz, de la soie, du poisson sec, nattes fines, grands éventails en plumes, nids d'hirondelles, de la cire, du miel, etc., etc., principalement avec Compot.

En face est l'île de Phu-quoc, explorée par l'Alom-pra en août 1867, où il existait, paraît-il, des mines de charbon, autrefois l'objet d'une exploitation défectueuse.

En juillet 1867, une grande société au capital de soixante millions, s'est constituée en France avec l'appui du gouvernement pour donner à notre commerce d'exportation et d'importation le plus puissant essort, et pour ouvrir des débouchés à nos produits dans les régions de l'extrême Orient, où l'Angleterre a exercé jusqu'ici un monopole à peu près absolu. Les efforts de cette société se porteront indubitablement vers la Cochinchine française, qui offre une large voie d'écoulement à nos produits et tant d'aliments à nos marchés.

Nos trois provinces de l'Est ont une surface de 2,238,000 hectares, dont 128,441 cultivés en riz. Les trois provinces occidentales ont 96,137 hectares de rizières, ce qui donnait déjà, en 1865, un total de 224,578 hectares de rizières, tandis que dans nos établissements de l'Inde on n'en compte que 16,097! Tous les jours de nouvelles rizières sont créées en Cochinchine. Il reste d'ailleurs une étendue considérable de terres abandonnées et autrefois cultivées, qui n'attendent que la semence pour produire et un maître pour récolter.

L'agriculture fera la richesse et la grandeur de notre colonie. Les indigènes, les Européens, les Chinois ne laisseront pas longtemps sans les défricher les immenses terrains cultivables offerts à leur activité.

Les terrains ruraux sont vendus à si bon marché par l'Etat que ces ventes sont plutôt des concessions. Si l'acheteur n'a même pas de quoi payer un terrain vendu à bas prix avec de faciles conditions de paiement, comment l'État s'assurera-t-il qu'il possède les fonds nécessaires aux trois premières années d'exploitation, lesquelles sont peu ou point productives, mais aussi sont exemptes d'impôt.

Un hectare de rizières coûte de 150 à 250 francs. S'il s'agit d'un terrain en friches, le prix d'achat est en moyenne 10 francs l'hectare. Il faut y ajouter une somme de 250 francs par hectare pour le défrichement.

Au bout de trois ans, ce terrain rapporte 30 pour cent, et son produit s'élève ensuite en moyenne à 50 pour cent. L'impôt à payer par hectare de rizières de première qualité est de 11 fr. 60 c. C'est une culture très-rémunératrice; mais les Européens qui s'y livrent ont à s'attacher surtout à l'amélioration des procédés d'irrigation, de fumure, de récolte, de battage du grain. On obtient facilement deux récoltes par an. Le riz est le principal aliment de presque tous les peuples de l'Asie. La consommation locale pour nos six provinces est d'environ 80 millions. Le riz constitue en outre la branche la plus importante du commerce d'exportation, et non-seulement des navires chargent pour les ports de l'Indo-Chine et de la Chine, mais encore pour le Japon, l'Australie, le Siam, Maurice, la Réunion, la Guadeloupe, le Brésil, l'Angleterre, la France, Brême et Hambourg. Les exportations de riz par navire au long cours du 1er octobre 1865 au 1er octobre 1866 ont monté à 18,260,320 francs, et du 1er octobre 1866 au 1er octobre 1867 à 192,997 tonneaux, valant 24,098,273 francs.

Dans le commerce, les achats se font par *picul,* et l'on évalue à Saïgon le picul à 60 kilogrammes. A Singapore, le picul est égal à 100 catties ou 133 livres et demie anglaises (1). A Hué, il vaut un peu plus, celui de Saïgon est le plus fort. En Chine, le catty ou livre est de 620 grammes. Le riz non décortiqué (*paddy* en javanais, *palaï* en manillais) rend la moitié de son volume en riz blanc. Le prix moyen du picul de riz est de 10 francs, et du picul de paddy 5 fr. 50 c. En 1851, un picul de riz se vendait 7 francs. Il est tombé en 1867

---

(1) La livre anglaise est de 453 gr. 549.

à peu près à ce prix. Les cultures diverses, canne à sucre, mûrier, bétel, tabac, coton, etc. comprennent une superficie de 21,284 hectares dans les provinces orientales et 44,918 dans les provinces occidentales, soit un total de 66,202 hectares. Nous nous bornerons à parler des trois provinces orientales qui sont mieux connues.

Le sucre blanc vient de Chine, de Singapore et d'Europe. Batavia fournit aussi du sucre raffiné. La colonie possède cependant de grandes cultures de cannes. Dans les trois provinces de l'est on en compte 532 hectares, mais les procédés annamites sont tout à fait défectueux, de là des produits très inférieurs et perte de matière productive. Outre l'amélioration de la canne, il y a une grande lacune à remplir. Une raffinerie établie en Cochinchine, sur les lieux mêmes de production, aurait le placement assuré de ses produits, tant dans la colonie que dans les pays voisins. La consommation annuelle est environ d'un million. Le sucre se vend en moyenne 40 francs le picul. Le kilogramme de cassonnade indigène coûte 1 fr. 10.

Voici le système employé par les Annamites pour cette fabrication. Les cannes sont écrasées entre deux gros cylindres verticaux en bois dur, munis de dents d'engrenage et mis en mouvement par des buffles. Le sucre tombe dans un puits en maçonnerie ou dans des troncs d'arbres creusés et mis en terre. Le jus ou vesou est transvasé dans de grandes cuves en fer très évasées où on le fait bouillir à l'air libre pour qu'il ne s'altère pas et pour concentrer le sucre. Il est ensuite renfermé dans des pots cylindriques en terre cuite et il est ainsi livré à la consommation. Ce sucre a une teinte brune foncée ; il est humide, siropeux et contient une grande quantité de mélasse. Quelquefois on le purifie avec de l'argile détrempée. On fabrique aussi une sorte de sucre noirâtre qui se vend en tablettes solides comme le chocolat. Ils ont aussi du sucre terré et du sucre candi. Ils ne fabriquent pas de rhum. On rencontre souvent dans les rues des indigènes mordant à même d'un long fragment de canne dont ils se régalent pour quelques sapèques.

La Cochinchine possède deux espèces de coton : l'arbre cotonnier (*bombax malabaricum*), et la plante annuelle (*gossipium herbaceum*), qui est de l'espèce dite courte-soie.

Les arroyos ou petits cours d'eau qui coupent le pays en tout sens, rendent les transports faciles ; la composition du sol des terrains élevés, l'action de la chaleur et l'absence des grandes variations de température, la possibilité de trouver des travailleurs parmi les émigrants chinois sont des avantages qui rendent cette culture plus facile qu'en Algérie et qui doivent faire songer sérieusement à son développement. Il n'y en a que 500 hectares cultivés dans les trois provinces. Le coton vaut en moyenne dans les entrepôts chinois de Cholen, près Saïgon, de 17 à 19 piastres le picul sans graines et de 6 à 7 piastres avec graines. Des machines à égrener ont déjà été introduites à Saïgon. Du 1ᵉʳ octobre 1865 au 1ᵉʳ octobre 1866, il a été exporté par navires européens et barques annamites 1,328,670 francs de coton, et du 1ᵉʳ octobre 1866 au 1ᵉʳ octobre 1867, 1,579,937 francs.

Plus de 6,000 hectares sont cultivés en aréquiers. Chaque pied rapporte 1 franc par an pendant 35 ans. Presque autant d'hectares sont plantés de cocotiers. Un hectare de cocotiers rapporte net plus de 500 fr. par an, mais il ne produit qu'au bout de 5 ans et pendant 20 ans.

La fabrication de l'huile de coco est une industrie importante. Le phare du cap Saint-Jacques en consomme annuellement 4,000 kilogrammes fournis par les villages annamites voisins du cap Saint-Jacques. Mitho est aussi un centre de fabrication. Les procédés qu'on emploie sont des plus grossiers et la perte de matière assez grande. Les cocos mûrs sont dépouillés de leur enveloppe fibreuse. On brise la noix. La chair blanche et solide est enlevée par le frottement à la main sur une rape consistant en plusieurs rangées de petites pointes fixées sur un banc de bois. La pulpe est recueillie dans un baquet où elle est foulée par le piétinement. Une femme, un enfant même, font cette opération, au fur et à mesure de laquelle on ajoute de l'eau.

Après avoir laissé reposer quelques heures, l'huile surnage, blanchâtre et visqueuse. On la transvase dans une cuve en fer, où on la fait bouillir pour l'épurer. L'huile est conservée dans de grandes jarres en terre recouvertes d'un simple disque en bois, ou portée au marché dans des courges ou gourdes contenant 8 à 10 litres. Le résidu pulpeux sert de nourriture aux animaux domestiques. L'enveloppe fibreuse, calcinée, écrasée, entre dans la composition du brai annamite, et avec les fibres de coco on fait des cordages très résistants dans l'eau de mer.

Il suffirait de mettre sous les yeux des indigènes une presse en bois ou en fer d'un modèle simple et solide pour améliorer cette exploitation, et réaliser une économie de matière, de peine, de temps et d'argent. Cette presse devrait pouvoir être manœuvrée par un seul homme et déplacée facilement.

Cette huile se vend en moyenne 25 francs la jarre de 28 litres.

La fabrication de l'huile de coco rapporterait, avec un capital de 2,135 francs, environ 9,000 francs par an.

L'huile de coco se fige à une température de 22 degrés. Elle doit, pour être exportée, être contenue dans des récipients bien clos. La grande quantité de barriques provenant des approvisionnements de la marine remises en état aussitôt après la consommation de leur contenu et vendues au commerce, pourraient remplir ce but. Dans l'Inde on emploie les caisses en fer soudées qui ont servi au transport de la bière. — 1,000 hectares sont cultivés en arachides qui servent principalement à faire de l'huile.

Le tabac est cultivé sur 555 hectares dans les trois premières provinces. Les espèces en sont très variées. Il a été jugé en France de qualité médiocre; cependant les Européens de la colonie en consomment beaucoup. Le tabac des cercles de Baria et Bienhoa est très hygrométrique. Les Annamites ajoutent quelquefois à sa préparation du sucre ou de l'eau-de-vie de riz. Le tabac du Cambodge est plus sec et mieux préparé. La culture du tabac est parfaitement libre; chacun en récolte et en vend comme il lui plaît. Le picul se vend 400 francs.

Le commerce des bois de construction provenant des forêts de l'État est appelé à prendre de l'importance. Un garde général des forêts (ho-tru'ong) est chargé de faire connaître les tarifs, les droits d'exploitation, de surveiller les coupes, aux lieux désignés et sur l'étendue fixée. Ces fonctions sont remplies par un officier détaché à cet effet, en attendant qu'une administration forestière sérieuse prévienne le gaspillage des bois et en organise l'exploitation. Dans les trois provinces de l'est les forêts couvrent une superficie de 800,000 hectares, égale à peu près à l'étendue forestière de trois de nos départements : La Nièvre, la Côte-d'Or et les Vosges. Des marchés pour la vente des bois existent à Bienhoa, Baria, Long-thanh, Thudaumot, Bombinh, Caycong, Tay-ninh, Trambang, etc. Or, la production en 1865 n'a pas atteint 15,000 stères. On voit tout ce qu'il reste à faire de ce côté. Une scierie à vapeur serait à établir, et l'on ne demanderait plus à l'exportation le nombre considérable de planches dont on a besoin. A côté des essences dures de nos forêts, les pins du Cambodge offriraient une avantageuse exportation.

L'ortie de Chine (China grass) n'occupe pas une superficie de plus de mille hectares, elle se vend 67 centimes le kilogramme, et vaut en Europe 1 fr. 50 c. La cannelle, qui vient en abondance au Cambodge et dans la haute Cochinchine, pousserait aussi bien dans la zone élevée qui s'étend de Baria à Tay-ninh. Des essais de culture de la vanille, du café, *du cacao* surtout méritent d'être tentés. 539 hectares sont cultivés en mûriers. Chaque hectare rapporte à un Annamite 150 francs net, lorsqu'il en devrait rapporter 2,500. La soie se vend 20 francs la livre.

L'indigo est d'excellente qualité ; seulement sa préparation est défectueuse. Le picul d'indigo en feuilles se vend 420 piastres. La culture du maïs qui pousse avec tant de facilité, devrait être bien plus développée. Le thé annamite (ché) a une saveur forte et un peu acre, qui le rend bien inférieur au thé chinois (tra). La cire vaut 500 francs le picul, le poivre, de 6 piastres à 6 piastres et demi le picul. Le blé vient d'Amérique et du Japon. Une minoterie, établie à Saïgon, le convertit en farine pour la manutention et les boulangeries.

Les voies ouvertes à l'industrie européenne comprennent les salines de Baria, qui fournissent annuellement 15,000,000 kilogrammes de sel à 15 fr. le tonneau. Les salines de Ba-Xuyen, qui en produisent 7 ou 8 millions de kilogrammes à 1 fr. 20 c. les 60 kilogrammes, la création de prairies, l'élève et la reproduction des bestiaux et des chevaux, les exploitations de bois durs et de construction, les carrières de pierres molles de Bienhoa ou pierres d'abeilles (da ong), à cause des trous dont elles sont criblées, mélange d'argile et d'oxyde de fer qui durcit à l'air, les exploitations de granit de Bienhoa, du cap Saint-Jacques, de Poulo-Condor, la fabrication de la chaux, le tissage et la mise en œuvre des matières textiles, la soie dont l'exportation n'est que de 750,000 francs. Il paraît que sur la montagne de Kien-Sum, province d'Hatien, il y a une mine d'argent dont le gouvernement annamite n'avait pas autorisé l'exploitation. Les exportations par navires européens du premier octobre 1865 au premier octobre 1866, d'ivoire, d'écaille et de dents d'animaux ont été de 9,320,000 francs. Enfin la pêche du grand lac du Cambodge, exemptée de droits pour toutes barques, ayant un permis du résident français à Phom-penh, donne lieu à un commerce considérable de salaisons de poisson et d'exportation de poisson salé. Du premier octobre 1865 au premier octobre 1866 il en a été exporté par navires européens et jonques annamites pour une valeur de 7,276,169 francs. Le picul se vend 36 francs à Saïgon ; à Phom-penh il vaut 18 francs, et au grand lac, 10 francs. Cette pêche est à développer par la création sur les lieux de grands entrepôts de sel, par le remorquage à vapeur sur le fleuve du Cambodge, entre les salines, Saïgon et le grand lac. Il y a là à réaliser des bénéfices, sinon immédiats, du moins certains et considérables.

Le commerce des Moïs, tribus des montagnes, consiste en échanges de tabac, résine, huile de bois, torches, nattes, herbes médicinales, cire, miel, dépouilles d'animaux sauvages, contre du sel, des cotonnades, des outils en fer, du laiton, de la verroterie.

Ptolémée disait en parlant des Chinois, qu'ils vendaient leurs marchandises sans prendre en retour celles des autres peuples; et l'amiral Jurien de la Gravière a dit de la Chine : « Elle a moins besoin d'acheter que de vendre. » On peut, quant à présent, dire la même chose de la Cochinchine. Les produits des Européens ne deviendront un besoin pour les indigènes qu'à la longue et lorsque la richesse du pays se sera développée. En ce moment les produits d'importation européenne sont consommés en grande partie par la population européenne, et les produits d'importation chinoise suffisent en grande partie aux Annamites. Aussi la valeur des produits cochinchinois exportés dépasse-t-elle considérablement celle des produits européens consommés par les indigènes. La différence se solde en argent, qui rentre et reste entre leurs mains, et ils n'en rendent qu'une faible partie à la circulation. Mais le commerce le plus avantageux, comme l'a dit un économiste chinois cité par M. Huc, est celui des échanges nécessaires ou utiles. Il semble donc qu'il y ait intérêt à essayer le système des échanges en nature. Ainsi, du 1er octobre 1865 au 1er octobre 1866 il a été importé à Saïgon pour 4,568,000 fr. de cotonnades et habillements. Il en a été réexporté pour 519,000 fr. Il en a donc été vendu ou placé dans le pays pour 4,049,000 fr. Or, au lieu de recevoir de l'argent d'une main, en échange de cette marchandise, et d'en verser de l'autre en échange de riz ou de coton, ne serait-il pas plus rationnel, plus facile et plus lucratif d'échanger directement et sur place ces deux produits, cotonnade et coton ou cotonnade et riz, sans bourse délier de part et d'autre? A cet effet, les marchandises européennes et indigènes viendraient s'accumuler dans un dépôt, d'où celles-ci sortiraient pour être exportées, et les premières pour être offertes en paiement des productions locales, ou répandues dans l'intérieur du pays. Les produits européens mis en vente au dépôt seraient cotés à un prix invariable, marqué en langue française et en caractères annamites. Les échanges auraient le même avantage pour l'Européen que pour l'indigène, et l'écoulement des produits serait plus facile. Les Anglais ne procèdent pas autrement dans leurs colonies. Les produits britanniques sortent de grands entrepôts et sont placés par des navires anglo-indiens, des barques malaises, chinoises et des agents indigènes dans l'intérieur du pays. Les fournisseurs ne cherchent pas à rentrer immédiatement dans leurs déboursés, mais leurs entrepôts se remplissent des produits avantageusement échangés, et leurs navires trouvent un chargement tout préparé. Il en résulte un véritable monopole à l'abri de la concurrence. C'est là certainement une théorie fort séduisante et souvent mise en avant; mais nous ne croyons pas qu'il soit possible, d'ici longtemps, de l'appliquer en Cochinchine, parce qu'il n'y a pas balance entre les demandes du commerce européen et les besoins des Annamites, entre la consommation indigène et l'exportation; parce que les Chinois ont accaparé le petit commerce d'échanges alimenté par les importations chinoises; parce que les Chinois ont des capitaux et sont les intermédiaires forcés entre les commerçants européens et les Annamites ; parce que l'Annamite ne sort pas de l'ancienne routine, et hésite à traiter directement avec les Européens, ceux-ci n'étant pas, comme les Chinois, répandus jusque dans les plus petites localités, ne connaissant pas aussi bien qu'eux la langue et les usages annamites, et ne pouvant comme eux se contenter d'un mince bénéfice.

Comme on l'a si bien dit dans les annales du commerce extérieur, il n'est pas posssible de tenter une exportation comme on jette un coup de filet, et d'aller à l'étranger comme on va à l'ennemi, pour y butiner et se retirer. Les capitaux sont pour l'Européen la condition première de transactions commerciales avantageuses et sûres, comme ils sont le point de départ de toute exploitation industrielle ou agricole. La terre ne suffit pas aux cultivateurs ; il lui faut le capital. La terre sans le capital, c'est le travail du serf ou du coolie chinois, c'est la glèbe. Aussi une banque agricole est nécessaire en Cochinchine pour développer les richesses territoriales du pays.

Le prix de la main-d'œuvre s'est forcément

élevé depuis l'occupation, avec l'augmentation des denrées. Un coolie ou homme de peine annamite, travaillant à la terre ou à de gros ouvrages, se paie par jour 50 centimes dans les provinces, et 75 centimes à Saïgon. Les maçons sont assez rares, et on est souvent obligé de prendre des Chinois de cette profession. On les paie par jour de 1 fr. 50 c. à 2 fr. 50 c.

Les charpentiers annamites sont payés à raison de 1 franc par jour, les menuisiers chinois 2 fr. 50 c. Les ouvriers d'art annamites de 2 à 3 francs par jour, et chinois de 3 francs à une piastre. Les travailleurs sont fournis par l'émigration chinoise, et cette ressource ne fait pas défaut.

Quant aux objets d'art annamites, ils consistent surtout en bijoux d'or ciselé et en filigrane. Les bagues sont d'un dessin remarquable. L'or des bijoux a une teinte mate de vermillon due à ce qu'ils sont trempés dans une solution d'alun et de curcuma. Les incrustations de nacre sont d'une grande finesse dans les boîtes à thé et les petits meubles. Les incrustations en relief de nacre vivante, dont les reflets prennent la couleur des objets représentés, sont rares, chères et curieuses. A Vinh-long, à Choquan, près Saïgon, les fondeurs fabriquent des gongs très sonores et des braseros en cuivre et en bronze, ornés de dragons. Il y a de bons sculpteurs sur bois. On travaille peu l'ivoire et l'écaille. Leurs peintures à fresques dans les pagodes ou sur papier sont dans le goût chinois, c'est-à-dire qu'il n'est tenu aucun compte de la perspective et que les figures sont toutes de face. Le réalisme de l'art ferait supposer que vues de profil elles n'auraient qu'un œil. Les Annamites ne connaissent qu'un genre; ils le reproduisent partout et toujours : ce sont des dragons, des oiseaux fantastiques, marqués à la tête du chiffre impérial, des chauves-souris, des fruits, des vases de fleurs, la tige sacrée du Lotus, etc. Ils sont excellents imitateurs et poussent la reproduction de l'objet jusqu'au scrupule, comme ce tailleur chinois qui porta un jour à son client un pantalon neuf avec une pièce au genou, sous prétexte que le vieux pantalon qui lui avait servi de modèle était ainsi fait.

L'imprimerie sur bois, une sorte de stéréotypie, et la gravure de caractères sur les cachets, sont cultivées avec succès.

Les tissus de soie sont inférieurs à ceux du

Cambodge. Les étoffes brodées n'ont rien qui les recommande à côté de celles des Chinois. La porcelaine vient de Chine. Leur vernis à la laque est très grossier. Leurs instruments de musique sont fort bien conditionnés. Ils sont souvent ornementés et incrustés de nacre.

Les chapeaux finement tressés viennent de la Haute-Cochinchine.

Tel est à peu près l'ensemble des ressources du pays, des produits des arts et de l'industrie, et des objets offerts à la curiosité des Européens.

Pour plus amples renseignements, il suffit de consulter les relevés officiels donnés chaque trimestre et chaque année par le courrier de Saïgon. Pour nous résumer brièvement, considérons ce résultat que la statistique des colonies françaises publiée par la marine pour 1865 nous met sous les yeux. « On y voit par des chiffres que la Cochinchine, la dernière de nos colonies, par ordre de prise de possession, a pris en quelques années le premier rang sous le rapport de la population, des ressources agricoles et du mouvement commercial ! »

POIDS ET MESURES ANNAMITES

Poids.

Hao............................... =	0ᵍ 003
Ly = 10 hao....................... =	0 039
Vi phan = 10 ly................... =	0 390
Vi dong = 10 phan................. =	3 905
Vi luong = 10 dong = 1 once....... =	39 05
Vi nen = 10 luong................. =	390 5
Vi can = 16 luong................. =	624 8
Vi yen = 10 can................... =	6ᵏ 248
Vi binh = 50 can.................. =	31 240
Vi ta = 100 can = 2 gia = 2 vuong = 1 picul =	62 480
Vi quan = 500 can = 5 piculs...... =	312 400

Le can (appelé d'ailleurs catty) est la livre.

Le picul adopté dans le commerce est de 60 kilogrammes. 16 piculs font un tonneau. 1 picul = 100 catties ou livres chinoises. La livre chinoise ou catty = 16 taël = 160 mèces = 618 grammes ou 16 liang ou 160 tchen (en chinois). Le taël ou once pèse 38 grammes 593.

Capacité.

Le ta = 2 hoc..................... =	79 litres 80
Le gia = 1 luong = 1 vuong = 1 phuong = 1 hoc..................... =	39 litres 90
Le thang = 2 hiep = 1 boisseau... =	13 litres 30
Le hiep = 2 thuoc................. =	6 litres 65
Le ô.............................. =	1 litre 33

Longueur.

Diviseurs et multiples du thuoc (coudée ou pied annamite) de 424 millimètres, qui s'obtient en alignant 18 sapèques à la suite ; mesures employées par les charpentiers et aussi pour le jaugeage des jonques.

1 ly..................................... =	0^m	00042
1 phan = 10 ly........................... =	0	0042
1 tât = 10 phan......................... =	0	042
1 thuoc = 10 tât = 1 pied ou coudée = 18 pouces.................... =	0	424
1 tam = 5 thuoc........................ =	2	120
1 ngu = 7 thuoc et demi............. =	3	180
1 truong = 1 duong = 10 thuoc.... =	4	240
1 sao = 15 thuoc...................... =	6	360
1 mâu = 10 sao......................... =	63	60
1 cong = 12 tam........................ =	25	440

Mesures itinéraires.

10 lis font environ une lieue terrestre.

D'après Mgr Tabord, 1 li = 445 mètres. Le dam = 890 mètres.

Mesures annamites de superficie.

Ce sont les diviseurs et multiples du thuoc carré de 424 millimètres de côté.

Mesures de longueur employées pour les étoffes.

Diviseurs et multiples du thuoc de 636 millimètres, qui s'obtient en alignant 27 sapèques à la suite.

1 ly............................... =	0ᵐ	00063
1 phan = 10 ly.................... =	0	006
Tât = 10 phan.................... =	0	063
Thuoc = 10 tât................... =	0	636
Voc = 6 thuoc.................... =	3	816
Thuong ou duong = 10 thuoc...... =	6	360
Thât = 1 cay = 30 thuoc......... =	19	080
Cong = 10 cay.................... =	190	80

Mesures franco-annamites pour les surfaces.

1 mau tay (mau européen) = 50 ares = 10 sao.
1 sao = 15 thuoc................. = 5 ares.
1 thuoc = 10 tat................. = 33ᵐ q 33
1 tat............................ = 3ᵐ q 33
2 mau tay = 1 hectare = 20 sao = 300 thuoc = 3000 tat.

Le pied annamite vaut dans ce cas un peu plus de 575 millimètres.

Monnaies (Valeurs variables).

Barre d'argent ou nen = 15 piastres = 82 francs.
Lingot d'argent d'une once, luong bac = 8 francs; la demi-once = 4 francs; le huitième d'once, = 1 franc.

Les pièces françaises en argent de 50 centimes, 1 franc, 2 francs, sont la monnaie courante européenne.

Les pièces de 5 francs et les pièces d'or sont en défaveur.

Une ligature de sapèques = 10 tien = 600 sapèques = 1 franc environ. Elle pèse 1 kilogramme et demi.

Une gueuse de sapèques = 10 ligatures. La piastre mexicaine vaut de 5 fr. 37 c. à 6 fr. 30 c., et officiellement 5 fr. 55 c. Le taël = 7 fr. 50 c. à 7 80 c. = 1 liang = 1000 lis.

La sapèque chinoise li (en anglais cash) = 4/5 d'un centime. Le taël est aussi une mesure de poids, c'est l'once chinoise pesant 38 grammes 60 c., divisée en 10 mèces, mesure usitée pour l'opium.

Les Anglais ont fabriqué à Hong-Kong des millièmes de piastres destinés à remplacer les sapèques. Cette monnaie est plus légère, d'un plus petit diamètre, en alliage de cuivre plus résistant. Elle est bien frappée et percée d'un trou pour être enfilée comme les sapèques.

Une piastre mexicaine = 1000 mil ; 1 fr. 11 c. = 200 mil. 5 centimes et demi = 10 mil.

XXIII

Population des deux arrondissements de Saïgon. — Congrégations chinoises. — Population indienne. — Parsis, Grecs, Cambodgiens. — Tagals de Manille. — Malais, Moïs.

La population européenne des deux arrondissements de Saïgon, à part l'effectif du corps expéditionnaire, est de 555 résidents, parmi lesquels on compte des Anglais, des Allemands, des Américains, des Espagnols. Il y a 5,391 Chinois, 580 Indiens, 75,600 indigènes, ce qui donne un total de 82,126 habitants de race asiatique.

Il y a relativement peu de maisons annamites dans la ville. Les indigènes s'en retournent chaque soir dans les villages qui forment les faubourgs de Saïgon. Derrière le marché est un quartier habité par des Chinois, des Annamites et des Indiens.

Les Chinois de Saïgon sont divisés en trois

congrégations ayant chacune un chef et se composant des Chinois originaires de la même province. Le chef est responsable des membres de la corporation qu'il dirige. Ces associations offrent au Chinois de grands avantages. Si à son débarquement il a quelque compatriote répondant pour lui qui le fasse admettre dans l'une de ces corporations, il y trouve immédiatement aide et assistance. On lui facilite les moyens d'exercer sa profession; on lui indique où il pourra trouver un emploi; on lui avance même de quoi subvenir à ses premiers frais d'établissement; on lui procure des occasions d'envoyer en Chine à ses parents une partie de ses économies. Les Chinois qui possèdent déjà des ressources pécuniaires y trouvent des facilités et des garanties pour leurs transactions commerciales.

Les Chinois, malgré les anciennes lois de prohibition, émigrent maintenant en bien des points du globe. Mais il est à remarquer que quelque durable que soit leur séjour dans un pays, lors même qu'ils s'y fixent à perpétuité et qu'ils se créent une famille dans la population indigène, ils se mêlent à l'élément local sans se confondre avec lui, et conservent leurs usages, leurs coutumes et les caractères de leur race sans subir aucune transformation.

Quant aux Indiens immigrants, ils élèvent des bestiaux, conduisent les voitures, font les charrois, tiennent de petits magasins de détail où l'on trouve à bon compte des produits européens. Ils vivent paisiblement, frugalement; ils ont fort peu de frais d'établissement et leurs marchandises sont moins chères que chez les Chinois, qui eux-mêmes ont des prix moins élevés que dans les magasins français. Ces Indiens sont venus de la côte de Malabar, de Madras, de Pondichéry et même de Bombay. Il y a parmi eux quelques catholiques. On en trouve qui parlent bien le français, et je me rappelle avoir été accosté par un de ces noirs, qui me dit : « Moi Français. » Comme je regardais avec étonnement son noir visage : « Oui, répondit-il, oui, monsieur, moi Français de Pondichéry! » On serait pris de tristesse en voyant ces Indiens nous rappeler notre influence dans l'Inde, si l'on ne songeait que la Cochinchine deviendra une possession des plus florissantes en Asie.

Quelques-uns de ces Hindous sont brahmanistes; mais la plupart sont mahométans. Ils ont construit dès leur arrivée dans la colonie, en 1862, une mosquée qu'ils ornent extérieurement les jours de fête avec des pavillons et des fleurs. Le soir, ils illuminent et brûlent de l'encens.

Pendant le Ramadan, ils ne peuvent rien manger tant que le soleil paraît, et prennent leur nourriture la nuit. A la fin de cette période de jeûne, ils célèbrent leur Beiram et font par la ville une procession nocturne. Ils promènent à la lueur des torches un grand char tournant, d'un effet très pittoresque, pour rappeler la traditionnelle jument du prophète. Leur nouvel an a commencé en 1867 le 9 février.

Qu'ils soient drapés dans leur robe de mousseline blanche ou vêtus d'une veste bariolée, ou le torse nu et d'un noir brillant, on est frappé de la beauté de leur type. Ils ont amené quelques femmes indiennes ; plusieurs ont pris des femmes annamites et en ont des enfants.

Quelques Parsis ont fait autrefois apparition à Saïgon. Il y a aussi quelques Grecs, comme en témoigne encore une enseigne de la rue Impériale, qui porte ces mots savants :
Kafeneion Technikon.

On rencontre à Saïgon quelques Cambodgiens. On les reconnaît à leurs cheveux ras, à leur tête d'écouvillon et à leur habillement. Ils sont plus robustes et plus grands que les Annamites ; ils portent un langoutis, une petite veste boutonnée sur le devant, une ceinture de soie. Souvent ils n'ont sur les épaules qu'une pièce d'étoffe de coton, dans laquelle ils s'enveloppent ou qu'ils laissent flotter au gré du vent.

Les uns descendent par barque du haut Cambodge, dont ils apportent les produits à la ville chinoise. Ils suivent le grand fleuve ou Mê-Kong qui passe à Mitho.

D'autres viennent des basses provinces annamites ; d'autres arrivent de la rive gauche du grand fleuve, par la route de Trambang et amènent des troupeaux de bœufs. Enfin, quelques-uns sont au service du prince Préa Kéu féa, frère puîné du roi de Cambodge. Ce prince est venu du Siam à Saïgon, où il résidait avant d'être placé à la tête d'une province cambodgienne.

Des Malais se trouvent souvent mêlés aux Cambodgiens.

Il reste à Saïgon une centaine de Tagals qui

sont d'excellents saïs. Ils parlent l'espagnol des Philippines. Leur grand amusement est le combat de coqs. Ces Tagals, venus de Manille, sous les ordres d'officiers espagnols, ont rendu, lors de la conquête, de grands services dans la cavalerie comme dans l'infanterie, et surtout à bord des bâtiments de la flotte. Les troupes espagnoles qui, pendant cinq ans, avaient eu leur part de dangers, de privations, et de succès, qui avaient combattu en frères auprès de nous à Tourane, à Kihoa, à Bienhoa, à Vinh-long, à Micui, à Gocong, sont retournées à Manille le 1er avril 1863.

Les Tagals vivent avec les Annamites dans des relations de bon voisinage, et se sont pour ainsi dire acquis chez eux le droit de bourgeoisie. Ils sont hardis, agiles, sobres et soigneux de leur personne. Ils ont adopté le pantalon blanc très collant et laissent flotter en dehors les pans de leur chemise.

La langue malaise est bien moins en usage à Saïgon qu'à Singapore ; il y a cependant des Malais en assez grand nombre : ils sont en général garçons de magasin ou saïs. Ils portent le sarong rouge et le turban bariolé. Les élégants y ajoutent des souliers vernis.

Enfin on rencontre parfois à Saïgon des Moïs appartenant aux tribus qui habitent les montagnes de notre frontière de l'est.

Leurs villages sont entourés d'impénétrables bambous. Les Annamites les regardent comme des sauvages. Du reste, en faisant entrer chaque peuple dans une sorte de progression décroissante, et en plaçant messieurs les Européens à la tête de la série, nous trouvons que les Chinois nous sont très inférieurs ; ceux-ci pensent de même des Annamites par rapport à eux ; les Annamites des Cambodgiens ; les Cambodgiens des Penongs, et ainsi de suite jusqu'à l'homme des bois.

XXIV

Origine de la nation annamite. — Habillement du peuple. — Des Mandarins. — Moyen de reconnaître un homme d'une femme. — Le bétel. — Chevelures. — Habitations. — Ornements. — Repas indigènes. — Visites. — Rites et observances. — Le thé. — Hospitalité. — Médecins et médecines. — Sorciers. — Infirmes. — Alimentation. — Fumeurs annamites. — Fumeurs chinois. — Eau-de-vie de riz. — Opium. — Pipe d'opium. — Conséquences de cette passion. — Origine et extension de cette habitude. — Ferme d'opium. — Prohibitions siamoises.— Le jeu. — Ferme des jeux. — Cerf-volant. — Théâtre annamite. — Acteurs. — Spectateurs. — Théâtre chinois.

L'ancienneté des Annamites date à peu près d'aussi loin que celle de la nation chinoise elle-même. 2285 ans avant Jésus-Christ, ou 63 ans après le déluge, il est fait mention des Giao-Chi (1), race autochtone qui habitait la limite sud de l'empire chinois et qui devint la souche de la nation annamite actuelle (2).

---

(1) Ce qui signifie que l'orteil était écarté du second doigt.
(2) Notes historiques du P. Le Grand de la Liraye.

Elle faisait partie primitivement de l'empire chinois, et ce n'est qu'en 1428 qu'elle se rendit complètement indépendante. « La nation « annamite, dit l'auteur des notes historiques, « conserve de la Chine ce qu'elle en a reçu « pendant tant de siècles : l'éducation, la lan- « gue, la littérature, la religion, la législation, « la médecine et les arts. Elle donne droit « d'aînesse et de bourgeoisie à tous les Chinois « qui viennent commercer chez elle. »

Il est fort difficile pour les Européens, nouvellement débarqués, de distinguer parmi les Annamites un homme d'une femme, les deux sexes ayant les cheveux relevés et noués en chignon, allant pieds nus et portant à peu près le même habillement : large pantalon noué à la ceinture, et par dessus une robe ou tunique flottante. Celle des femmes est un peu plus longue. Les Annamites ont porté autrefois le langoutis, dont ils se moquent aujourd'hui.

Les hommes ceignent le turban soit en crêpe noir ou bleu, soit en coton. Le chapeau des hommes est un grand entonnoir renversé, finement tressé, terminé par une pointe métallique. Les Annamites l'appellent « haute montagne. » Les hommes du peuple ont des chapeaux flexibles en feuilles de palmier, avec lesquels ils s'abritent du soleil, s'éventent, puisent de l'eau, portent du riz et autres objets.

Les grands mandarins se distinguent par diverses coiffures en gaze noire, ornées de pierres précieuses, d'enjolivements en or mat, et de deux ailes maintenues par du fil de fer ténu. Leur robe est en soie épaisse. Ils ont sur la poitrine et sur le dos un carré de broderies d'or représentant le dragon, le tigre ou l'oiseau royal. Une ample ceinture en laque rouge, ornée de petites surfaces miroitantes, s'attache à la robe elle-même.

Ils portent des bottes chinoises et tiennent à la main une règle d'ivoire, qu'ils placent devant la bouche par décence, comme l'on fait avec la main quand on baille ou que l'on tousse.

On reconnaît une femme à la longueur de son pantalon, et plus sûrement en voyant si les oreilles sont percées ou ornées de boucles d'oreilles. Les femmes vont généralement tête nue, ou portent tantôt un chapeau plat ayant la forme d'une pierre meulière d'environ 60 centimètres de diamètre et muni d'une longue bride en soie descendant à peu près jusqu'à terre, ou un chapeau convexe fait de rotin et de papier verni, garni intérieurement de papier de couleur et de petites plaques miroitantes, avec une bride ou jugulaire en écaille ou en ébène, montée sur argent. Les manches des robes pour les hommes comme pour les femmes sont sans boutons et serrent étroitement le poignet. Les femmes portent des bracelets d'or et d'ambre. Elles ont une main d'enfant si petite qu'elle glisse dans les bracelets, anneaux d'or qui ne peuvent s'ouvrir. Elles ont la passion des bijoux. Leurs boucles d'oreilles ont la forme de petits champignons d'ambre ou d'or, renflés à la racine et dont la tige est ornée de filigrane et d'un petit disque miroitant.

Un cercle d'argent, un collier d'ambre au cou, une épingle à tête d'or dans les cheveux, une ou deux fausses chevelures ajoutées à la leur, qui est cependant fort belle, le tout imprégné d'huile de coco fraîche, un pantalon en soie rouge ou bleue, une robe de dessus à manches longues, larges et pendantes, de petites babouches relevées en pointe, tel est aux jours de cérémonie le costume des femmes.

Le visage des hommes est brun, celui des gens du peuple bronzé, celui de la femme blanc mat, et l'on peut dire, quant à sa personne, ce qu'on a dit des Chinoises :

> Elle a les yeux retroussés vers les tempes,
> Le pied petit à tenir dans la main,
> Le teint plus clair que le cuivre des lampes,
> Les ongles longs, les lèvres de carmin.

Cette couleur sanguinolente des lèvres, cette odeur d'huile de coco, leur front bas et saillant, leur nez écrasé, les rend peu attrayantes.

Le buste est bien modelé dans la jeunesse; mais elles se fanent et vieillissent vite. Les hommes et les femmes de condition laissent croître leurs ongles démesurément. Tous les Annamites, jeunes et vieux, hommes et femmes, ont la bouche rougie par l'usage du bétel. Souvent ils se frottent les dents avec du tabac pour en augmenter la teinte noire.

Le piper-bétel, cultivé dans les jardins annamites, est disposé en échalas, et cette plantation a l'aspect d'un champ de houblon. Pour préparer une chique ou un bol de bétel, on étend avec une spatule en bois sur une feuille de bétel une légère couche de chaux très fine, fabriquée avec des coquillages, quelquefois rougie avec de la teinture de curcuma; un quartier de noix d'arec est enveloppé dans la feuille ainsi préparée et le tout est plié pour être mâché. Les vieillards écrasent d'avance la noix d'arec. Le bétel agrandit la bouche, noircit les dents, rougit et déforme les lèvres, corrode les gencives; mais les Annamites disent qu'il calme la soif, qu'il empêche la mauvaise odeur de la bouche, et qu'il conserve les dents, si la chaux est en petite quantité. Les Malais ajoutent dans la composition du bol de l'extrait de gambier, ou *terra japonica*. Quelques Annamites se noircissent entièrement les dents avec un vernis spécial.

La longue chevelure des Annamites a l'inconvénient d'engendrer de la vermine. On voit souvent dans les rues deux Annamites accroupis, l'un ayant les cheveux dénoués et l'autre écrasant sous la dent le gibier qu'il prend. Un mari fait une galanterie à sa femme en lui remettant fidèlement les parasites trouvés sur elle pour qu'elle les immole elle-même à sa vengeance ou à sa gourmandise.

Les Annamites riches habitent des maisons couvertes en tuiles, mais basses et obscures. La défiance et la crainte les portaient sous l'ancien régime à cacher leur intérieur. Les pluies torrentielles, qui durent six mois de l'année, l'ardeur du soleil, sont encore des raisons pour lesquelles leurs maisons ont peu d'ouvertures et des toitures qui se prolongent si bas qu'il faut se baisser pour entrer. Il en résulte une grande humidité intérieure, et, comme disent les Italiens : « Où l'air n'entre jamais, le médecin entre souvent. »

Les fermes des maisons sont assemblées, encastrées et fixées au moyen de chevilles. On n'emploie ni clous, ni attaches en fer. Dans les maisons riches, le toit est supporté par de belles colonnes en bois dur, et le sol aplani est recouvert d'une sorte de mastic, dont M. Richard a donné la composition : chaux délayée dans une infusion faite des branches et des feuilles du cay-hoiouc. Selon les missionnaires, ce serait un composé de chaux et de cassonade. L'habitation est divisée au moyen de cloisons, encadrées de sculptures, en plusieurs pièces ou compartiments. On y voit toujours un grand coffre à roulettes et à cadenas où l'on serre les sapèques.

Les ornements des maisons sont des rouleaux de sentences chinoises, des tableaux incrustés de nacre, des bahuts sculptés, des brûle-parfums en cuivre, des peintures sur papier représentant des combats légendaires, souvenirs des temps héroïques. On voit par exemple une femme partager en deux d'un coup de ciseau le corps d'un guerrier; un soldat nu pourfendre un cavalier casque en tête et son cheval, couper un pont d'un seul coup, etc. Il y a dans beaucoup de cases de beaux bancs en bois dur, autour d'une table à rebords sculptés. De larges et épaisses planches de go, bois noir, brillant et très dur, servent de siéges, de tables et même de lits. C'est là que les Annamites prennent leurs repas.

On dépose sur une grande natte un large plateau, sur lequel tous les mets sont servis à la fois. On s'accroupit autour à la turque. Au signal du maître de la maison, chacun prend un bol de riz, et à l'aide de deux bâtonnets porte le riz à la bouche, et choisit dans les différents bols la viande et le poisson. Le tout est découpé d'avance en menus morceaux. S'il s'agit d'une sauce ou d'un assaisonnement, on fait usage d'une petite cuillère en porcelaine. On mange sans parler et sans boire, comme chez les Grecs. Quelquefois un orchestre criard fait regretter la joueuse de flûte des Anciens. Lorsque le repas est fini, on avale un bol d'eau froide ou un verre d'arac, eau-de-vie de riz au goût empyreumatique, fabriquée par la distillation du riz gluant.

Un visiteur arrive-t-il, on étend une natte sur les estrades qui servent de siége et l'on approche un coussin carré pour s'accouder. Les femmes, à moins qu'elles ne soient âgées, se retirent devant l'étranger. Elles ne restent que lorsque le chef de famille le leur permet. On ne doit donc pas, même par curiosité, pénétrer dans le compartiment réservé aux femmes.

« En fait de politesse, chaque peuple a la sienne, » comme on l'a fort bien dit. Les usages annamites veulent que le salut de l'inférieur au supérieur se fasse en se prosternant le front contre terre. Cette formalité du *laï* à laquelle se soumettent les vieillards eux-mêmes, choquait trop les idées françaises pour subsister dans toute sa rigueur. Aussi ne s'accomplit-elle guère que dans les relations officielles.

Les Annamites, dans leurs rapports journaliers avec les Français se contentent de saluer en joignant les mains fermées et en inclinant la tête. Il est rare de les voir ôter leur chapeau, ou abaisser leur parasol, ou se lever lorsqu'un fonctionnaire en uniforme passe dans la rue.

Le visiteur n'est pas impoli en restant la tête couverte. L'Annamite que l'on visite place son hôte à sa gauche, c'est la place d'honneur. Souvent il reste debout et ne s'assied que si son hôte l'y invite. De même qu'en Europe on offre des cigares, de même que l'on apporte au visiteur indigène la boîte de bétel, de même l'Annamite présente à deux mains au visiteur européen de minces cigarettes qu'il a préalablement allumées lui-même. Il l'invite à prendre du thé, servi sans sucre.

Le service à thé se compose de trois tasses microscopiques et d'une quatrième plus grande contenant de l'eau froide pour mélanger avec le thé, s'il est brûlant ou trop fort. Les services en porcelaine chinoise, destinés aux Européens sont de grande épaisseur et n'ont de chinois que les dessins et les peintures.

On ne commence à boire le thé que lorsque chacun a sa tasse entre les mains. Souvent aussi l'on offre un verre d'eau de coco, ou des liqueurs européennes, vermouth ou absinthe, de l'eau-de-vie de riz ou samchou chinois. Ce serait blesser les convenances que de refuser la cigarette ou le rafraîchissement offerts. Pour prendre congé on se lève en annonçant que l'on va s'en aller et on se salue. Les Annamites sont très sensibles au manque de politesse et de procédés à leur égard. Aussi ne doit-on jamais se moquer devant eux de leurs pratiques religieuses, quelque absurdes qu'elles paraissent, ni ridiculiser, soit leur mode d'habillement, soit leur visage, soit leurs coutumes traditionnelles. Ces petites choses ont leur importance dans les relations d'Européen à indigène. On sera respecté toujours par eux si l'on est digne devant eux.

Encore moins doit-on, dans un accès de colère, les maltraiter et les frapper, sous prétexte qu'ils ne comprennent pas la langue qu'on leur parle, ou parce qu'on ne comprend pas la leur. Une légende turque, racontée par Gérard de Nerval, est un modèle de tolérance en cette occasion : « Quatre compagnons de route, un Turc, un Arabe, un Persan et un Grec, voulant faire un goûter ensemble, se cotisèrent de 10 paras chacun. Mais il s'agissait de savoir ce qu'on achèterait : *Uzum*, dit le Turc ; *Ineb*, dit l'Arabe ; *Inghur*, dit le Persan ; *Stafilion*, dit le Grec ; chacun voulait faire prévaloir son goût. Ils en étaient venus aux coups, lorsqu'un derviche, qui savait les quatre langues, appela un marchand de raisin, et il se trouva que c'était ce que chacun avait demandé ! »

Les Annamites sont très hospitaliers, et l'on peut entrer dans la première maison venue pour s'y reposer, ou demander du feu, de l'eau, avec la certitude d'être convenablement accueilli. Il y a dans tous les villages une case ou une pagode dédiée au génie protecteur de la localité, et appelée Dinh, où tout voyageur trouve un abri et un gîte. Cette case est ordinairement située derrière le marché.

Les maisons couvertes en tuiles sont rares dans les villages qui n'ont pas de grand marché. La plupart des cases annamites sont couvertes en feuilles de palmier fendues en deux. Les cloisons sont faites de même. Le lit est une claie en bambou ou en aréquier, sur laquelle on étend une natte. L'oreiller en étoffe bleu est carré ; chez les Chinois, il est en bambou ou en cuir verni. Les gens pauvres n'ont souvent qu'un vêtement, qu'ils conservent la nuit comme le jour, et qu'ils ne lavent pas trop fréquemment pour ne pas l'user. Ce mode de couchage, le manque de vêtements chauds et de propreté, l'alimentation, l'humidité des cases engendrent forcément bien des maladies, surtout dans la saison des pluies.

Les médecins annamites rapportent toutes les maladies à un défaut d'équilibre dans l'économie, causé par un excès de chaleur ou un excès de froid intérieurs. Aussi dans leurs fréquents accès de fièvre, les Annamites, selon qu'ils sont dans la période de transpiration ou de frisson, disent qu'ils ont la maladie chaude ou la maladie froide. Pour ramener la santé, il suffit de prendre dans le premier cas des rafraîchissants et dans le second cas des excitants. Lorsqu'un Annamite est enlevé par un accès cholérique, on dit qu'il a été pris par le vent, le mauvais air. La méthode empirique étant à la portée du premier venu, il y a dans les villages des gens qui possèdent quelques recettes et se mêlent de traiter les malades sans que les médecins ou les pharmaciens y mettent opposition. L'autorité n'intervient que si une famille porte plainte contre un médecin comme ayant causé la mort du malade par son ignorance. Beaucoup de ces médecins vendent en même temps les drogues qu'ils prescrivent; c'est le plus clair de leurs profits, une médecine devant être d'autant plus efficace qu'il y entre plus d'ingrédients. Ce n'est la plupart du temps qu'un composé ou une infusion de simples, presque tous inoffensifs. Le safran, la cannelle y jouent un grand rôle. L'espèce de cardamome, qui croît dans le haut Cambodge, est regardé comme un remède souverain. Ils prétendent qu'une cuillerée d'une infusion chaude de feuilles de datura stramonium guérit de la rage. Les emplâtres de chaux sur la peau, comme révulsif, les incisions, les ventouses, sont des moyens fréquemment employés. On ajoute souvent aux drogues de la poudre d'os de serpent ou de corne de chèvre sauvage, ou de cerf ou d'écaille de poisson ou d'insectes. Il y a partout des apothicaires chinois. On reconnaît leurs boutiques aux rangées de flacons et de vases alignés sur les étagères. Des racines et des ossements d'animaux sont suspendus au-dessus du comptoir ou le long des cloisons.

Les Annamites ont quelquefois recours aux sorciers pour guérir les malades; le vacarme, les pratiques bizarres de ces empiriques, leur habitude de faire fermer toutes les issues de la chambre du malade ne peuvent avoir d'autre effet que d'aggraver l'état du patient, et si celui-ci en meurt, c'est au diable seul qu'il faut s'en prendre.

Chez ce peuple, des jeunes gens de vingt ans paraissent en avoir à peine quinze. La barbe est rare et croît lentement. Le défaut de soin, de propreté, d'ablutions, favorise beaucoup les affections cutanées, la gale, la lèpre, l'hydrocèle. Ils étendent de la terre sur une plaie pour la préserver du contact de l'air et ne la lavent jamais. Souvent des plaies causées par la piqûre des moustiques se transforment, grâce à ce système, en ulcères ; la gangrène s'y met et le résultat est la mort. Depuis la création de l'hospice indigène de Choquan, on ne voit plus dans les rues, comme aux premiers temps de l'occupation, ces lépreux qui attendaient la mort sous un hangar quelconque ou mendiaient aux abords des marchés. Les infirmes, sans parents ou sans moyens de subsistance sont d'après la loi annamite à la charge de leur commune qui doit leur donner asile et nourriture et par ce moyen la mendicité reste inconnue.

L'alimentation des Annamites, très salée et pimentée, se compose principalement de riz et de poisson. L'assaisonnement préféré est le nuoc mam ou eau de mam, saumure de poisson fermentée, comparable à la fameuse sauce japonaise, la soya.

Le mam est une saumure de poisson, non fermentée, dont l'aspect et l'odeur forte et caractéristique répugnent à tout Européen.

Les Annamites mangent rarement de la viande. Dans les festins, on sert de la volaille et du porc, et quelquefois du bœuf. Ils se régalent de viande de chien, d'œufs couvés, etc.

Les pauvres mangent du buffle quand par suite d'accident un de ces utiles animaux a dû être abattu. On comprend que du riz et du poisson pour aliments et de l'eau pour boisson, sous un climat aussi débilitant que celui-ci soient une nourriture peu substantielle, insuffisante même pour développer les forces de l'homme ; aussi un grand nombre d'Annamites sont chétifs et malingres. Les femmes ont des formes grêles, et la plupart sont atteintes d'affections dues à la faiblesse de leur tempérament.

Après les repas, hommes, femmes et enfants fument la cigarette.

Les riches fument une sorte de narguilé très

court dont les tuyaux sont en cuivre. Le réservoir d'eau est une petite boîte cylindrique recouverte de bambou sculpté ou d'écaille.

Les Chinois ne fument pas de tabac annamite. Ils ont pour la pipe à long tuyau et à petit fourneau de cuivre un tabac fin, noirâtre, exhalant une mauvaise odeur due à l'huile dont il est imprégné. Ils font usage pour le narguilé, qui est en cuivre, d'une autre espèce de tabac, jaune, sec, extrêmement fin, ayant une saveur particulière. Ces deux espèces de tabac viennent de Chine. Le narguilé de l'artisan chinois est fort simple. Le fumeur est assis et tient entre les jambes un gros bambou creux dans une partie de sa longueur jusqu'à un nœud qui forme cuvette à l'intérieur. Un peu au-dessus de ce nœud, part de la paroi du bambou un petit tuyau très mince de 5 à 6 centimètres de longueur, qui se relève et fait un angle aigu avec le tuyau. Le gros bambou contient de l'eau. A l'orifice du petit tuyau on pose une pincée de tabac. On en approche une petite baguette incandescente. On presse les lèvres contre l'ouverture du gros tuyau et l'on aspire fortement. Le tabac s'enflamme instantanément comme du coton-poudre sans laisser d'autres traces que l'abondante fumée expirée par le fumeur. On renouvelle à chaque aspiration la même opération.

Les Annamites supportent difficilement les liqueurs fortes et même le vin. Leur eau-de-vie de riz a un petit goût empyreumatique désagréable. L'ivresse de cet alcool est trop prompte, elle alourdit les sens et paralyse les facultés. On conçoit dès lors la passion des Annamites pour l'opium, l'ivresse ainsi produite excitant l'imagination et flattant les passions. Aussi l'opium est-il le poison le plus répandu.

C'est, comme on sait, le suc d'un pavot de l'Inde. On envoie cette matière à l'état brut dans les lieux de consommation, on la transforme en chandoo en la faisant dissoudre dans l'eau bouillante et en y faisant infuser du tabac ou des plantes aromatiques. L'opium passe ainsi à l'état d'une pâte très molle. Il y a à Saïgon une bouillerie d'opium pour la préparation du chandoo, des débits d'opium dans toutes les localités et, dans tous les centres importants, des fumeries d'opium où se rendent les fumeurs de basse classe, ceux de la classe aisée ayant chez eux un appartement obscur réservé à cet effet.

La pipe se compose d'un tuyau cylindrique de 30 à 80 centimètres de longueur, fermé à l'une des extrémités. Aux deux tiers du tube, qui est en bambou ou en ébène, se visse un fourneau en terre rouge vernie, en forme de pied de lampe renversé; la surface évasée et un peu convexe est munie d'une très petite ouverture, en son milieu. Le fumeur, à moins d'user d'une pipe très courte, a besoin d'un aide, et cet emploi est ordinairement rempli par de jeunes femmes que les fumeries d'opium entretiennent dans ce but. Le fumeur tombant bientôt dans une sorte d'ivresse factice et énervante, la présence et la vue de ces femmes augmentent ses illusions sans compléter ses jouissances.

Les premières pipes d'opium rendent malade le débutant sans lui procurer le plaisir qu'il espère en retirer.

Le fumeur, étant étendu sur une natte ou sur un long fauteuil en bambou à larges rebords, son aide, au moyen d'une longue aiguille, terminée d'un côté en spatule, prend 10 à 15 centigrammes d'opium, qu'il roule en boule de la grosseur d'un pois. Il l'enflamme à la lumière d'une petite lampe *ad hoc* et la dépose sur l'orifice du fourneau. La pointe de l'aiguille ménage le passage constant de l'air. En une minute et en une vingtaine d'aspirations on a absorbé une pipe d'opium et l'on continue jusqu'à ce que l'effet cherché soit atteint.

Celui qui en a goûté quelque temps ne peut plus se défaire de sa passion. C'est le fruit défendu qui cause la mort ; c'est un poison *utrâque feriens*. En effet, son usage mène à l'abrutissement moral et physique, ruine une famille et entraîne les conséquences les plus funestes ; si l'on cesse brusquement, les maux d'estomac et même la dyssenterie s'emparent du malheureux, déjà affaibli et énervé.

Aussi reconnaît-on le fumeur à son teint mat, à ses joues creuses, à son corps frêle, à ses yeux hagards. On croit généralement que l'absorption de la fumée d'opium est suivie d'effets génésiques. Le fait est qu'elle est un excitant du système nerveux ; par suite elle flatte les désirs de chacun dans un rêve semblable à celui d'une demi-ivresse, et elle développe la passion dominante de chaque individu, que ce soit la luxure ou l'ambition, la haine ou l'avarice.

En 1858 on a importé en Chine plus de 70,000 caisses d'opium en boules. La caisse est de 70 à 80 kilogrammes de 400 à 700 taëls. (Le taël est de 7 fr. 80 c.), ce qui fait de 4,000 à 5,500 francs par caisse, et une valeur d'importation de 262,080,000 francs par an. L'opium de Malva vient de Bombay, et le Bénarès, le plus cher et le plus estimé, ainsi que celui de Patna, viennent de Calcutta. En 1867, une caisse d'opium brut valait à Hong-Kong 700 dollars.

C'est vers 1740 que Wheler, vice-résident des Indes, et le colonel Watson importèrent en Chine l'opium, qui servait déjà dans les Indes et en Perse d'excitant du système nerveux.

On voit quels progrès rapides a fait cette funeste habitude. La Chine cultive elle-même le pavot, et en retire de l'opium vendu aux basses classes de la population. Les Chinois ne tardèrent pas à répandre en Cochinchine ce fatal produit; les mandarins commencèrent à y prendre goût, puis le peuple, et aujourd'hui la plaie est incurable.

En Cochinchine la vente de l'opium est actuellement affermée à une société de Chinois qui paie à l'Etat un fermage de près de deux millions de francs par an, ce qui donne une idée de la consommation de cette drogue dans le pays. On importe annuellement en Cochinchine un peu moins d'un million d'opium brut. L'opium est considéré comme cargaison, et paie un droit de 10 pour 100 *ad valorem*.

Mgr Pallegoix rapporte (1) qu'au Siam les fumeurs d'opium sont condamnés à porter la queue chinoise et soumis à un impôt annuel de 30 francs. S'ils refusent de se faire Chinois ou de renoncer à l'opium, la loi les condamne à mort. Mais vouloir proscrire l'usage de l'opium en Cochinchine serait aussi difficile, sinon aussi impossible, que d'empêcher l'usage du tabac en France. D'autre part, les Annamites reconnaissent parfaitement la supériorité des Chinois à leur égard. En s'adressant à eux ils leur disent *chu!* maître. Partant, ils trouveraient avantage à se métamorphoser en fils du céleste empire, et à chercher dans une fumerie d'opium leur certificat de naturalisation.

Le jeu est encore une des passions fatales des Annamites. Ils jouent le salaire de chaque jour et jusqu'à leurs vêtements. La défense

---

(1) *Description du royaume de Thaï.*

formelle du code à cet égard est un peu comme celle relative à l'opium. On a été obligé d'affermer le privilége de tenir des maisons de jeux, mais à Saïgon et à Cholen seulement. Tous ces établissements pernicieux ont été fermés et supprimés en province. En les conservant dans les grands centres, on a eu pour but d'éviter de plus grands abus en rendant plus facile la surveillance de ces maisons et en n'y autorisant que certains jeux.

Montesquieu a dit que les amusements ont autant d'influence que les lois sur les peuples. La musique annamite est mélancolique et monotone; la danse est chose inconnue; leur sentiment artistique est très imparfait. La jeunesse n'est pas tapageuse, les enfants sont graves, et les hommes faits s'amusent à des bagatelles. Parmi leurs jeux il faut citer le volant: les joueurs placés en rond se renvoient le volant avec la plante du pied, le talon, le coude, mais jamais avec les mains. Le cerf-volant est plus curieux que celui que l'on fabrique en France. Il y en a qui s'enlèvent sans cet appendice en papier qu'on y ajoute chez nous. On leur donne la forme d'une lune, d'un oiseau, d'un poisson, d'un navire. La tête est garnie de deux rubans épais, tendus en corde d'arc sur une double baguette en bambou que le vent fait résonner avec force.

Le plus grand divertissement des Annamites, celui pour lequel petits et grands, pauvres et riches, ont une véritable passion, est le théâtre. Leurs pièces sont presque toujours des tragi-comédies avec des chœurs chantés, de longs monologues, des passages en langue chinoise que les acteurs eux-mêmes ne comprennent pas, et des scènes en langage vulgaire. On y retrace les principaux faits qui se sont produits autrefois dans les guerres légendaires, les révoltes, les combats. C'est l'histoire de jeunes héroïnes, de grands généraux, de rois illustres, de ministres influents, de sages vieillards, de bouffons célèbres. On y fait apparaître au milieu des détonations de pétards, des génies protecteurs, des dragons ou des tigres qui sèment la flamme et la terreur, des êtres imaginaires et de puissantes divinités dont l'intervention est une véritable odyssée cochinchinoise. Les deux genres, tragédie et comédie, sont pour le fond comme pour la forme à peu près les mêmes que dans le théâtre chinois. On est frappé de voir ces peuples qui ne mettent pas en pratique les vertus militaires, se passionner autant pour les démonstrations guerrières. Ils se plaisent à se faire illusion par des exploits fantastiques et des actes de bravoure imaginaires. L'Annamite, sentant la main de fer qui pesait sur lui, excelle à se venger soit par la ruse, soit par une moquerie caustique. Aussi les comédies sont-elles souvent intéressantes, quoiqu'elles s'abaissent parfois, ainsi que la tragédie, jusqu'à la trivialité.

Les rôles de femmes sont remplis par des hommes. Les acteurs se peignent le visage et se fardent avec la racine de curcuma. Ils savent se donner par l'emploi du noir, du blanc et du rouge, un aspect hideux et terrible. Ils parlent ou chantent sur la scène à voix de fausset, et poussent des cris de tête tout à fait désagréables pour une oreille européenne.

Lorsqu'un personnage de distinction vient prendre place parmi les spectateurs, la pièce est interrompue, et tous les acteurs, s'avançant sur la scène, le saluent en se prosternant. On lui offre, comme un honneur, de frapper de temps à autre sur un tam-tam fixé à sa portée pour témoigner sa satisfaction dans les passages marquants. En même temps un notable indigène assis près d'une table, ayant devant lui un grand plateau de cuivre contenant des ligatures de sapèques, jette quelques *tiens* devant le théâtre chaque fois que le jeu des acteurs a mérité son approbation; ceux-ci reçoivent ainsi un salaire convenable. Les personnes riches se donnent le luxe d'offrir le spectacle à leurs amis et à leur village, en couvrant les dépenses de la troupe pendant un ou plusieurs jours. Le plus souvent la représentation dure trois jours et trois nuits et même plus, et ne s'interrompt que pour les repas. Tantôt le théâtre est installé dans une pagode, tantôt c'est un vaste hangar en bambous avec gradins en amphithéâtre. Les décors manquent complètement ou sont d'une simplicité telle, que toute illusion est impossible. Les spectateurs peuvent boire et fumer. Il n'y a ni battements de main ni cabales contre les acteurs. Aux environs du théâtre s'élèvent des restaurateurs provisoires.

Le théâtre chinois est monté sur un plus grand pied. Les costumes sont plus riches, l'orchestre est plus habile, les acteurs plus forts. Ils joignent à leurs rôles d'acteurs des tours de force et d'adresse, les combats avec des armes véritables, les sauts périlleux, etc. La troupe est en grande partie composée de jeunes gens loués par leurs parents dès leur enfance, jusqu'à 16 ou 18 ans, à un entrepreneur qui pour tout salaire les nourrit, les entretient, leur apprend leur rude et fatigant métier, les exploite et exploite la curiosité publique.

En Cochinchine, les acteurs ne peuvent prétendre à aucune charge officielle.

XXV

De la femme annamite. — Fiançailles et mariages. — Couches. — Manière d'élever les enfants. — Vaccine. — Abandon. — Location. — Vente des enfants. — Fils adoptif. — Des filles — Sainte-Enfance. — Femmes mariées. — Qualités et défauts. — Idées sur l'honneur. — Armes.

Les femmes annamites ne vivent pas renfermées comme les chinoises. En outre, la promiscuité qui règne dans les habitations rend le relâchement des mœurs facile. Chez ces peuples à demi-civilisés la pudeur n'est devenue une vertu que depuis l'introduction du christianisme. La faculté qu'ont les riches de prendre plusieurs femmes, la misère des basses classes, l'ignorance, l'état d'infériorité dans lequel on laisse la femme sont encore des causes de dépravation morale.

Les mariages se font par l'entremise de personnes tierces, fondées de pouvoirs. C'est l'entreprise de M. de Foy universellement adoptée, avec cette différence que généralement la femme n'a pas de dot, et que le mari, au contraire, fait toute la dépense des présents, apporte à la communauté des terres et des buffles, et souvent donne une somme d'argent aux parents de la future. C'est, du reste, ce qui se passe en Algérie et chez les Musulmans. L'indemnité qu'on offre aux parents d'une fille du peuple varie de 40 à 200 ligatures.

La cérémonie des fiançailles consiste tout simplement à s'offrir réciproquement et à mâcher ensemble du bétel et de l'arec.

Pour les mariages, on invite les notabilités du village, les parents, les amis. Les deux fiancés saluent respectueusement leurs parents en se prosternant devant eux trois fois, puis l'on fait un grand festin. Un gendre bien appris demeure quelque temps chez son beau-père pour ne pas montrer un trop grand empressement à emmener sa femme chez lui et à la séparer de sa famille.

L'épouse se prosterne quatre fois devant son mari pour indiquer qu'elle lui doit le respect; et celui-ci, deux fois devant sa femme.

Lorsqu'une femme est près d'accoucher, on

place près du lit où elle repose un réchaud allumé, et l'on entretient pendant une quinzaine de jours après la délivrance, du feu dans la maison qu'elle occupe, non pour purifier la femme, ainsi qu'on l'a dit, mais en raison du grand refroidissement qui suit l'accouchement et pour éviter les péritonites. De là vient en parlant des couches l'expression « faire la cuisine. » Cette précaution ne paraîtra pas étrange si l'on songe qu'il y a encore bien peu d'Annamites faisant usage de couvertures de laine ou de coton, et qu'ils n'ont, pour la plupart, que leurs minces cotonnades pour se réchauffer. Aussi l'on bassine le ventre de la femme; on lui donne des aliments très épicés. Un pieu enflammé est placé à la porte et en dehors pour prévenir qu'un accouchement a eu lieu dans la maison. Après les couches, on offre un sacrifice purificatoire, et l'on frotte de safran le corps de l'accouchée pour éviter l'influence de l'air.

Dans quelque mois qu'un enfant vienne au monde, serait-ce le douzième, on lui compte un an en naissant, et l'on compte un an de plus à chaque renouvellement d'année, de sorte qu'un petit Cochinchinois auquel on donne trois ans peut n'avoir que quatorze mois.

Les Annamites donnent à l'empereur Tuduc trois années de plus que son âge réel; une année a été ajoutée par sa mère, une par le grand conseil de l'empire et une par le peuple.

Les mères annamites n'emmaillottent pas leurs enfants; elles nourrissent les garçons trois ou quatre ans, et leurs filles plus longtemps encore.

Un missionnaire me disait connaître une jeune mariée de seize ans qui s'était plusieurs fois échappée de la maison de son mari pour aller prendre le sein de sa mère. Les Annamites ne boivent pas le lait des animaux. Du reste la vache du pays, quelque soin qu'on prenne, en donne fort peu.

Les petits enfants des deux sexes ont le ventre très proéminent. Ils vont ordinairement tout nus, livrés à eux-mêmes, les plus grands aidant les plus petits; aussi courent-ils et nagent-ils de bonne heure. Leur mère les porte à cheval sur la hanche. Elle ne les embrasse pas avec les lèvres, mais avec le nez, comme on aspire le parfum d'une fleur. Quand les femmes reviennent du marché, avec leurs paniers faisant balance aux deux extrémités d'un bâton qui repose sur l'épaule, on voit quelquefois dans l'un des paniers des fruits ou autres objets, et dans l'autre un petit enfant semblable à l'oiseau qui passe sa tête hors du nid. Un grand nombre d'Annamites sont marqués de variole, et beaucoup d'enfants meurent de cette maladie. Des essais de vaccine, entrepris à Mitho, promettent de réussir. Les avantages de cette innovation préservatrice seront promptement appréciés de la population indigène. Au Siam, le vaccin fut apporté de Boston par le cap de Bonne-Espérance. Il fallut s'y reprendre à trois fois pour propager le bienfaisant virus. En Cochinchine, actuellement, ces tentatives ont bien plus de chances de succès. Depuis le 20 décembre 1867, la propagation de la vaccination est provoquée dans tous les cercles par tous les moyens possibles. Elle est gratuite et elle s'opère spécialement aux mois d'avril et d'octobre.

Les parents annamites en général aiment beaucoup leurs enfants. Nous n'avons jamais entendu citer une seule fois, ni vu nulle part qu'un enfant annamite, pauvre ou malade, et même mal conformé ait été abandonné par sa mère, encore moins qu'on l'ait laissé ou fait périr.

Lorsque la mère n'a pas de moyens de subsistance, elle les remet ou les loue pour 12 ou 15 ans à une famille dans l'aisance qui les élève. Les frais de nourriture, qui sont à peu près les seuls, sont payés par les services que rend l'enfant dans la maison, dès qu'il sait faire œuvre de ses mains. Quelquefois une femme dans la misère ou gravement malade, sans parent pour la soutenir, vend son enfant à une famille où elle est sûre qu'il ne manquera de rien. Celui qui l'achète en fait souvent son *fils adoptif.* La valeur d'un enfant varie de 2 à 5 piastres (12 à 30 francs). Cette vente a pour but d'empêcher la mère, lorsque l'enfant sera grand et en état de gagner sa vie, de le reprendre auprès d'elle et d'en tirer profit, avant que celui qui l'a élevé et voulait en faire son enfant d'adoption, ait été payé de ses dépenses et de ses soins. Du reste la mère peut toujours se faire rendre son enfant moyennant une somme convenue entre les parties intéressées. L'enfant devenu homme peut également et aux mêmes conditions quitter son père nourricier. Ce contrat n'est donc pas aussi immoral qu'il semble au premier abord. Le cas est différent s'il s'agit d'une fille. Les frais sont plus grands, les soins durent plus longtemps, les filles rendent des services moindres.

Généralement elles sont achetées et élevées par une femme sans enfants ou une matrone à laquelle elles donnent le nom de mère adoptive. Lorsqu'elles sont devenues nubiles, leur valeur est d'autant plus grande qu'elles ont plus d'attraits, et la dot apportée par celui qui les demande pour épouse ou pour concubine, est remise à la mère adoptive en paiement des soins, de la nourriture, des vêtements donnés à l'enfant. Malheureusement le libertinage plutôt que le mariage est presque toujours le sort de ces filles. C'est là qu'intervient le rôle admirable des établissements de la Sainte-Enfance. Les jeunes garçons orphelins y sont élevés aussi, mais c'est surtout pour les petites orphelines que cet asile est un précieux bienfait. Elles n'en sortent que lorsqu'on leur a donné les moyens de vivre honnêtement. On a dit que les hommes remarquables avaient presque toujours eu pour mère une femme remarquable. On ne saurait nier que l'état de dégradation ou d'élévation de la femme n'exerce une grande influence sur une race. Ce que le christianisme a fait pour le monde européen est à faire pour toute l'Asie, et ces vieilles races pourront être régénérées par ce puissant et bienfaisant moyen.

Les femmes annamites mariées travaillent beaucoup, et sur elles reposent tous les soins du ménage. Elles gardent les boutiques, vont au marché, décortiquent le riz, égrènent le coton, soignent la basse-cour, tissent des étoffes, repiquent le riz, préparent la nourriture, conduisent la barque. Elles manient l'aviron avec autant d'adresse que l'homme. Elles rament debout, face à l'avant et gardent un équilibre étonnant dans la conduite et la manœuvre des sampans (1) ou pirogues de passage. Il y a des familles qui n'ont pas d'autre habitation que leur bateau. Une marmite en fer et un fourneau en terre sont toute leur batterie de cuisine.

En Annam les deux sexes sont de mœurs très relâchées. Les hommes, dont les faiblesses sont moins pardonnables et moins pardonnées que celles du beau sexe, sont sans soin de leur personne, rusés, enclins au vol et menteurs. Il semble que la parole ait été donnée à l'Annamite pour déguiser sa pensée. On leur re-

---

(1) Mot emprunté aux Malais.

proche de ramper devant la force. Cependant leur code punit même les flatteurs. Les hommes et les femmes du peuple se servent à chaque instant de jurons. Lorsqu'un Annamite en maudit un autre, c'est le sujet d'une violente querelle. On voit parfois dans les villages des femmes se rouler par terre, les cheveux dénoués, se meurtrir le corps et pousser des cris sauvages pour ameuter les voisins contre celui qui les a injuriées, réprimandées ou battues. Ces querelles se bornent presque toujours à des cris, et se terminent rarement par des coups. Quant à la véritable malédiction, elle consiste à prononcer, devant un bananier planté la tige en bas et les restes d'un poulet immolé, les noms et qualités de la personne maudite. Les Annamites aiment l'ironie, l'arme des opprimés. L'ancien régime de la crainte déteint sur leur tempérament. On les a accusés de lâcheté dans la guerre. Les miliciens qui ont servi dans nos rangs se sont justifiés, dans ces dernières années, de ce reproche. Quant à ceux qui combattaient contre nous, quelle résistance pouvaient-ils opposer à la supériorité de nos armes? C'est ce qui faisait dire après la paix de 1862, à un soldat Annamite, qu'il préférait être envoyé contre les Français, dont les canons les forçaient à fuir dès le commencement de l'attaque, plutôt que de marcher contre les Tongquinois révoltés, avec lesquels il faudrait en venir aux mains.

Les Annamites entendent l'honneur autrement que nous, et pensent qu'il est plus sage et plus louable de fuir devant l'ennemi, quand la résistance devient douteuse ou impossible, que de priver la patrie en se faisant tuer, de ses services ultérieurs dans des circonstances plus favorables. En outre ils n'ont pour armes que de vieux fusils à mèches, de mauvais sabres, des lances, des gingols, des fusils de rempart, des pierriers et des fusées incendiaires. Leur petit chapeau pointu en bambou et leur longue chevelure garantissent la tête des coups de sabre. Ils ont quelquefois des boucliers de peaux. Leurs auxiliaires Moïs, Chams, etc., lancent des flèches avec l'arc ou l'arquebuse. Enfin ils n'ont pas comme les Arabes et les Indous, de fanatisme religieux et guerrier. Ils n'ont pas même les superstitions des Cambodgiens, qui portent des amulettes pour se rendre invulnérables.

Les Annamites rachètent en partie leurs défauts par leur facilité à supporter la fatigue, le chaud, le froid, la faim, la soif; par leur persévérance, leur talent d'imitation pour tous les métiers et toutes les industries. On a pu s'en convaincre aux ateliers des constructions navales et partout où l'on a tenté d'apprendre aux indigènes les arts européens.

Tous ceux qui ont essayé de dépeindre les Annamites, l'ont fait en somme à l'avantage de ceux-ci, et il est curieux de voir aujourd'hui, sujets de la France, ces hommes que Crawfurd, dès 1830, appelait les *Français de l'Orient*.

XXVI

Écriture annamite. — Écoles libres. — Langue. — Moyens de l'étudier. — Langue sabir. — Interprètes français. — Interprètes latins. — Écoles primaires indigènes. — Transformation des caractères chinois en caractères européens. — Cours public de langue annamite. — Institution municipale. — Solde des interprètes français. — Administrateurs anglo-indiens. — Administrateurs franco-annamites. — Leur solde. — Cercle et bibliothèque publique. — Conservation des ouvrages en langue du pays et des publications européennes. — Ouvrages à consulter.

L'écriture annamite est l'écriture chinoise un peu modifiée. Elle est à la fois idéographique et phonétique, ainsi que le prouve la facilité avec laquelle ils écrivent en caractères cochinchinois les noms européens sur les cachets des bagues. Un Chinois, ne sachant pas la langue annamite, peut s'entendre avec un Annamite par l'intelligence des caractères représentant une même idée exprimée dans les deux langues par des mots ou sons différents. Les actes et documents officiels s'écrivent en caractères chinois.

Il y a dans les villages des écoles libres dont le maître est choisi par les habitants eux-mêmes. Les enfants y apprennent en même temps à lire et à écrire. Les écoliers répètent les caractères tout haut et tous ensemble. De là un travail de mémoire et de routine, long, pénible et peu efficace. Le plus savant est celui qui connaît le plus de caractères. Il faut des années pour parvenir à déchiffrer un livre, encore ne le fait-on qu'en ânonnant. Le Gouvernement entretient des fonctionnaires annamites chargés de surveiller les écoles indigènes, de provoquer et de diriger les examens des candidats aux grades littéraires, de rédiger les actes officiels, de proposer aux emplois de lettrés, de greffiers, etc.

La langue annamite est chantante et elle a six tons. Un même mot ayant selon l'accent et le ton plusieurs significations différentes, il en résulte pour l'Européen une grande difficulté pour comprendre et parler cette langue. Les meilleurs livres à consulter pour cette étude sont le dictionnaire de Mgr Taberd, en deux volumes, latin-annamite et annamite-latin;

M. Aubaret en a rédigé un abrégé français-annamite et annamite-français; le dictionnaire du P. Legrand de la Liraye; la grammaire du P. Fontaine, et le vocabulaire de Petrus-Ky.

Il faut s'attacher d'abord à bien prononcer quelques mots usuels et les nombres, parvenir ainsi à être compris d'un Annamite et à comprendre quelques mots de son langage, chercher ces mots dans le dictionnaire pour en observer l'accent et l'orthographe, ce qui est en même temps un bon moyen mnémonique; on saisit ainsi l'esprit de la lettre, comme la construction aide à saisir l'esprit de la langue. En consultant le traité des particules, en conversant fréquemment avec des Annamites différents, dont l'oreille n'aura pas la complaisance de l'habitude, en retenant l'accent des mots que l'on sait et en l'observant dans la conversation, on aplanira promptement bien des difficultés. En étudiant toujours avec le même Annamite, il y a danger de tomber dans le sabir, sorte de bouille à baisse linguistique, produit de la tour de Babel, mélange de français, de provençal, d'anglais, de malais, de chinois, de portugais, de latin, d'espagnol et d'annamite. On en voit un exemple dans le mot looksir, qui vient du sabir anglo-chinois look, see, regarder, voir, dont les Français ont fait un verbe looksir, troisième conjugaison ; dans le mot toutouhet, composé du mot *tout* redoublé, joint au même mot *het* en annamite; dans le mot chinois samchou, eau-de-vie, dont on a fait choum-choum ; dans l'expression : donner la cadouille ou donner le fouet, qui vient de ce qu'on fait des cravaches avec la queue de la raie, et les Annamites appellent ce poisson *ca-duoi*, etc. Le mot cha! cha! qui se prononce tia, tia, père! père! est leur grande exclamation. Le mot *ia* est une formule de respect et ne signifie ni oui ni non. On se trompe souvent en prenant ce mot pour une réponse affirmative. L'audace de la langue sabir est supérieure à celle des chroniqueurs parisiens dont les néologismes passent si rapidement dans la circulation.

Beaucoup de personnes renoncent à priori à apprendre la langue annamite, sous prétexte qu'elle est trop difficile. On peut cependant, sans beaucoup de travail et au moyen d'un petit nombre de mots usuels, se faire comprendre des indigènes ; tandis qu'il est bien moins facile de comprendre, surtout lorsque l'Annamite, par respect, affecte de parler bas et entre les dents.

Il y a maintenant en Cochinchine des interprètes français, latins, chinois, indiens, malais, cambodgiens ; mais au début de la colonie, on était fort embarrassé pour en trouver. Les missions catholiques prêtèrent un assez grand nombre de leurs élèves, pour la plupart venus du collége de Pinang. Beaucoup d'entr'eux sont restés au service du gouvernement. Les indigènes n'interprètent souvent l'annamite qu'en latin, de sorte que bien des inspecteurs des affaires indigènes et bien des commandants de poste sont obligés de faire appel à leurs souvenirs de collége, soit pour rendre la justice, soit pour traiter une affaire. Cette langue morte manque souvent d'expressions pour les idées modernes, de là des tours de phrase, véritables tours de force capables de faire rougir, si c'était possible, nos classiques professeurs. Le collége des interprètes français et le collége d'Adran ont suppléé jusqu'ici au besoin d'interprètes. Au collége d'Adran, les jeunes annamites apprennent à lire et à écrire le français. Ils sont surtout destinés à servir d'intermédiaires, entre l'autorité française et les communes annamites, dans les charges publiques qu'ils exerceront plus tard.

Les écoles primaires, au nombre de 60, comptaient en 1866 près de 1,400 élèves indigènes. Les enfants, en quatre mois, sont en état de lire à leur famille tout document en langue annamite écrit en caractères européens ou le *Gia-dinh-bao*, journal annamite qui s'imprime à Saïgon.

Frappés de ces rapides résultats, beaucoup d'adultes suivent un cours pour apprendre la transformation des caractères chinois en caractères européens. Cette simplification de l'écriture s'étend chaque jour de plus en plus, et aura pour effet de hâter l'initiation des Asiatiques à nos idées et à nos connaissances. Ce but sera atteint surtout par l'envoi en France, aux frais de la colonie, d'un certain nombre de jeunes Annamites qui vont passer quelques années dans les écoles françaises.

Marseille possède une chaire d'Arabe vulgaire. La langue de l'Algérie est professée aussi à l'école des langues orientales vivantes à Paris. Il était à désirer que le cours d'annamite, professé au collége des interprètes français à Saïgon, fut rendu public, afin de donner à tous ceux, en dehors de cette profession, qui, en raison de leurs intérêts ou de leurs goûts, désirent connaître cette langue, toute facilité pour l'apprendre. Cette étude a une importance toute spéciale pour ceux qui se proposent d'entrer dans les affaires indigènes. Les chefs de postes ont eux-mêmes des relations forcées avec les Annamites. Les interprètes indigènes ne méritent pas toujours une grande confiance. Enfin il y a avantage pour les Français, qui résident dans les localités éloignées des centres, à parler la langue du pays. C'est un moyen de plus de rapprochement avec les indigènes.

C'est dans le but de rendre ces cours accessibles à toute personne, sans distinction de nationalité, désirant s'adonner à l'étude de l'annamite, que le collége des interprètes a été réuni à une école laïque, où les enfants européens et les Asiatiques adultes feront leur instruction. Cet établissement porte le nom d'institution municipale de Saïgon. Pour l'école primaire européenne, les cours de la classe élémentaire sont gratuits. Les élèves de la classe supérieure paient une rétribution à la municipalité.

La solde des interprètes français en Cochinchine est réglée ainsi qu'il suit :

Aide interprète	2,400 francs.
Interprète de 2e classe	3,000
— de 1re classe	3,500

Il est vrai que le temps d'étude et de stage durent à peine un an ; que ce sont des militaires en congé renouvelable qui se destinent à cette profession ; mais cette solde paraît trop faible pour encourager des candidats qui ne peuvent espérer être assimilés au rang d'officier.

Pour entrer dans l'administration civile et indigène des Indes, les candidats anglais subissent un premier examen embrassant, outre le cours des études ordinaires, la langue et la littérature sanskrites, la langue et la littérature arabes. Ils consacrent encore, avant de partir pour les Indes, deux ans à l'étude des langues orientales, des langues-mères de l'Inde et principalement du sanskrit, de l'histoire et de la géographie des Indes, des finances, des lois et de l'économie politique. Ils reçoivent pendant ce stage, qui se fait en Angleterre, 2,500 francs la première année et 5,000 francs la seconde. Leur solde, en activité dans l'Inde et en congé en Europe, est calculée sur des bases très larges.

En Cochinchine, les candidats aux places d'inspecteurs, d'après la circulaire du 7 janvier 1863, qui n'a jamais été complètement mise à exécution, doivent étudier pendant un noviciat le programme des connaissances exigées. Ils seront interrogés sur le code annamite, sur l'organisation de l'administration indigène, finances, armée, police, travaux publics, histoire et géographie de la Cochinchine. On choisira de préférence ceux qui sauront l'annamite ou le chinois, ou auront des notions de cambodgien et de siamois. Pendant ce stage, ils jouissent de la solde de leur grade. Ce programme n'a jamais été ni rédigé ni exigé.

Aujourd'hui, les appointements des inspecteurs stagiaires sont de 6,000 francs. Les inspecteurs, divisés en quatre classes, ont un traitement de 8,000, 10,000, 12,000 et 15,000 fr. suivant leur classe. Le stage dure ordinairement de un à deux ans. C'est là une position d'avenir offrant de beaux avantages aux jeunes gens qui ont reçu une instruction libérale et qui trouvent en France les carrières fermées.

Du reste, la situation des inspecteurs des affaires indigènes ne paraît pas réglée d'une manière définitive. Bien que ces fonctions semblent devoir être réservées à l'élément civil, elles sont presque exclusivement remplies par l'élément militaire. Le pays est trop nouveau pour qu'il soit possible, quant à présent, de changer cet état de choses. Aussi n'est-ce pas comme point de comparaison que nous indiquons en passant ce qui est exigé dans l'Inde des fonctionnaires de l'administration anglaise.

Une somme de 100,000 francs est destinée en 1868 à la fondation d'un cercle et d'une bibliothèque. Ce dernier établissement est appelé à remplir, selon nous, un triple but. Les officiers, les fonctionnaires, les résidents européens pourraient y lire les journaux, les publications nouvelles, les revues périodiques, y consulter les livres anciens et nouveaux, traitant de la Cochinchine et des pays circonvoisins et y étudier l'histoire, l'ethnographie, les coutumes de ces peuples.

D'autre part on y conserverait les manuscrits et les ouvrages en langue annamite, cambodgienne, chinoise, tsiampoise, qu'on ne peut se procurer que dans de rares occasions, qui se trouvent dans peu de bibliothèques, et qui, par indifférence ou ignorance de ceux entre les mains desquels ils passent, s'égarent et se perdent. On y rassemblerait aussi tout ce qui a été ou sera publié sur la Cochinchine et le Cambodge. Enfin on trouverait là, pendant les heures de loisir et les longues soirées de la saison des pluies, une occupation aussi agréable qu'utile. Tous les ans un catalogue serait dressé et publié et l'on y consignerait spécialement les ouvrages traitant de la colonie. La société asiatique, la société de géographie pourraient prêter leur concours. Les auteurs seraient invités à déposer deux exemplaires de leurs ouvrages, contre remboursement, aux frais du service local, ainsi que cela se fait à Bombay.

Les ouvrages les plus récents sur la Cochinchine sont : les notes historiques de P. Legrand de la Liraye (1866); voyage dans l'Indo-Chine du P. Bouillevaux (1857); la description de la Basse-Cochinchine, traduction Aubaret (1865); le code annamite, du même (1864); l'histoire de l'expédition de Cochinchine, par L. Pallu (1864); les onze mois de Cochinchine du capitaine Grammont (1863); le tableau de la Cochinchine, compilation de MM. Cortambert et de Rosny (1862); histoire de la Basse-Cochinchine, par Aubaret (1864); histoire médicale de la marine française, pendant les expéditions de Chine, de Cochinchine, par le docteur Laure (1864); enfin, une dizaine de brochures, qui ont paru en 1862, 1864 et 1865.

Une notice bibliographique, jointe à l'ouvrage de MM. Cortambert et de Rosny, fait connaître tout ce qui a été anciennement publié sur la Cochinchine.

XXVII

Année. — Mois. — Jours. — Heures. — Nouvel an. — Cadeaux. — Cérémonies annamites. — Offrandes aux ancêtres — Chapelles laraires. — Théorie du grand dragon. — Courses de pirogues. — Courses de chevaux et de chars. — Musique. — Orchestres et instruments. — Cérémonies funèbres. — Enterrement. — Respect des morts. — Respect des vieillards. — Religion. — Bonzes. — Superstitions.

L'année annamite est lunaire, comme l'année chinoise. Elle est de douze mois, ayant alternativement trente et vingt-neuf jours, et tous les trois ans elle est de treize mois.

En 1865, ce mois supplémentaire a été intercalé du 22 juillet au 22 août. Chaque mois est divisé en trois semaines, deux de dix jours et une de dix ou de neuf jours, alternativement. C'est celle du milieu ordinairement. Les Annamites de nos provinces, et particulièrement les catholiques, comptent les semaines d'après les Français, et font de même pour les heures.

En Annam, le jour se partage en douze heures, chaque heure en vaut donc deux des nôtres.

On compte la première à partir de 11 heures de la nuit. Ils divisent encore la nuit en cinq veilles, ou canh, et ne tiennent pas compte de l'heure de 6 à 7 du soir, ni de 5 à 6 du matin.

Les gens du peuple calculent le temps à peu près comme les distances. C'est-à-dire que pour indiquer la distance d'un point à un autre, ils répondront : le temps de chiquer quatre fois du bétel ou de faire trois repas de riz.

Le premier jour de la quatrième année du soixante-seizième cycle chinois répond au 5 février 1867.

En Cochinchine, comme en Chine, chaque famille observe scrupuleusement les rits prescrits pour le nouvel an. Dans les jours qui précèdent, on voit les Annamites allant et venant, payant leurs dettes, recevant leurs créances, faisant des achats, empruntant même des vêtements ou des bijoux pour s'en parer durant la fête. Dans les maisons, une table chargée de friandises est préparée pour les visiteurs.

Les personnes de condition s'envoient, comme

on le fait en France, des cartes de visite en papier rouge de grande dimension.

Il est d'usage chez les Annamites qu'au nouvel an et au cinquième jour du cinquième mois, les chefs et les supérieurs reçoivent des cadeaux de leurs subordonnés, qui leur témoignent ainsi une somme de respect en raison directe de l'importance des présents. Aussi un Annamite serait-il étonné d'apprendre qu'en France, au nouvel an, c'est celui dont la condition est plus élevée qui fait des cadeaux à ses inférieurs.

Dans les provinces annamites françaises, l'usage des présents a été supprimé. Aucun fonctionnaire français ou indigène ne doit en accepter de la part de ses administrés ou des indigènes. A certaines époques, le gouverneur en distribue au nom du gouvernement aux indigènes qui lui sont signalés pour leur mérite ou leur influence dans le pays.

Pendant les sept premiers jours de l'année, un mât reste planté devant chaque maison annamite. Il est surmonté d'une branche de bambou et d'un petit panier, où l'on dépose pour les ancêtres des papiers d'or et d'argent. Le soir, on suspend au mât des lanternes peintes.

Durant la nuit où l'année commence les détonations de pétards se font entendre. On dirait des feux de peloton mêlés de bombardes. On offre du thé aux ancêtres. Le matin, on va faire les salutations aux grands parents; chacun est revêtu de ses plus beaux vêtements. On en met plusieurs l'un sur l'autre, le plus court par dessus; celui-ci est ordinairement une sorte de gaze à fleurs. On porte le turban de crêpe, un grand chapeau conique, le parasol, l'éventail, les sacs à bétel et à tabac. Les personnes riches se font suivre de serviteurs chargés de ces objets, de ligatures, et d'une boîte ronde en laque dorée, contenant le bétel et les cigarettes.

Les hommes sont chaussés de pantoufles et les femmes de babouches pointues. Elles sont vêtues de robes de soie et couvertes de bracelets et de colliers. Les enfants sont habillés ce jour-là et portent une culotte faite de pièces de différentes couleurs rapportées, et une griffe de tigre ou autre amulette suspendue à un collier d'argent.

Les Chinois mettent encore plus de luxe dans cette fête. On ne voit partout que festins, musiciens et joueurs. En buvant du samchou (vin de riz), ils s'amusent à deviner des nombres, jeu semblable à la mourre italienne. Les jeux d'argent sont permis pendant sept jours. Personne ne travaille et l'on est obligé pendant les trois premiers jours de fête de se passer de domestiques indigènes.

Les maisons ayant été nettoyées et décorées, on renouvelle sur les colonnes et les portes les sentences sur papier rouge. L'autel des ancêtres est orné de lampes, de cierges, de vases à parfums et de fleurs. On y offre deux fois par jour le repas aux ancêtres; parmi les fruits se trouvent des cannes à sucre qui doivent, selon les gens du peuple, servir de bâtons de vieillesse aux ancêtres. Les ombres des ancêtres se contentent de l'ombre des mets, dont la substance est effectivement absorbée par les vivants. On présente encore aux mânes des habits, des ustensiles neufs, des piastres et des sapèques, le tout figuré sur du papier que l'on brûle à leur intention.

Lorsqu'on a ainsi fidèlement observé les rites, on est consolé des infortunes passées et l'on augure favorablement de l'année qui vient de s'ouvrir.

A chaque nouvelle et pleine lune, on doit

renouveler les offrandes sur les tombeaux et sur l'autel des ancêtres. Ces autels des lares rappellent exactement les chapelles laraires où les anciens Romains faisaient des offrandes de mets choisis.

La théorie du grand dragon est une des principales fêtes des Chinois. C'est une procession célèbre, souvent décrite dans les voyages en Chine. Elle a pour but de demander au ciel la pluie après la sécheresse, mais, à vrai dire, c'est une spéculation commerciale pour faire profiter les marchands des dépenses que tous les Chinois font à cette occasion.

Il y a à Saïgon tous les ans au 15 août des courses de pirogues fort curieuses. Sur le fleuve de Saïgon, qui a de trois à quatre cents mètres de largeur par le travers de la ville, s'alignent une vingtaine de pirogues longues, effilées et ornées de pavillons; à l'avant se dresse une tête de dragon en carton peint avec des cornes ou de longues antennes en fil de fer; l'arrière *desinit in piscem* ou figure la queue du monstre. Ces pirogues sont si étroites que deux hommes peuvent à peine y tenir de front sur la même banquette. Elles sont construites d'une seule pièce avec un tronc d'arbre, et leurs bords sont à fleur d'eau. Trente hommes se tiennent serrés dans ces frêles embarcations et attendent le signal. Un coup de canon part du vaisseau-amiral, les tamtams et les gongs y répondent et déjà les pirogues sillonnant les flots, luttent de vitesse. Vous croiriez voir des serpents, des scolopendres fantastiques glisser sur l'eau. Les rameurs sont nus jusqu'à la ceinture, leur teint est olivâtre, leurs muscles saillants ; ils sont armés de courtes pagayes qui font bouillonner l'eau. Ces sons d'instruments bizarres, ces cris sauvages, font rêver aux attaques de pirates, naguère si fréquentes dans ces mers. Mais voici qu'une pirogue atteignant un tangon du *Duperré*, chavire, et tout l'équipage est à l'eau. On dirait des diables marins rencontrant le grand serpent de mer ; on pense à des naufragés luttant contre une baleine. En une seconde la pirogue est retournée, remise à flot, réarmée, et les pagayeurs rivalisent encore, pendant que l'un d'eux vide l'eau avec un seau en feuille de palmier. Les pirogues reviennent, les coups de tamtam redoublent. L'une atteint le pavillon qui sert de but et de point de ralliement : victoire, la course est gagnée ! Les maires annamites, debout sur le toit de leurs jonques ou sur le quai, assistent à ces exercices et encouragent leurs hommes. Les Chinois font partir des fusées et des paquets de pétards suspendus à un bambou. Tamtam, gong, détonations, cris étranges, telle est chez ces peuples l'expression de la joie comme de la douleur.

Au mois de février, ont lieu des courses de chevaux et de chars. Les Anglais, nos voisins, viennent nous disputer les prix et animer la réunion. Le gouverneur, les fonctionnaires, les consuls étrangers, les mandarins annamites et cambodgiens, en grand costume, les dames en toilette élégante occupent les tribunes. Les commissaires sont choisis parmi les fonctionnaires français et les chefs indigènes. Le défilé des voitures est remarquable par la variété et l'originalité des attelages, et l'on voit déjà de riches indigènes et Chinois conduits en équipage français par des saïs malais.

Les indigènes y prennent une grande part et s'y préparent longtemps d'avance.

La musique joue un grand rôle au théâtre et dans toutes les cérémonies, dans les réunions de famille, les mariages, les solennités des pagodes.

Il y a dans la musique annamite cinq tons, sans demi-tons et sans accidents. Un morceau ne finit pas sur la tonique ; aussi, quoique leurs phrases soient bien divisées et qu'ils soient observateurs de la mesure, on ne sait trop quand un air finit. Ils ont un air national sans paroles. On chante les notes : O' cho', chang, etc. Tous les orchestres jouent cet air en brodant sur le thème des variations à l'infini. En travaillant, en naviguant, les Annamites chantent d'une voix nazillarde et sur un rythme lent et mélancolique des paroles improvisées. Voici comment se composaient les orchestres que nous avons entendus :

Une natte était étendue sur le sol, les musiciens s'y accroupirent les jambes croisées et jouèrent un morceau d'entrée sur un rythme lent et grave, mais suivant un crescendo qui devint formidable.

Un tamtam double, placé sur deux trépieds en bois, des cimbales, deux hautbois, un petit violon à deux cordes et à chevalet très élevé, lequel violon rendait des sons aigus à faire grincer les dents, et reposait sur le pied du violoniste, tels étaient les instruments des artistes.

Dans le second morceau, on entendit les

mêmes virtuoses, mais non les mêmes instruments. Il y avait une guitare, dont la large caisse était ronde et en bois mince, une flûte douce, une clarinette à pavillon en cuivre et tuyau en bois, une grande guitare à trois cordes en soie et dont la caisse était formée de deux peaux de serpents à écailles tendues sur une zone métallique, et deux violons à cordes. Les crins de l'archet passés entre les cordes produisaient, par un frottement continu, des sons semblables à ceux de la vielle, au milieu desquels perçaient des notes criardes dues à un habile démanché. L'air était monotone. A la fin du morceau, le chef d'orchestre, qui battait la mesure et jouait des castagnettes, donnait au chant un mouvement précipité; l'air finissait par un presto-rinforzando, qu'un sourd-muet aurait trouvé admirable.

Ce que j'ai entendu de mieux, c'est un air de harpe. Accroupie sur une natte dans la maison du Chinois son mari, une jeune femme avait devant elle un instrument composé d'une caisse oblongue, comme celle de notre harpe; douze à quinze cordes en laiton étaient tendues *à plat* sur cette caisse sonore, et maintenues chacune par un chevalet *mobile*. La harpe s'accorde, non pas en suivant une gamme ascendante comme la nôtre, mais par intervalles de tierces ou de quartes. C'est avec les ongles, qu'elles portent très longs, que les harpistes pincent les cordes, et le gros orteil du pied touche la corde dont le son est le plus grave ; c'est la partie de basse.

La musique est de rigueur dans les cérémonies funèbres.

Me promenant un jour dans un quartier annamite, j'entendis un bruyant concert d'instruments. J'entrai dans la maison, et demandai le motif de ce que je croyais être une réjouissance. C'est, me dit-on, que le maître de la maison est mort. Des pleureuses, portant le deuil en blanc, étaient accroupies près du cercueil. Des prêtres de Phat, revêtus de leur ample tunique, lisaient à haute voix des prières. De petits autels étaient dressés dans la maison, et on y avait placé des cierges, des vases de cuivre et de porcelaine, des tableaux à incrustations de nacre, des offrandes pour les esprits. Le devant de ces autels est garni d'une étoffe rouge avec des dessins brodés, or et argent. Lorsque le gong (plateau métallique très sonore) eut sonné son dernier coup, chacun, y compris les bonzes, se précipita sur une longue table où était servi le repas funèbre. On m'invita à y prendre place. Voyant que par déférence on attendait pour se mettre à manger que j'eusse moi-même commencé, je goûtai seulement un peu d'eau-de-vie de riz. Aussitôt toutes les baguettes fonctionnèrent, puisant à droite et à gauche dans une soixantaine de tasses qui contenaient les mets découpés d'avance et servis tous en même temps. La conversation, les éclats de voix, les rires insouciants recommencèrent ensuite dans la maison. Le lendemain matin tous les amis du défunt étant arrivés, le maître des cérémonies fit cesser tout bruit en frappant trois fois l'un contre l'autre deux morceaux de bois dur, et le convoi se mit en marche. Deux gongs, au son lugubre, ouvraient la marche, puis un tam-tam et deux clarinettes. Viennent ensuite les bannières de la congrégation si le défunt est un Chinois appartenant à une congrégation, et le repas destiné à l'esprit du mort. Les mets portés sur une table sont abrités sous un vaste parasol. Des lanternes doivent même en plein jour éclairer la route de l'esprit. On jette çà et là des papiers dorés et argentés pour empêcher le diable de tourmenter l'âme du défunt pendant le trajet et de la distraire de son voyage. Ces bons Cochinchinois tentent le diable lui-même, lequel s'y laisse prendre, et s'occupe à ramasser les papiers qu'il croit être des lingots et que le vent se plaît à lui disputer.

Le corps du défunt est placé sur une grande civière laquée, dorée, incrustée de nacre, ornée de peintures et portée par vingt ou trente hommes. Des cierges sont posés sur le cercueil lui-même. C'est un moyen de voir s'il est porté d'aplomb. Les parents, coiffés et vêtus de blanc et les amis suivent le convoi.

Les Annamites gardaient autrefois chez eux, pendant plusieurs mois, le corps de leurs parents qu'ils conservaient avec de la chaux. Les lois ordonnent maintenant que l'enterrement ait lieu peu de jours après la mort.

Les cercueils sont souvent très beaux. Le couvercle est ajusté et fermé sans clous par un enduit extérieur.

Lors du percement des rues de Saïgon, l'amiral Bonard fit publier une proclamation faisant connaître aux Annamites que les Français avaient comme eux le respect des sépultures; que pour cause d'utilité publique tel cimetière ou telle partie d'un cimetière devant disparaître, on accordait un délai convenable pour enlever les tombes que l'on voudrait transférer ailleurs.

Quelques jours après, nous vîmes dans la rue Palanca un Annamite exhumer devant la famille réunie les restes de sa mère. Le cercueil était encore hermétiquement fermé. Le corps était enveloppé dans une natte qui tomba en poussière humide. La tête reposait sur un oreiller carré en rotin tressé. Sur les os de la poitrine on retrouva une croix de bois. Il y avait très peu de vers dans la tombe. Le corps fut mis dans un linceul, puis dans une double natte, puis dans un cercueil neuf, dont les parois avaient quatre centimètres d'épaisseur. Le couvercle était fait d'un tronc d'arbre fendu dans sa longueur. Il était très pesant, parfaitement ajusté avec les parois, et le tout était peint d'un vernis brillant. Pendant cette translation, les parents tenaient deux parasols au-dessus du corps. Une fois la bière refermée, les hommes la portèrent au moyen de bambous jusqu'à une barque qui devait la conduire dans un village de la banlieue de Saïgon. Cet Annamite était un simple ouvrier terrassier. Chez ce peuple la piété filiale est le premier et le plus sacré des devoirs.

A la mort de leur père ou de leur mère, les Annamites qui occupent des fonctions publiques doivent les quitter pour le temps du deuil.

Les vieillards sont respectés non-seulement par leurs descendants, mais par tous les Annamites. On les désigne toujours par les mots de Ong-Gia, Ba-Gia, monsieur le vieux, madame la vieille. Les Annamites songent à la mort sans s'attrister de cette idée, et préparent d'avance leur cercueil qu'ils gardent chez eux. Un beau cercueil est un cadeau qu'ils offrent souvent à leurs parents de leur vivant. Dans une maison annamite, je vis un jour une jolie bière vide sur laquelle sautaient et jouaient deux petits enfants, sans plus de souci de la part des parents que de la leur.

Les Annams sont matérialistes, ils ne connaissent que les idées positives et sont fort peu accessibles aux choses spirituelles; de là une grande indifférence en matière de religion. Ils suivent cependant la religion de Boudha, qu'ils appellent Phât. Ils l'ont reçue de la Chine.

Les bonzes sont bien moins nombreux qu'en

Chine. Les rares bonzeries qui existent encore ont peu d'élèves ou novices. Les bonzes sont moins honorés qu'au Cambodge, au Siam, en Birmanie. Le manque d'égards envers eux, provient de ce qu'ils n'observent pas toujours le célibat, ont des femmes pour les servir, ne portent pas l'habit jaune comme les religieux boudhistes des pays voisins, ne revêtent leur ample tunique noire ou bariolée, ou en damier, ou d'un jaune sale, que dans les cérémonies où ils ont quelques fonctions à remplir, et enfin sortent dans les rues déguenillés et sans autre marque distinctive que de se raser le crâne. Aussi y a-t-il des Annamites assez peu respectueux pour les surnommer « têtes chauves. »

Il est à désirer que l'influence que peuvent encore posséder ces religieux s'éteigne peu à peu dans la Cochinchine française.

Les enfants ne fréquentent pas les bonzeries. Contrairement à ce qui se fait chez les Cambodgiens, ils ne reçoivent aucune instruction des bonzes. De là l'ignorance profonde du peuple sur la religion; de là une foule de croyances et de superstitions les plus diverses.

Des génies, des fées, des protecteurs légendaires, des monstres fantastiques, des dragons, le tigre, qu'on n'appelle jamais que *monsieur le tigre*, la baleine, le dauphin, qui sauve les naufragés sur son dos, etc., etc., sont autant de divinités qui ont des autels en certaines localités. Aussi emploie-t'on des sorciers pour découvrir un voleur, une chose cachée, et surtout pour guérir une maladie rebelle à l'art médical. Des épreuves difficiles, beaucoup de bruit et de contorsions, le manque d'air, des empiriques bizarres causent ou l'intimidation d'un inculpé, ou une réaction favorable ou fatale chez le patient, et dans ce dernier cas l'art du sorcier a des excuses toutes trouvées.

Les lettrés sont un peu plus instruits dans la religion et observent dans certaines pagodes les cérémonies prescrites par le code des rites. Ils rendent même un culte à Confucius, à qui est dédiée une grande pagode dans un joli site près de Bienhoa. On peut dire que la seule religion des Annamites est le culte des ancêtres comme leur morale est surtout basée sur le respect dû aux parents.

XXVIII

Administration française. — Garantie de la propriété. — Attachement au sol. — Administration indigène. — Des communes. — Chefs annamites. — Leurs titres. — Administration de la justice aux Européens, aux indigènes. — Suppression des peines corporelles. — Exécutions capitales. — Courage des condamnés en face de la mort.

Depuis que les inspecteurs des affaires indigènes résident au chef-lieu de l'arrondissement qu'ils administrent, au milieu même des populations indigènes, la supériorité de notre mode de gouvernement sur celui des mandarins a pu être reconnue de tous et ses avantages étendus à tous les points du territoire. C'était là aussi un moyen d'assurer la tranquillité du pays. La suppression des grands mandarins et des lettrés, conséquence de notre système, devait faire naître dans cette haute classe dépossédée de ses titres et priviléges abusifs un levain de haine contre nous et resserrer leur attachement intéressé à l'ancienne souveraineté. De là, dans les premiers temps de l'occupation, des entraînements partiels à la révolte, que subirent les basses classes, craintives, ignorantes, habituées à se courber dans le moment sous la loi du plus fort. Ces tentatives furent d'autant plus vite comprimées, comme on l'a vu dans l'insurrection de 1866, que les fonctionnaires, propriétaires, marchands, gens établis, comprennent maintenant leurs véritables intérêts, les défendent sans crainte, dénoncent et livrent eux-mêmes les fauteurs de troubles, et que les communes font elles-mêmes la police du pays avec leurs miliciens. Il y a beaucoup à espérer d'un pays et d'un peuple où la propriété foncière est solidement établie et régie par des lois communes, avantage que n'a pas l'Algérie.

En Cochinchine, les Français ont trouvé cette réglementation luttant contre l'arbitraire des chefs et le pouvoir absolu du roi. Ils n'ont eu qu'à la débarrasser de ses entraves. Chacun aujourd'hui peut posséder; il n'y a plus de distinction de nationalité, de rang, de priviléges, et la propriété est garantie par des actes inviolables. Tous les enfants héritent des biens territoriaux de leur père par égale portion, sauf l'aîné qui en outre a l'usufruit d'une part en plus, à charge pour lui d'entretenir les tombes des ancêtres de la famille. Les indigènes tiennent beaucoup au sol, aussi ont-ils compris et apprécié rapidement l'importance de cette amélioration. Cet empressement a été plus grand encore chez les Chinois, ce qui détruit complètement le préjugé que l'on a contre ces immigrants auxquels on reproche d'être les vampires d'un pays et d'en emporter le numéraire en Chine sans compensation.

L'administration annamite se composait de deux éléments : l'un était le mandarinat qui représentait la couronne, l'autre était les communes. Cette dernière institution forte et bien entendue tempérait les exigences du système mandarinal. Elle jouait en Annam le même rôle qu'en France vis-à-vis de la féodalité. Quand ces deux rouages d'administration se rapprochaient et s'engrénaient l'un dans l'autre, il en résultait un grand bien pour le peuple dont les intérêts étaient consultés, reconnus, sauvegardés. Le gouvernement français a donc sagement agi en supprimant les grands mandarins, dépositaires de l'autorité royale, sourdement hostiles au nouveau pouvoir et en les remplaçant par les inspecteurs des affaires indigènes, représentants de l'autorité française, en maintenant les communes avec leurs chefs directs, désignés au choix de l'autorité par les habitants eux-mêmes, et en conservant dans chaque arrondissement ou huyen, un quan-huyen ou chef indigène d'arrondissement, intermédiaire plus éclairé entre les cantons, les communes et les inspecteurs. Les quan-huyen sont nommés par le gouverneur. Ils sont à la solde de l'État, et reçoivent 40 piastres (222 francs par mois. Ils transmettent les ordres émanant de l'autorité française aux chefs de canton (Thong), aux maires (Xa), et aux notables (Hu'ong) des villages (Lang) (1). Deux de nos quan-huyen ont reçu le titre honorifique de quan-phu (préfet), chef administratif d'une province.

Les quan-huyen ont une garde indigène composée de miliciens, en Malais *Matas*, armés les uns de fusils, les autres de lances et de sabres.

Les huyen recevaient autrefois du gouver-

---

(1) Voir à ce sujet l'appendice du Gia dinh thong chi, page 349, par M. Aubaret.

nement annamite 5 ligatures par mois ; de là l'obligation de se faire donner, sous le nom de cadeaux, par leurs administrés, tout ce dont ils avaient besoin en nature et en argent.

Pour désigner les fonctionnaires annamites, les Européens se servent entr'eux du mot mandarin, qui vient du portugais *mandare*, commander.

Les Annamites se servent à l'égard des chefs européens du mot quan : ainsi l'on dit *ong-quan*, monsieur l'officier ou monsieur le fonctionnaire.

Une cour impériale, un tribunal de première instance et un tribunal criminel fonctionnent à Saïgon. Le tribunal criminel connaît de toutes les affaires soumises en France aux cours d'assises, de tous les crimes commis dans le ressort du tribunal de première instance, à quelque nation qu'appartiennent les accusés et des crimes commis hors de ce ressort, mais sur le territoire de la Cochinchine française, par des Européens ou par des indigènes ou des Asiatiques, en complicité d'Européens ou au préjudice d'Européens.

L'administration de la justice dans les provinces est entre les mains des inspecteurs des affaires indigènes qui connaissent, sous le contrôle du chef du service judiciaire, des délits et contraventions, des affaires civiles et commerciales entre Européens hors de la juridiction de Saïgon. Les inspecteurs ne sont que juges d'instruction au criminel.

Les Annamites sont jugés à leur choix selon le code annamite ou selon la loi française, s'ils en font la demande. La question dans les interrogatoires, les peines corporelles, qui dégradent l'homme, ont été peu à peu supprimées. Il est nécessaire, pour en rendre l'effet inutile, de faire comprendre à l'Annamite l'esprit moralisateur de la loi française, de le porter à sauvegarder sa dignité, de lui faire sentir ce qu'il y a d'abject dans l'application du rotin, de faire ressortir à ses yeux le prix qui s'attache à l'opinion publique et sa qualité de sujet français, qui a pour lui dans le cas actuel les avantages du *civis romanus*. Et puis les amendes, la prison, l'exil surtout, sont des peines auxquelles les indigènes sont extrêmement sensibles. Enfin comme dernier châtiment, la mort; mais non la mort lente et barbare appliquée aux grands criminels par le code annamite, la mort par strangulation ou décapitation. Si une législation basée sur les principes du droit absolu ne suffit pas encore à l'égard des Annamites, du moins l'accomplissement du devoir trouve d'autres garanties que le rotin. L'abolition de cette peine corporelle ne détruit pas un principe ; elle ne fait qu'en changer l'application en la rendant plus conforme aux idées européennes.

J'ai été témoin de plusieurs exécutions. Je n'ai jamais vu un Annamite faiblir en marchant à la mort. Quelquefois le lieu de l'exécution est assez éloigné de la prison. Le condamné y est le plus souvent conduit à pied. Un jour entr'autres je vis un chef de rebelles fumer sa cigarette en allant au supplice. Un mata, en avant du condamné, frappait sur un gong, sonnant le glas funèbre. Puis venait un lettré, lisant tout haut la sentence le long du chemin. Les exécuteurs, le sabre à la main, et enfin le condamné marchaient entre deux haies de miliciens. Arrivé au lieu du supplice, le patient eut la consolation de voir qu'un cercueil lui avait été préparé. Il s'agenouilla, baissa la tête, et sans qu'elle reposât sur aucun billot ni appui, l'exécuteur la lui trancha d'un seul coup de sabre, et le corps roula par terre. Pour les Annamites, la décapitation est un châtiment plus terrible que la strangulation, parce qu'une partie du corps est séparée du reste, ce qu'ils redoutent beaucoup d'après leurs croyances.

Lorsqu'on veut faire un grand exemple, on refuse pendant un certain temps à la famille l'autorisation d'enlever le corps du condamné, qu'on enterre sous le feu d'un fort. Cette mesure a un effet considérable sur les parents et alliés du mort et sur les populations. L'exécution d'un criminel se fait ordinairement dans le village auquel il appartient.

XXIX

Caractère de la loi annamite. — Ordonnance de Bô-Linh. — Arbitraire et corruption des juges. — Considérations morales. — Taux légal du prêt. — De l'usure. — Des eunuques. — Tribunal. — Cangue. — Question. — Les ceps. — Latitude laissée aux mandarins. — Loi sur la cuisine royale. — Loi sur les fiançailles. — Divorce. — Adultère. — Manque de respect filial. — Bacheliers libertins. — Fils prodigues.

Les Annamites, les Chinois et autres Asiatiques sont jugés selon la loi annamite, ou, s'ils le demandent, selon la loi française.

La loi annamite est plutôt une loi pénale qu'une loi morale, et elle ressemble en cela à la loi chinoise, qui prescrit le bambou, encore le bambou et toujours le bambou. Tel était le grand moyen employé autrefois et supprimé par nous.

« Le matérialisme de la loi chinoise, dit
« M. Huc, s'oppose à ce que le caractère mo-
« ral de l'acte punissable soit pris en considé-
« ration exclusive. Elle ne voit que le positif. »

A un peuple matérialiste il fallait en effet une loi matérialiste.

Bô-Linh, fondateur de la première maison royale annamite, il y a 900 ans, faisait nourrir des tigres et avait fait placer dans la cour de son palais une chaudière en bronze avec cette affiche : « Les coupables seront cuits ou dévorés (1). » Cette redoutable alternative lui semblait le plus sûr et le plus court moyen de faire respecter les lois et de maintenir le peuple par une crainte salutaire dans l'observation du devoir.

Les successeurs de Bô-Linh n'ont pas été aussi féroces et aussi despotes qu'on l'imagine, et la rédaction du code annamite en est la preuve. Il contient d'excellentes lois et de sages règlements. Il suffit, pour s'en convaincre, d'en lire la traduction faite par M. Aubaret. On verra qu'en Annam, comme en Chine, ce ne sont pas les bonnes institutions qui manquent au peuple, mais les hommes qui manquent aux institutions, et qui, ne les respectant pas eux-mêmes, sont inaptes à les faire respecter. Par ignorance et par crainte, le peuple

---

(1) P. Le Grand de la Liraye, *Notes historiques*.

subissait sans mot dire les actes arbitraires des mandarins.

Le rachat des peines donnait à ceux-ci un facile prétexte de corruption, et assurait aux riches l'impunité; mais ces abus n'ôtent rien à la valeur des lois, si elles avaient été appliquées par des magistrats intègres.

Il faut reprocher à la loi annamite de rendre les parents, ascendants ou descendants, d'un criminel, responsables de la faute et les impliquer dans le châtiment. Un autre abus était celui du rotin; le même instrument servait au grand juge pour des accusés adultes comme au père châtiant son enfant.

Dans ce dernier cas, il a du moins un effet moral, car les parents annamites accompagnent la correction de leurs enfants d'un discours bien senti et à la portée de leur intelligence. Il est à remarquer qu'à l'égard des mandarins, la loi annamite considérait et distinguait en eux l'homme et la fonction; l'homme passible d'une peine, la fonction, caractère inviolable. Aussi, lorsqu'un mandarin était condamné à être frappé du rotin, la peine était commuée en une retenue de solde, ou bien le jugement, en raison de la dignité du coupable, n'était exécutoire que lorsqu'il avait quitté sa charge. (Tome Ier, section VIII, page 30.)

La loi annamite, comme la loi anglaise, exige l'aveu du coupable. De là vient qu'un juge annamite, convaincu de la culpabilité du prévenu, le fait frapper pour qu'il avoue sa faute. A côté de cette sévérité excessive, la loi se montre généreuse et veut que tout coupable qui avoue un délit ou faute grave, non encore connus, soit pardonné. (Section XXIV, tome Ier.)

Certaines lois m'ont frappé par leur sagesse : celles relatives aux mandarins, et, entre autres, le chapitre qui traite des cabales et louanges excessives (section XIII, tome II, page 66) données aux hauts mandarins, les lois fiscales et le chapitre où il est parlé des bonzeries ou couvents. (Section III, tome II.)

Elles perdent cet esprit élevé lorsqu'elles (section XI, page 102) excluent les filles de la succession des parents, et établissent que le patrimoine paternel doit être également partagé entre les enfants mâles.

La loi annamite a fixé le prêt légal à 0 taël 03 d'intérêt par taël et par mois. (Section I, page 178, tome II.) Le taël étant de 7 fr. 80 c., l'intérêt est donc d'environ 40 pour 100 par an. C'est là un taux qui paraîtra exagéré ; mais il faut songer que l'argent était rare dans le pays, la propriété manquait de garantie ; de là peu de placements. On enfouissait les lingots et on les laissait improductifs. On craignait de paraître riche.

C'est ce qui donna lieu à l'usure qui s'exerce encore en Cochinchine, à des conditions exorbitantes. C'est à ce mal qu'avait voulu remédier l'amiral La Grandière en organisant des monts-de-piété pour remplacer les prêteurs sur gages actuels, répandus dans tout le pays pour exploiter l'Annamite par l'Annamite. Depuis que nous avons rendu la propriété inviolable, le mal a beaucoup diminué, et le taux légal de l'intérêt, tant en matière civile qu'en matière commerciale, est fixé, à défaut de convention, à 12 pour 100 par an. C'est encore le taux de l'Algérie, où la propriété n'est pas, comme en Cochinchine, solidement constituée. En lisant les lois qui regardent les esclaves, quoique ce dernier soit ou un prisonnier, ou un condamné, ou un débiteur insolvable vendu pour ses dettes, il ne faut attacher à ce mot que le sens d'un serviteur, lié à son maître par des obligations pécuniaires, pour un temps plus ou moins long. Du reste, c'est une classe qui n'existe que peu ou pas en Cochinchine.

L'empereur seul peut avoir des eunuques à son service; plusieurs d'entre eux, comme cela se voit en Turquie, sont parvenus à de hautes fonctions, qn'ils ont habilement remplies.

Le but de la loi, en rendant les parents d'un coupable solidaires d'un crime, était de prévenir par la crainte les tentatives d'insurrection. Les lois sur la justice et sur les coupables paraissent (tome II) pleines de bon sens et d'humanité ; mais elles sont d'une observation difficile. Les mandarins les éludaient facilement, le peuple tolérant, par crainte, l'arbitraire de juges peu intègres. Ces lois pèchent toutefois en ce qu'elles font une part trop large aux châtiments corporels et à la torture. On retombe dans la barbarie lorsqu'on trouve parmi les peines et châtiments la mort lente dont les détails sont horribles, l'application du rotin, du bambou, des ceps, non-seulement après la condamnation, mais comme question pendant l'interrogatoire. L'accusé a les bras liés sur le dos, au-dessus du coude, par des liens en rotin ou en fibre de coco. Il a la cangue au cou. Cet instrument, en bambou plus ou moins long et lourd, s'emploie pour empêcher le prisonnier de fuir, plutôt que comme moyen de souffrance. Le jugement a lieu soit au tribunal du quan-an, mandarin chargé de la justice dans chaque province annamite, soit par devant un phu, un huyen ou un tong. Lorsqu'il s'agit d'un simple délit, les autorités municipales siègent dans le dinh ou maison commune. Il y a là des bancs et une table, sur laquelle on place une écritoire, le sachet contenant les cachets, la boîte à bétel, les cigarettes et le brasero de cuivre où l'on entretient du feu.

Dans un coin, on voit un râtelier de lances, de sabres et divers instruments, piquets, maillet, cordes et rotins. Le prévenu, débarrassé de sa cangue et de ses liens, se prosterne trois fois devant ses juges et l'interrogatoire commence. Un lettré greffier écrit les réponses. Si l'accusé par ses réponses évasives cherche à tromper la justice déjà éclairée sur le fait, deux soldats, sur un signe du juge, le saisissent et l'étendent sur le sol. Les pieds et les mains étant allongés, sont étroitement fixés par des cordes à des piquets enfoncés en terre. Le prévenu est dépouillé de son vêtement, on lui applique le rotin au-dessous des reins et l'interrogatoire continue. Quelquefois on fait subir un autre genre de question, les ceps, qui consistent à serrer la jambe avec une corde fixée à deux piquets, dont l'un, fixe, est enterré, et l'autre, mobile, exerce une plus ou moins forte pression sur le tibia.

On est profondément indigné de l'emploi de semblables moyens, surtout si l'on sait que les mandarins en usaient et en abusaient avec une grande facilité. On voit dans l'article suivant quelle latitude leur était laissée à cet égard.

DES OUBLIS DE SES DEVOIRS EN GÉNÉRAL

« Toute personne qui oubliera ses devoirs
« ou fera quelque chose qu'elle ne devait pas
« faire sera punie de quarante coups si la faute
« est légère, de quatre-vingts si elle est grave. »
Certainement cet article serait révoltant si l'on ne songeait qu'il a été fait pour faciliter aux autorités communales, aux chefs de canton, l'administration de la justice, en ce qui concerne de légers délits ou de simples contraventions. A côté de ces prescriptions, dont l'interprétation est dangereuse et difficile, on

trouve des lois admirables sur les prisonniers et la réhabilitation.

Nous citons maintenant quelques extraits, non pour en faire la critique, mais parce qu'ils nous ont paru curieux, à divers points de vue.

LOIS RITUELLES (*tome II, section* 1re, *p. 187*)

« La négligence des mandarins dans l'ob-
« servation des rites des sacrifices sera punie
« de cinquante à cent coups, ou de la retenue
« d'un mois de solde.

« Il est défendu aux femmes d'entrer dans
« les pagodes de Boudha de tao-sse, temple
« de Confucius, etc. »

DES RITES (*section* 1re, *page 193*)

« Si le cuisinier du roi prépare pour sa
« table des mets qui ne peuvent se manger,
« l'un après l'autre, parce qu'ils se nuisent
« mutuellement, il sera puni de cent coups.

« Si ces mets ne sont ni propres ni conve-
« nables, il recevra quatre-vingts coups.

« S'il arrive que quelque remède destiné au
« roi soit par erreur porté dans les cuisines,

« les mandarins, officiers de bouche et cuisi-
« niers seront chacun punis de cent coups et
« tenus en outre d'avaler le remède. »

Section XIV, *page 201.*

« La négligence des astronomes sera punie
« de soixante coups. »

Les lois concernant le mariage sont généram-
ment dictées par la raison et la prudence;
mais elles nous paraissent mettre tous les
avantages du côté de l'homme, et laisser la
femme dans un état déplorable d'infériorité et
d'oubli. L'obligation d'obtenir le consentement
des parents est poussée jusqu'à l'exagération.

DU MARIAGE EN GÉNÉRAL (*section* Ire)

« Avant de conclure un mariage, on doit
« prévenir des maladies et infirmités, de l'âge
« trop avancé ou trop tendre des contractants
« et si l'un des époux est enfant légitime, na-
« turel ou adoptif. »

C'est l'avis de Prudhon.

« Si un individu déjà fiancé se fiance à une
« autre fille, il recevra soixante-dix coups et
« prendra en mariage sa première fiancée. La

« seconde ne rendra pas les cadeaux si elle en
« a reçu. »

« Si un jeune homme ayant quitté ses pa-
« rents pour aller faire du commerce ou pour
« le service de l'État, est à son insu l'objet
« d'une promesse de mariage de par ses grands
« parents paternels, père, mère, oncle, tante,
« frère, sœur aînés, et s'il n'est déjà marié, il
« devra obéir à ses parents, sinon il recevra
« quatre-vingts coups et devra se marier selon
« les désirs de ses parents. »

DU DIVORCE (*section* XV, *page 141*)

« Si une femme est mise dans un des sept
« cas de divorce, qui sont : la stérilité, l'adul-
« tère, le manque de piété filiale envers le père
« et la mère du mari, le bavardage (1), le vol,
« la jalousie, les graves infirmités, le divorce
« sera prononcé, à moins que la femme n'ait
« perdu ses parents depuis son mariage.

« Tout mari qui devant répudier sa femme
« à cause de sa conduite ne le fera pas, recevra
« quatre-vingts coups.

(1) Le texte chinois nous semble traduit plus exactement par :
« propension à la médisance. »

« Les mariages avec une femme cambod-
« gienne ou moï sont interdits. »

Quoique les femmes cambodgiennes ne paraissent pas rechercher les Annamites, il y a dans le Cambodge un certain nombre d'Annamites mariés à des femmes cambodgiennes.

Les lois sur l'adultère sont très sévères. Il est dit (page 293, section 1re, tome Ier) : « Le
« mari de la femme adultère, laquelle a reçu
« quatre-vingt-dix coups pour ce fait, peut la
« marier à un autre, ou la vendre à son gré,
« ou la garder chez lui. »

(Page 298.) « Les garçons d'un magasin qui
« commettent un adultère avec l'épouse de
« leur patron seront assimilés aux serviteurs
« ou esclaves et seront punis de la strangula-
« tion. » Lorsqu'au bout d'un an la sentence devient exécutoire, le magistrat fait appeler le plaignant afin de savoir s'il persiste dans sa demande d'application de la loi. En accordant ce sursis, la loi a pour but de laisser s'apaiser la colère aveugle et la soif de vengeance de la partie lésée et de permettre au plaignant de demander et d'obtenir justice dans le calme de sa raison, avec humanité et dignité.

« Toute femme légitime qui frappe et insulte

« son mari sera punie de cent coups et pourra
« être répudiée. »

« Si des enfants ou petits-enfants (au-dessus
« d'une douzaine d'années) insultent et frap-
« pent un de leurs parents ou grands parents,
« la peine est la décapitation. Pour l'insulte
« seule, la peine est la strangulation, si le pa-
« rent porte lui-même plainte. »

Section x, *page 103.*

« Tout bachelier (diplôme acheté ou obtenu
« aux examens) qui se livrera au libertinage,
« n'ayant aucun respect pour ses maîtres,
« vivra dans la débauche, ou se mêlera de
« toutes sortes de questions ou d'affaires, sera
« privé de sa dignité de bachelier, remis à la
« condition d'homme du peuple et puni selon
« sa faute. »

Section vii, *page 257.*

« Tous fils ou petit-fils insubordonnés ou
« rebelles à l'éducation de leurs père et mère
« et grands parents recevront cent coups.
« Tout fils qui mangera le patrimoine pa-

« ternel recevra vingt coups par nên (par 80
« ligatures ou 80 francs). »

Le code annamite est souvent copié sur le code chinois. Il renferme des lois et règlements en rapport avec les mœurs, le caractère et le degré de civilisation des Annamites, et même avec leur genre de vie et le climat du pays. Il contient des institutions que ne désapprouveraient pas des législateurs européens. Sagement appliqué, il serait un bienfait pour un peuple encore en enfance, qui ne s'élèvera à ses propres yeux que par le contact avec la civilisation européenne. Lorsque ce peuple aura conscience de sa propre dignité, la justice usera de moyens de répression moins rigoureux. Moraliser pour gouverner, c'est la maxime à suivre par tout pouvoir éclairé; c'est la leçon que la France donne à l'Indo-Chine.

XXX

Excursion au tombeau de l'évêque d'Adran. — Route du troisième pont. — Le Go-Viap. — Route de Thuan-Keou. — Pagode Barbet. — Plaine des tombeaux. — Ouvrages de Ki-hoa. — Jardin de l'évêque. — Monseigneur d'Adran. — Traité de 1787. — Le tombeau.

Les environs de Saïgon offrent pendant la saison sèche de belles promenades, soit dans la campagne annamite, soit au tombeau de l'évêque d'Adran. Celle-ci est surtout intéressante pour quelqu'un qui séjourne dans le pays. Pour un étranger, la principale excursion à faire est celle de Cholen ou de la ville chinoise.

Deux routes mènent au tombeau de l'évêque d'Adran; celle du troisième pont sur l'avalanche est la plus pittoresque : On passe devant l'hôtel du Gouvernement, le camp indigène et le camp des lettrés où avait lieu autrefois l'examen des bacheliers annamites. C'est là que fut signé, le 5 juin 1862, le traité de paix entre la France, l'Espagne et l'Annam. C'est aujourd'hui une caserne d'infanterie de marine.

On laisse à droite le Go-Vap, riche canton où l'on ne rencontre que des fermes, des cultures de tabac, d'arachides, des jardins qui approvisionnent Saïgon de fruits et de légumes, des tombeaux remarquables, de belles allées de manguiers et quelques palmiers à sucre.

En approchant du tombeau de l'évêque, la route n'est plus guère praticable qu'à cheval, tandis que par la route de Thuan-Keou, les voitures vont jusqu'au tombeau même.

En partant de Saïgon, on voit en passant la pagode Barbet, ainsi appelée du nom du capitaine d'infanterie de marine qui fut tué près de là, dans une ambuscade annamite. On y a établi une batterie d'artillerie. C'est à cet endroit qu'est né le roi Minh-Mang, en 1789, et son père Gialong éleva, en mémoire de cet événement, cette pagode dont le nom annamite signifie aurore de présage. (P. Legrand).

Cette route traverse la plaine des tombeaux, immense champ des morts, qui prouve que Saïgon avait autrefois une population considérable. De petites pyramides à base carrée ou hexagonales, de petites pagodes en miniature, avec portes cintrées et gardées par des dragons en pierre, des tumulus quadrangulaires, un terrain aride, poudreux, n'offrant que quelques rares bouquets d'arbres, tel est l'aspect de cette plaine qui s'étend depuis Saïgon jusqu'à la ville chinoise et atteint les lignes de Ki-hoa.

Après avoir traversé le canal de ceinture, on voit les traces des défenses accumulées par les Annamites sur ce point; c'est là qu'eut lieu l'affaire la plus meurtrière de la guerre de Cochinchine. L'amiral Charner enleva et détruisit ces ouvrages en 1861. Là succombèrent le lieutenant-colonel Testard et l'enseigne de vaisseau Larégnère. Ce dernier avait le ventre ouvert par un biscaïen. Plusieurs de ses amis s'approchent pour le secourir : « Vas à ton poste, dit Larégnère à l'un d'eux, et écris chez moi que je suis bien mort. » Un monument en marbre a été élevé à ce brave officier, à l'extrémité des lignes de Ki-hoa. Mais ne dépassons pas notre but. Nous entrons dans un bouquet de bois planté de superbes manguiers; c'est là qu'habitait l'évêque; c'est le jardin qu'il cultivait lui-même et où il acclimata le mangoustanier, qu'il avait, dit-on, rapporté des îles du golfe de Siam.

Mgr Pigneau de Behaine, né au bourg d'Aurigny, près de Laon, était vicaire apostolique de la Cochinchine. C'est par ses soins que fut conclu le traité de novembre 1787 entre Louis XVI et Gialong, traité si avantageux pour la France, dont le mauvais vouloir du gouverneur français de Pondichéry et la révolution de 1789 empêchèrent les bons effets. Quoiqu'il en soit, l'évêque d'Adran rendit les plus grands services à Nguyen-Anh (qui s'appela ensuite Gialong). Ce fut lui qui amena en Cochinchine des officiers français, entr'autres MM. Chaîgneau, Dayot, Olivier, Vannier, qui aidèrent si puissamment Gialong à reconquérir son royaume et qui construisirent pour lui des citadelles et des vaisseaux à l'européenne.

Dès que le royaume pacifié fut rentré sous l'autorité de Gialong, l'évêque d'Adran se retira dans le jardin qu'il possédait près de Saïgon. Il mourut le 9 octobre 1799, et le roi lui fit faire de magnifiques funérailles, dont le père Bouilleyaux nous a transmis les curieux détails. Le roi Gialong affectionnait le digne évêque français et lui avait donné le titre « d'accompli. » Il lui fit élever un monument funèbre, qui a été construit dans le style des pagodes cochinchinoises par un architecte français, M. Barthélemy. Les quatre côtés de ce bâtiment se composent de portes à deux battants, sculptées en plein bois dans la partie inférieure, et à jour dans la partie supérieure. Dans le fond est un autel au-dessus duquel on voit en relief le double blason de l'évêque, auquel Louis XVI avait conféré le titre de comte, d'un côté les insignes de l'épiscopat, de l'autre des rouleaux et une écritoire.

En face du tombeau est une pierre couverte d'inscriptions chinoises, relatant les titres et les mérites du prélat. Une enceinte demi-circulaire en pierre ornementée règne autour du monument; sur le devant est un écran en pierre également, sur lequel sont représentés des animaux, comme c'est l'usage pour les tombeaux cochinchinois. Ce tombeau a toujours été respecté même quand les troupes annamites occupaient la plaine de Ki-hoa. Il est devenu, sous l'amiral Charner, propriété nationale.

La distance de Saïgon au tombeau de l'évêque d'Adran est à peu près de six kilomètres.

XXXI

Excursion à Cholen, ville chinoise. — Excursion par eau, par terre. — Route des mares. — Haras, parcs et pagodes des mares. — Apothéose d'un matelot breton. — Ville chinoise. — Préfecture. — Trésor. — Bureau télégraphique. — Pagode des divinités guerrières.— Pagode cantonnaise.— Offrandes.— Sorts.— Machines à débiter des prières. — Cuisine. — Population. — Minh-Huong. — Quartiers. — Transformation de la ville. — Haut et bas commerce. — Arroyos et canaux. — Honorabilité des grands négociants chinois. — Entrepôt commercial. — Écoles. — Corporations. — Origine de la ville chinoise. — Cay-mai. — Fort. — Pagode. — Monticule. — Description poétique de Cay-mai par un grand-mandarin. — Route de l'arroyo chinois. — Puits de l'évêque. — Hôpital de Choquan. — Port des jonques de mer.

L'excursion la plus intéressante est sans contredit celle de Cholen, ville chinoise, à cinq kilomètres de Saïgon. On s'y rend, soit en bateau, au prix de 2 à 3 francs, et autant pour le retour, par l'arroyo chinois, soit en voiture, au prix de 8 francs aller et retour avec séjour d'une heure au plus, et 12 francs pour la journée. La route stratégique qui traverse la plaine des tombeaux est peu fréquentée; on prend plutôt la route des mares ou la route du bord de l'eau. La route des mares part de la place de l'Horloge, passe devant la direction de l'intérieur, l'hôtel du procureur impérial, la gendarmerie, les prisons. Elle est bordée de cultures européennes et d'anciens jardins annamites plantés de pamplemousses, de curieux banyans, de magnifiques tamariniers et de gracieux aréquiers.

La route longe le haras, le parc d'artillerie qu'on nomme les mares, à cause des deux mares que l'on voit de chaque côté de la porte d'entrée. Les mandarins conservaient dans l'un de ces réservoirs du poisson, et dans l'autre des caïmans.

L'une des pagodes royales que l'on voit aux mares était destinée à perpétuer le souvenir des hommes illustres du pays, et nous nous rappelons y avoir vu encore un grand nombre de petites tablettes portant chacune une inscription en lettres dorées. Là se trouvait inscrit le nom d'un matelot français, nommé Manuel, qui avait donné sa vie pour la défense de la cause de Nguyen-anh (Gia-Long) dans la guerre contre les tai-son, ou montagnards de l'Ouest.

C'est ainsi que dans la Rome antique les âmes des citoyens illustres étaient regardées comme des divinités protectrices.

Voici ce que nous dit le Gia-dinh Thong chi à ce sujet :

« A Cangio' (embouchure de la rivière de
« Saïgon), en 1783, les rebelles tai-son, ve-
« nant envahir Gia-dinh (la province de Saïgon)
« et ayant pour eux le flot et le vent, livrèrent
« combat au capitaine français Manoê, et après
« grande résistance de sa part purent mettre
« le feu à son navire. Ce brave officier périt
« dans l'action. A sa mort, il reçut du roi
« d'Annam le titre de sujet fidèle, juste et mé-
« ritant, généralissime et colonne de l'empire.
« Sa tablette fut placée dans la pagode de la
« fidélité éclatante » aux mares. Ces titres y étaient inscrits en lettres d'or. Ce Manoê était un simple matelot breton très brave et très intelligent.

Dans l'autre temple, le plus près du côté de Saïgon, Gia-Long épousa une femme qui fut la mère de Minh-Mang.

Nous laissons à notre gauche le joli village de Choquan, à droite la plaine des tombeaux, et nous sommes dans Cholen ; nous passons devant la maison du payeur, la préfecture et le bureau du télégraphe, les casernes des troupes, plusieurs pagodes, entre autres la pagode des divinités guerrières. Nous y entrons un instant par le couloir de gauche, et nous voyons devant l'autel, outre les ornements usuels, des bannières brodées, soie et or, des sabres, lances, hallebardes en bois peint.

Deux gardes ventrus, l'un ayant le visage noir, la lance au poing, l'autre ayant les mains dans ses larges manches, tous deux avec de longues moustaches et des touffes de barbe au-dessous des oreilles, se tiennent en face l'un de l'autre. Sur l'autel principal est un dieu à barbe blanche, tenant à la main un arc et des flèches. C'est probablement Kouang-Ti, Mars chinois ; son fils Kouang-Ping et son fidèle écuyer sont à ses côtés. (Le P. Huc parle longuement de cette divinité chinoise, p. 318 et suiv. de l'Empire chinois, tome Ier.)

Nous visitons le temple de Kwan chin Whay quan, élevé par les Chinois de Canton à la déesse Koang-Yn, ou Aphô, la puissance créatrice, la mère des Chinois de Canton, la patronne des navigateurs, l'Amphitrite chinoise. On traverse une cour dallée en granit apporté de Canton. Deux sphynx en granit roulant une boule entre leurs dents en gardent l'entrée. Le long des murs on remarque des grisailles de fleurs d'un très beau fini, quoique l'on ait avec raison reproché aux Chinois de ne faire que des travaux grossiers en ce genre. Au-dessus, on voit des scènes à personnages. Ce sont des figurines en terre, recouvertes d'un émail de couleurs et de petites surfaces miroitantes, des gouaches bizarres, de grosses lanternes rouges, un panka sculpté, doré, et sur le toit en tuiles vernies, des serpents et des oiseaux fantastiques.

Les portes sont sculptées à jour; de chaque côté est un petit autel où siége un dieu barbu. Le long des galeries latérales des plaques de marbre noir sont encastrées verticalement dans la muraille et couvertes d'inscriptions. Au-dessus règne une série de peintures à la gouache, des sculptures représentant des combats équestres, avec la lance, l'arc, la hachette, des mandarins siégeant à leur tribunal et des dames de la cour. Un espace carré est réservé entre la nef et le chœur pour faire partir des pétards. Les papiers dorés et argentés qu'on brûle sont jetés enflammés dans un grand vase en fonte ornementée placé devant l'autel. La nef est séparée de cet espace par une grille en beau bois dur, et ses piliers portent des sentences en lettres dorées. Là se trouvent des chaises, des fauteuils et de petites crédences en bois noir, à dessus de marbre.

Le fond du temple forme un dais supporté par de belles colonnes ; sur les autels sont de vastes niches en bois laqué, doré et découpé à jour. C'est là que trônent les divinités chinoises ; la niche de l'autel principal est occupée par la déesse, et de chaque côté sont deux autres autels où sont assis des dieux barbus.

La déesse porte un diadème surmonté d'un carré rouge assez semblable à la coiffe des Italiennes. Elle a des boucles d'oreilles ; autour de sa tête est une auréole dorée. Elle tient à la main une règle plate et dorée, semblable à celle dont les grands mandarins font usage ; près d'Elle sont placées deux autres déesses, un enfant portant un coffret et un autre un rouleau ; deux personnages à la mine menaçante se dressent de chaque côté. Devant l'autel on voit de grands écrans en plumes de paon, des drapeaux triangulaires, une petite jonque avec ses voiles, des bâtonnets odorants, des fausses fleurs ou des lotus, des images en clinquant, entremêlées de petits cadrans de montre, de petits miroirs et d'inscriptions. Les jours de fête, on y place aussi les bannières de la congrégation cantonnaise et des insignes en cuivre fixés en haut d'un bâton laqué. Sur une table est dressé un cylindre enrubanné en bois de sandal ou autre bois parfumé de grand prix offert pour être brûlé dans le temple.

D'un côté de l'autel est un tam-tam, de l'autre une belle cloche chinoise. Trois tables sont disposées en avant pour recevoir les offrandes des sacrifices, qui consistent en cochons rôtis tout entiers et laqués, en fruits, gâteaux, volailles, crustacés, thé. Au pied des tables sont des nattes et des coussins, où les adorateurs font leurs prostrations et leurs offrandes à grand renfort de coups de tam-tam, de cloche et de détonations de pétards.

Là ils consultent les sorts au moyen de la racine courbe du bambou fendue en deux : on rapproche les deux parties, on les laisse tomber, elles se séparent, et la façon, dont les nœuds de chaque moitié sont placés respectivement, est un pronostic favorable ou défavorable ; ou bien encore au moyen de 49 petites baguettes sur lesquelles sont des prédictions et que l'on jette au hasard ; si leur position fortuite correspond aux lignes indiquées dans les livres des bonzes, c'est un sort heureux. Les jours de fête, les bonzes président les cérémonies, et les Chinois en grand costume viennent de bon matin faire leurs adorations.

Dans la partie latérale droite du temple est un atelier de stéréotypie pour les formules des prières. Les caractères sont gravés sur des planchettes en bois, et on les reproduit à un nombre d'exemplaires considérable. Cette méthode n'est pas aussi perfectionnée que celle des boudhistes, qui ont envoyé à l'Exposition de 1867 une machine à prières qui en débite cent vingt par jour. Près de là on fabrique et l'on vend des cierges, des papiers dorés et argentés, des liasses de sapèques et de piastres en papier, ingénieux billets de banque à la portée de toutes les bourses. Les bons Chinois les font passer en les brûlant, à leurs ancêtres, en même temps que des habits, des ustensiles et tous les objets nécessaires à la vie matérielle, le tout représenté sur une feuille de papier grossier et disparaissant en fumée.

Un autre compartiment contient quatre

grandes chaudières et sert de cuisine les jours de fête. Nous avons vu sur de grandes tables des monceaux de cochons rôtis offerts en sacrifices pour le plus grand profit des vivants qui causaient, riaient tout haut, allaient et venaient dans l'enceinte même du temple. Un orchestre indigène mêlait ses notes discordantes à tout ce bruit. Dans la partie latérale, à gauche, est un appartement dont les murailles sont ornées de dessins en noir. Là se trouvent une table et de beaux siéges, c'est la salle du conseil.

Il y a encore d'autres chapelles et une sorte de grenier où l'on arrive par un escalier en bois, mais où l'on ne voit rien de remarquable.

La ville de Cholen se compose de 10,500 Chinois, 32,000 Annamites; il y a en outre une population flottante qui s'élève à environ 8,000 individus, ce qui donne à peu près un total de 50,000 âmes. La taxe de capitation pour les Chinois et Asiatiques est de 2 piastres (11 fr. 10), et pour les minh-huong (métis de Chinois et d'Annamites), 1 piastre et demie (8 fr. 32).

Les Chinois épousent généralement des femmes annamites; ils en ont de jolis enfants qui restent Annamites et forment une classe fort intelligente; parmi les indigènes, on les nomme minh-huong. Ils sont formés en congrégation. Ces métis sont généralement riches, les négociants chinois dans l'aisance assurant toujours le sort de leur femme soit avant leur mort soit avant leur retour en Chine. Dans notre possession cochinchinoise, on n'a pas à craindre cette énorme disproportion entre le nombre des hommes et des femmes dont sont affligés Singapore, Melbourne, etc.

La ville a été divisée en cinq quartiers ayant chacun un chef chinois, un chef minh-huong et un chef annamite, ce qui eut pour effet de rendre homogènes ces trois éléments de population et de faire participer les Annamites, malgré leur apathie et leur défiance, aux améliorations locales et au développement commercial de la cité.

L'inspecteur des affaires indigènes a la surveillance et le contrôle de l'administration des chefs indigènes et des chefs de congrégations chinoises; il est aussi chargé de la justice et du recouvrement des impôts.

Cholen était, lors de notre arrivée en Cochine, une ville sale, aux longues rues étroites et tortueuses, aux maisons obscures et malsaines.

Les ponts en dos d'âne étaient impraticables aux voitures et même peu commodes pour un pied européen ; les rues étaient souvent inondées par la marée. En peu d'années d'importants travaux, habilement dirigés, ont changé l'aspect de la ville. De larges rues ont été percées, les quais ont été développés, un canal creusé, les maisons du bord de l'eau reconstruites ou restaurées, des ponts créés, les rues éclairées, les propriétés délimitées et garanties par des titres. Les villages annamites ont été reportés sur de nouveaux emplacements, aussi nous nous promenons à l'aise dans cette florissante cité.

Voilà un entrepreneur de pompes funèbres : le catafalque est orné de dorures et d'incrustations, et il faut 20 ou 30 hommes pour le porter; de petits enfants jouent sur un cercueil qui attend un propriétaire. Ce magasin est rempli de ces consolants meubles superposés. Ici est un marchand de bimbeloterie qui vend de faux cheveux; car si la coquetterie se perdait en France, on la retrouverait en Cochinchine. Là est un parc de caïmans ; les Annamites sont très friands de la chair de ce saurien que les Chinois révèrent et qui abonde dans les arroyos de Cochinchine. En 1865 on en a consommé à Cholen plus de 500 venant du grand fleuve du Cambodge. Plus loin, c'est un pharmacien, un barbier ; sous un auvent, un pâtissier, confiseur, puis une maison de jeu, un teinturier, une fumerie d'opium, un orfèvre, un magasin d'objets manufacturés en Europe, et surtout des cotonnades, etc., etc. Le grand marché, de construction provisoire, est très animé. Enfin sur le bord de l'eau s'alignent les grandes maisons de commerce chinoises, des entrepôts de riz, sucre, indigo, cire, soie, faïence, poterie, peaux de buffles, de bœufs, de serpents, de tigres, d'oiseaux, poisson sec, coton, arachides, etc., etc. A l'entrée sont des balances romaines de toutes les dimensions, des ballots, de nombreux commis et des coolies ou portefaix.

L'arroyo (1) de Logom et divers canaux amènent les jonques au pied de ces magasins et leur permettent de circuler dans toute la ville. Les jonques annamites, les sampans, les ba-

(1) Arroyo est un mot espagnol qui veut dire rivière, en Annamite rach.

teaux de pêche, les jonques cambodgiennes se pressent dans ces canaux. Celles-ci ressemblent à de longues galeries flottantes, carrées, en bois garni de bambous, à l'extérieur. D'autres bateaux sont des viviers où les Annamites renferment le poisson qu'ils portent vivant au marché.

L'arroyo chinois, qui fut canalisé en 1820, est une grande artère qui relie Cholen à la rivière de Saïgon d'une part, et de l'autre au fleuve du Cambodge à Mitho. Cet arroyo, où l'on entendra bientôt le sifflet des chalands à vapeur, a des ramifications dans tout le pays. Grâce à ces routes qui marchent, la prospérité de cette ville ne pourra qu'augmenter, et puis l'activité, les ressources pécuniaires des Chinois, les rapprochements qui existent entr'eux et les indigènes leur assurent presque exclusivement l'exploitation du pays, jusqu'à ce que les moyens supérieurs, les procédés perfectionnés, l'initiative et l'industrie des Européens ait donné à ceux-ci l'avantage sur les Chinois, qu'on a avec quelque raison surnommés les juifs de l'extrême Asie. Tout le monde reconnaît cependant que si le petit commerce chinois se livre à la fraude, les grandes maisons, les négociants sont d'une honorabilité éprouvée dans leurs engagements, même sur parole.

Cholen est l'entrepôt de la Cochinchine, du Tongking et du Cambodge. C'est de là que s'expédient les marchandises et les denrées pour Singapore, Hong-Kong, Batavia, Bangkok. Rien n'est plus animé que le paysage dont on jouit du haut du pont du Jacaréo. L'affluence des jonques, des barques, des pirogues, dans le fond le rideau de verdure qui fait face au poste de Cay-mai, les quais où l'on voit se presser, s'agiter les coolies, les commis des magasins, les petits marchands, tout cela forme un ensemble fort intéressant et qui ferait réfléchir ceux qui doutent de l'avenir de la Cochinchine. Les bons résultats des écoles françaises, fondées par l'amiral La Grandière, ont été si vite reconnus et si bien appréciés par les indigènes, que non contents d'envoyer un nombre considérable d'enfants dans ces écoles, des Chinois, notables et adultes ont voulu eux-mêmes apprendre, sinon la langue française, du moins la transformation de l'écriture chinoise en caractères européens.

La principale école est dirigée par les Frères de la Doctrine chrétienne.

Il y a à Cholen huit congrégations chinoises. Les chefs de ces corporations sont responsables de leurs membres ; ces associations procurent à ceux qui en font partie de grands avantages pour leur établissement dans ce pays et pour leurs relations avec la Chine.

La première émigration chinoise qui descendit vers la fin du xviie siècle dans l'ouest de la Cochinchine était Cantonnaise et s'établit partie à Bienhoa, partie à Mitho, provinces cambodgiennes à cette époque. Cette émigration fut suivie de plusieurs autres, venant du Fokien et autres provinces chinoises. La supériorité de leur civilisation et de leur commerce, leur esprit d'association, plus tard leur communauté de religion, d'usages, d'écriture, avec les Annamites conquérants, leur donnèrent un grand pied dans le pays. Par suite de la guerre entre les rebelles Tay-son et le roi d'Annam Gia-long, ils quittèrent leurs premiers établissements et vinrent s'installer à Cholen vers 1778. Quoiqu'en 1782 le chef des tayson en ait massacré plus de 10,000 et pillé leurs maisons de commerce, malgré neuf mois d'une affreuse disette en 1802, malgré la défense d'exportation des produits du pays, la persévérance des Chinois surmonta tous les obstacles, et dès 1830 Cholen était déjà un marché très important, que les Chinois avaient nommé Taï-ngon, et les Annamites Saï-gon.

La ville chinoise n'est plus désignée aujourd'hui que par le nom annamite de Cholen, marché grand (cho-lon).

A un quart-d'heure de Cholen, sur la route de Mitho, est le poste de Cay-mai. Une allée d'acacias nous conduit au pied d'une montagne artificielle, dans une situation délicieuse; un petit ruisseau coule au bas d'un escalier de pierres. Trois arceaux, dont l'un est plein, forment l'entrée du fort, et l'on trouve au sommet du monticule une pagode octogonale à un clocheton, auprès de laquelle on voit un palmier à sucre et surtout le Cay-mai, sorte de prunier rhéédia, arbre à fleurs odoriférantes, auquel il était autrefois défendu de toucher sous peine de mort. Ces fleurs étaient offertes à l'empereur et servaient à parfumer son thé.

Des bonzes gardaient la pagode et l'arbre sacré. Ce lieu était le but de nombreux pèlerinages. Le grand mandarin annamite, gouverneur de la province de Saïgon et auteur du

Gia-dinh thong-chi nous en donne une charmante description. C'est un modèle de poésie annamite.

« Cette colline, dit-il, s'élève comme une
« sorte de pic. Elle est plantée de nombreux
« pruniers du sud (Cay-mai) dont les anciens
« troncs croissent obliquement. Ces arbres sont
« en fleurs pendant l'hiver. Leurs feuilles ré-
« pandent une odeur aromatique. Leurs fleurs
« sont en communication avec les esprits de
« l'air, qui les font éclore. Il n'est pas possible
« d'es « sayer de transplanter ces arbres autre
« part.

« Au sommet de la colline est située la pa-
« gode d'Anton. C'est là qu'au milieu de la
« nuit se chantent les prières (de Boudha),
« écrites sur les feuilles d'arbres. La cloche
« résonne, et sa voix s'élève comme une fumée
« jusque parmi les nuages. Une eau claire et
« limpide entoure la colline, et de légères bar-
« ques vont y cueillir la fleur du nénuphar.

« Les jeunes filles préparent le riz pour les
« bonzes, et le soir elles vont l'offrir à la pa-
« gode. Aux époques de grande fête, on voit les
« bacheliers et les docteurs gravir les dix mar-
« ches du temple, la coupe d'une main, la boîte

« à bétel de l'autre; ils entonnent alors des
« chants poétiques, et assis sur le sommet de
« la colline, ayant ses fleurs à leurs pieds, leur
« poésie va se perdre comme un encens, pen-
« dant qu'ils éprouvent une véritable joie à la
« vue d'un si beau site.

« Cette pagode est établie sur les fondations
« anciennes d'une pagode cambodgienne. En
« 1846 les bonzes relevèrent cette pagode de
« ses ruines et la restaurèrent complétement.
« Ils trouvèrent, en creusant, une très grande
« quantité de briques et de tuiles antiques. Ils
« découvrirent également deux feuilles d'or
« longues de plus d'un pouce et du poids de
« trois sapèques. Sur ces feuilles était gravée
« l'image de Boudha, assis sur un éléphant.
« Ces feuilles provenaient sans doute de l'an-
« cienne pagode cambodgienne. »

De ce point, la vue s'étend sur les rizières
qui bordent l'arroyo-commercial, sur la plaine
des tombeaux, les lignes de Ki-hoa, les champs
et les bois du Go-Vap et jusqu'à la montagne
de Tay-Ninh, à une trentaine de lieues de distance. Cay-mai est un ancien fort cambodgien,
et à l'époque de l'arrivée des Français, les Annamites l'occupaient avec un renfort de Cam-

bodgiens des basses provinces. Ceux-ci refusèrent l'obéissance aux chefs choisis par les Cochinchinois, et désertèrent.

Nous revenons de Cholen par la route qui longe l'arroyo-chinois. Sur le bord de l'eau est un puits appelé puits de l'Évêque-d'Adran, qui donne la meilleure eau de toute la Cochinchine et d'où l'on approvisionne par bateau Saïgon et les environs jusqu'à Go-Cong. Nous voyons sur notre chemin le village de Choquan, l'hôpital fondé pour les indigènes, qui renferme aussi le dispensaire. Les maladies contagieuses, les plaies, la gale, les affections cutanées sont fort nombreuses parmi la population cochinchinoise, et sont plus redoutables que partout ailleurs. Aussi cet hôpital est-il un grand bienfait pour les Annamites. Nous voyageons constamment entre deux rangées de cases. La route est coupée de plusieurs ponts, d'où l'on jouit du coup d'œil pittoresque de l'arroyo-chinois, sillonné au moment des marées par une foule de jonques, de barques, de pirogues montées par des Chinois et des Annamites.

Au moment de la récolte du riz, vers la fin de janvier, on voit jusqu'à 400 jonques de mer, mouillées sur deux lignes parallèles en aval de l'arroyo et attendant là leur chargement de riz pour les provinces de la Haute-Cochinchine. Nous rentrons à Saïgon par le magnifique quai de l'arroyo-chinois; c'est le quartier du commerce Saïgonais, et c'est en même temps une belle promenade.

XXXII

Empire d'Annam. — Provinces françaises. — Vinh-long. — Chaudoc. — Sadec. — Hatien. — Frontières. — Population. — Revenu colonial. — Moussons et saisons. — Température et climat. — Mauvaise saison. — Lieux de convalescence. — Acclimatement. — Installation. — Habitations. — Insectes et animaux nuisibles. — Conservation du linge et des vêtements. — Inconvénient des fourmis. — Mode de couchage. — Moustiques et moustiquaires. — Bourbouilles et autres affections cutanées. — Blanchissage. — Chaussures. — Précautions contre les insolations. — Promenades à cheval. — Coiffures. — Saison des pluies. — Instruments de musique. — Le dessin. — Photographie. — Distractions. — Écueils de la vie coloniale. — Heures des affaires, des bureaux et des visites. — Courrier de France. — Séjour des Européens aux colonies.

L'empire d'Annam (comprenant la moyenne et la haute Cochinchine et le Tongquin), contient de 15 à 20,000,000 d'habitants. L'empereur réside à Hué, en Haute-Cochinchine. On compte 507,000 chrétiens en Annam, mais nos provinces en possèdent le plus grand nombre.

Les possessions françaises cochinchinoises se composent de six provinces : 1° de Saïgon (ancien Gia-dinh); 2° de Bienhoa (ancien Dongnai); 3° de Mitho (ancien Dinh-tuong); 4° de Vinh-long (ou Long-ho); 5° de Chaudoc (ancien Angiang) ; et 6° d'Hatien (appelé aussi Cancao sur les cartes anciennes).

Ces provinces portaient des noms différents lorsqu'elles appartenaient au royaume de Cambodge.

Les trois premières ont été occupées : Saïgon le 17 février 1859, par l'amiral Rigault de Genouilly; Mitho le 12 avril 1861, par l'amiral Page; Bienhoa le 9 décembre 1861 ; et Vinh-long le 22 mars 1862 par l'amiral Bonard. Cette province avait été rendue aux Annamites le 24 mai 1863, par suite du traité conclu à Saïgon le 5 juin 1862. L'amiral de la Grandière la reprit sans coup férir et l'occupa définitivement le 20 juin 1867, ainsi que les deux autres provinces de l'Ouest : Chaudoc le 22 juin et Hatien le 24 juin. Elles furent toutes les trois réunies au territoire de l'empire français, le 15 août 1867, et comprennent ensemble environ 1,000,000 d'habitants, Annamites, Cambodgiens, Chinois, Malais.

Vinh-long est à 25 milles de Mitho. Chaudoc, sur le Bassac, à 60 milles de Mitho, est une ville peuplée de 4,000 Chinois, de 6,000 Minhhuongs (métis de Chinois et d'Annamite), de 20,000 Annamites, de Malais et de Cambodgiens. Sadec, à 12 milles de Vinh-long, et Cholong-Xuyen, sur le fleuve de Chaudoc, sont des marchés chinois fort importants. Hatien est à 60 milles de Chaudoc ; sa position dans le golfe de Siam favorise le commerce avec ce royaume. Enfin ces provinces sont riches en ressources commerciales de toutes sortes, en riz, coton, canne à sucre, indigo, maïs, huile de coco, arachides, tabac, poivre, etc. Chacune d'elles est divisée en trois arrondissements ou inspections administratives.

Les six provinces formant la Cochinchine française ont pour limites, au sud la mer de Chine et le golfe de Siam, le Cambodge au nord et à l'ouest, et le royaume d'Annam à l'est. Elles constituent un territoire d'une superficie de 56,000 kilomètres carrés ; c'est-à-dire grand comme neuf départements français, bien défini dans ses frontières naturelles, embrassant le magnifique delta du Cambodge, dominant le golfe de Siam, et placé dans de faciles conditions de défense. Un traité ultérieur réglera définitivement la position et les relations de ce bel établissement, par rapport à la cour de Hué.

La population des six provinces françaises était en 1867 de 1,204,287 habitants, sans compter l'effectif du corps expéditionnaire (marins, militaires et civils), qui est de 10,000 hommes. Les résidents européens sont au nombre de 585, chiffre qui fait contraste avec celui de la population indigène, s'élevant à 1,183,913, et celui des Chinois, qui est de 18,965.

Les dépenses intérieures de la colonie se soldent en équilibre avec son revenu, son propre budget, qui s'élève pour 1868 à 8,660,600 fr.

La Basse-Cochinchine nous appartient depuis le 5 juin 1862. Or, n'est-il pas bien remarquable de voir un pays acquérir en si peu d'années et malgré les troubles passagers inséparables d'un changement de pouvoir, une si grande vitalité financière ? Et, en effet, la Cochinchine se suffit à elle-même, elle paie de ses deniers non-seulement le personnel et le matériel de tous les services coloniaux, mais encore ses nouvelles constructions : routes, ponts, canaux, casernes, tribunaux etc., et les bâtiments à vapeur chargés de la police de ses fleuves et rivières. Il ne reste donc aujourd'hui à la charge de la métropole que l'entretien des troupes d'infanterie de marine et des grands navires de guerre destinés à la surveillance du littoral, à la destruction de la piraterie, aux missions politiques, aux convois d'approvisionnements et de convalescents. Ne faudrait-il pas aussi bien couvrir ces dépenses si ces troupes étaient casernées dans nos cinq ports et ces bâtiments relégués dans nos bassins pour y pourrir inutilement. La perte du matériel ne dépasserait-elle pas les frais d'armement et d'activité? L'on sait d'ailleurs que par raison d'économie, leur état de vétusté est un titre pour que ces bâtiments servent en Cochinchine.

Les dépenses soldées par la métropole sont d'une douzaine de millions. Qu'est-ce que cette somme en face du résultat obtenu dès le début de l'occupation? Chaque année la colonie apprend à se passer de la mère-patrie et les administrateurs les plus compétents affirment que dans dix ans le revenu public de la Cochinchine française sera de 30,000,000 de francs. Voilà une perspective bien encourageante et bien faite pour éclairer et entraîner l'opinion en France.

La Basse-Cochinchine est un pays plat. Comme au Bengale et au Siam, il n'y a que deux saisons : la saison des pluies, pendant la mousson de S.-O., qui règne de la fin d'avril à la fin d'octobre, et la saison sèche, pendant la mousson de N.-E., qui règne du mois de novembre au commencement d'avril.

A l'époque des changements de mousson et avant leur établissement, c'est-à-dire en octobre et en avril, le vent est variable.

On voit que dans le cours de l'année il fait tout le tour du compas.

La Basse-Cochinchine est baignée au sud par la mer ; à l'est, une chaîne de montagnes courant du sud au nord, intercepte les nuages qui viennent de la mer et amènent les pluies pendant la mousson du S.-O. Pendant la mousson de N.-E., brise qui souffle de terre, la sécheresse est constante. On conçoit que le contraire a lieu à Hué, dans la Haute-Cochinchine, où les vents de N.-E. venant de la mer, amènent les nuages de pluie qui sont arrêtés par la même chaîne de montagnes. La température de l'année la plus basse à Saïgon est celle du mois de décembre, où le thermomètre descend jusqu'à 19 degrés le matin. La moyenne dans le jour est de 27 degrés, à l'ombre.

La Basse-Cochinchine est un des pays intertropicaux les moins malsains; mais comme l'atmosphère est chaude, humide et fréquemment saturée d'électricité, le climat énerve et affaiblit très vite. La mortalité en 1865 et 1866 a été de 4,42 pour 100, ce qui démontre péremptoirement combien ce climat est préférable pour la santé des Européens à celui du Sénégal, de la Martinique, de la Guadeloupe, de Mayotte et de la Guyane.

Les mois les plus pénibles à passer pour les Européens sont mars, avril et mai; c'est l'intervalle de la saison sèche à la saison des pluies. La température est de 33 à 35 degrés pendant le jour, 28 à 30 pendant la nuit. L'air est étouffant, il tonne sans pleuvoir; on est dans un état de transpiration continuelle et de surexcitation nerveuse qui ôte le sommeil et l'appétit. La force de végétation qui s'empare des plantes semble agir également sur le corps humain. Les bourbouilles et autres éruptions cutanées naissent et se développent en peu de jours.

Pendant la mousson de S.-O., favorable aux

navires venant d'Europe, le ciel est toujours nuageux. Les coups de soleil sont plus fréquents et plus terribles, soit parce que la lumière du soleil est réfléchie avec plus de force par les nuages, soit parce que le soleil disparaissant et reparaissant subitement, on prend moins de précautions pour l'éviter. Cette saison est marquée journellement par des bourrasques et des orages qui précèdent de fortes pluies. L'heure du grain retarde un peu chaque jour. Peut-être y a-t-il quelques relations à établir entre cette heure et celle de la marée montante.

Une fois les pluies établies, on ressent beaucoup moins le malaise indéfinissable des mois précédents et les bourbouilles disparaissent peu à peu.

Lorsqu'on est fatigué du climat de Saïgon, on peut aller passer quelques jours de convalescence, soit à Thudaumot, à 15 milles au-dessus de Saïgon, soit au cap Saint-Jacques sur le bord de la mer, où l'air est très pur et très vif. On se rend de Saïgon à Thudaumot en une marée par barque et en deux heures en bateau à vapeur. L'air y est plus doux qu'au cap Saint-Jacques, plus pur et plus frais qu'à Saïgon. Ce site a été décrit par M. le capitaine de Grammont.

L'acclimatement des Européens n'est jamais complet, même lorsqu'on a subi depuis longtemps la transition climatérique; mais avec des précautions hygiéniques le corps se soumet peu à peu aux nouvelles influences dans lesquelles il est placé : « Changer de climat, dit Michel Lévy, c'est naître à une vie nouvelle. » Une bonne installation d'intérieur, des habitudes régulières et quelques soins particuliers sont donc les principales conditions d'existence sous ces latitudes. Il est bon d'entrer à ce point de vue dans des détails que l'on n'apprend qu'à la longue. En les connaissant, on en tire immédiatement profit et l'on évite les embarras dans lesquels on peut tomber en débarquant dans un pays nouveau : *in parvis utilitas*, les plus petites choses ont leur utilité.

Il est assez difficile de trouver un logement et des meubles à Saïgon. Le mobilier s'achète fort cher dans les magasins et manque de solidité. On peut quelquefois s'en procurer dans les ventes aux enchères. Les lits, canapés et chaises à fond en crin ou rotin, recouverts d'une natte ou de cuir, sont les meilleurs et coûtent le moins cher. Les meubles dont les pièces ne sont fixées qu'à la colle forte n'ont aucune durée en ce pays humide. Les loyers sont élevés ; un garçon ne peut guère se loger à moins de 75 francs par mois, et une famille à moins de 150 à 200 francs. Généralement les maisons sont basses, humides et mal aérées. La cuisine et le logement des domestiques doivent toujours être séparés du corps d'habitation. Il est essentiel d'avoir un puits à sa portée. On achève en ce moment un hôtel meublé confortable sur le quai. Chaque jour s'élèvent de nouvelles maisons à étages avec vérandahs ou galeries qui abritent l'intérieur des ardeurs du soleil ou des pluies torrentielles. Les anciennes cases un peu écartées des centres d'habitation sont fréquemment visitées par des grenouilles, des anolies, petits lézards inoffensifs, appelés vulgairement margouillats, des gekkos ou tokkés, qui mangent les insectes, et par des animaux nuisibles tels que des rats, des cent-pieds, des scorpions et des couleuvres, qui font plus de peur que de mal ; mais les cent-pieds et les gros scorpions noirs sont très dangereux. Ils logent sous les pierres, dans les intervalles des briques ou des tuiles, dans les murailles ou la toiture. Le petit scorpion brun, qui se glisse dans les papiers, le linge, les chaussures, cause une piqûre dont on souffre pendant un jour ou deux. Il y a peu de serpents à crochets, ou du moins nous n'avons jamais entendu dire qu'une morsure de serpent ait causé la mort, et cependant les Annamites vont pieds nus dans les bois et sur les routes. Un grand inconvénient, ce sont les tiques, sorte de poux gris qui pullulent sur les chiens, envahissent les murailles et s'attachent même à l'homme. Ces parasites sont aussi très répandus au Brésil. Mme Ida Pfeiffer dit qu'après les avoir arrachés de la peau il faut mettre sur la plaie un peu de tabac à priser. En Cochinchine, on conseille l'huile de Cade; l'eau pétrolée est aussi très salutaire.

Il est bon en arrivant de faire visiter tous les effets d'habillement et le linge; car à bord les cancrelats s'y introduisent facilement et y déposent leurs œufs. On enferme ensuite ces effets dans des armoires isolées des murailles et du sol ou bien dans des malles en camphrier, l'odeur forte de ce bois suffisant presque toujours à garantir des cancrelats, des fourmis blanches, des poux de bois. Ces derniers insectes sortent de terre, se construisent des conduits par lesquels ils s'introduisent dans le linge, les livres, les chaussures même qu'ils rongent, percent et dévorent. Rien n'est à l'abri de leurs atteintes et de leurs ravages. Les terrains boisés et élevés sont surtout infectés de ces insectes, et l'on voit dans les campagnes de gros tertres en terre durcie au soleil qui sont des nids de fourmis blanches. Pour éviter ces inconvénients, le linge, les livres, les meubles doivent être souvent déplacés et visités. Les chaussures que l'on ne porte pas doivent être frottées ou cirées fréquemment pour empêcher l'effet de la sécheresse ou de l'humidité.

Les grosses fourmis rouges, les fourmis noires, grosses, moyennes et petites, sont aussi le fléau des maisons. Les tables doivent être garanties de l'invasion des insectes, ainsi que les armoires et les lits, en en faisant plonger le pied dans une petite jatte en fer, contenant de l'eau ou une solution acide quelconque, souvent renouvelée, autrement l'eau se corrompt vite et répand une odeur désagréable. En outre la poussière qui s'accumule à la surface, sert de pont aux hardies aventurières.

Les lits les plus convenables sont de grands lits en fer avec montants pour moustiquaire. Les moustiques abondent en Cochinchine. Leur piqûre est insupportable ; elle peut causer des plaies ou la fièvre par suite d'insomnie. Les Anglais emploient pour adoucir les piqûres de moustiques de l'eau de tamarin ou du jus de citron et du sel. On s'habitue vite à coucher à la dure sur un simple matelas de feuilles de maïs ou plutôt coton et crin, avec un oreiller du même genre et une grande couverture de laine. Le drap de lit ne suffit pas pour garantir de l'humidité des nuits, du froid du matin et des variations de température particulières aux deux saisons. On supporte difficilement dans le principe le poids et la chaleur d'une couverture ; mais l'on s'y accoutume peu à peu au point de ne plus pouvoir s'en passer. C'est là, d'après l'expérience et l'avis de bien des personnes, une garantie de santé. La ceinture de flanelle est indispensable jour et nuit dans les premiers temps du séjour. Le ventre est le quartier général qu'il faut tout spécialement préserver des influences du climat.

On se déshabitue peu à peu de la flanelle, si l'on n'en faisait pas déjà usage antérieurement. La chemise de flanelle a, il est vrai, bien des avantages ; mais elle devient insupportable lorsqu'on a des bourbouilles *(lichen tropicus),* éruptions cutanées dues à la transpiration, se montrant aux aines, aux aisselles, au cou et causant de pénibles demangeaisons. Il faut bien se garder de se gratter, ce qui met la peau au vif. Les bains froids de peu de durée, ou plutôt les douches froides sont le meilleur calmant. Les bains de mer ne paraissent pas nuisibles.

La transpiration et le frottement produisent encore des herpès, affection plus gênante que dangereuse. Au bout de quelque temps les tissus se dilatent, les chaussures apportées d'Europe ne peuvent plus se porter, les bagues serrent les doigts, les vêtements deviennent trop étroits. Le jour, les vêtements blancs, amples et épais sont les meilleurs. Le soir, les vêtements de flanelle de couleur sombre garantissent de l'humidité abondante.

La toile peut convenir pour les pantalons ; mais les chemises en toile, en fil d'ananas, en soie écrue, sont trop fraîches et ne sèchent pas

sur le corps ; celles de coton sont préférables.
Le blanchissage et le repassage se font à Saïgon
par des Chinois et quelquefois par des Indiens.
On paie 3 piastres (16 francs 65 centimes) les
100 pièces, quelles que soit leurs dimensions.
Il est bon que les devants, les cols et les poignets des chemises, soient simplement munis
de boutonnières dans lesquelles on passe à
volonté de doubles boutons en métal. Autrement on a toute la peine du monde à faire
recoudre les boutons cassés par les blanchisseurs, entre les mains desquels le linge se
détériore promptement. Il ne faut pas oublier
en partant d'avoir tout son linge marqué et
numéroté pour éviter des pertes au blanchissage.

Des colporteurs malabars, appelés dans
l'Inde Boras, viennent offrir dans les maisons
des ustensiles et objets de ménage, de sorte
qu'une dame trouve sans se déranger, dans
ces boutiques ambulantes, toutes les petites
choses (fil, aiguilles, etc.) dont on a besoin
chaque jour. Il y a aussi des Chinois qui vont
de maison en maison, déballant et exposant
des curiosités à vendre.

Les chaussures vernies et surtout les bottines, ne résistent pas à l'ardeur du soleil : le vernis se fendille, il se fond même ; le pied se gonfle et reste pris comme dans un étau brûlant. De là des ongles incarnés, c'est-à-dire croissant latéralement dans les chairs. Les bottines en drap ou toile ou coutil blanc ou gris, n'ont pas les inconvénients des chaussures noires. Le parasol couvert d'une toile blanche et le parapluie, sont des armes indispensables. Pour les hommes la coiffe blanche garantissant la nuque peut suffire, mais l'ombrelle est insuffisante pour les dames, lorsque le soleil, un peu avant son lever et son coucher, darde obliquement ses rayons. C'est l'heure où les insolations sur le cou et les oreilles sont à craindre. Les gants de fil d'Ecosse sont excellents pour préserver les mains de coups de soleil, en conduisant une voiture ou en montant à cheval. Les gants de soie sont préférables aux gants de peau.

La promenade à cheval étant une des plus agréables distractions dans ce pays, il est essentiel pour une dame d'apporter une robe ou un habit d'amazone et même une selle de dame. Quant aux autres vêtements, en laissant son adresse en partant et les modèles nécessaires, soit à son tailleur, soit à la modiste, on peut se faire envoyer de France tout ce dont on a besoin.

Le salaco est la coiffure le plus généralement adoptée à Saïgon. C'est le chapeau large et pointu en bambou des Tagals de Manille. Les chapeaux-casques en feutre, recouverts d'une toile blanche, sont excellents. Il est nécessaire que la coiffe ne prenne la tête que dans un cercle en cuir, afin que l'air puisse circuler librement à l'intérieur.

Dans la saison des pluies, une paire de grandes bottes est indispensable. Pendant cette saison on a chaque jour à redouter alternativement le soleil et la pluie. Les chemins sont mauvais ; les promenades sont fréquemment interrompues. On reste le plus souvent chez soi le soir ; l'existence est plus monotone et plus triste ; on souffre davantage du climat. Les pluies si bienfaisantes pour la terre, les rizières, les jardins, les plantes, amènent et entretiennent une humidité qui se répand partout. Elle attaque jusqu'aux instruments de musique, quels que soient les soins qu'on en ait pris. Les violons, violoncelles et autres instruments en bois se décollent. L'accord ne tient pas, les cordes cassent très fréquemment au diapason ordinaire. Les seuls pianos qui puissent servir sont les pianos boulonnés. On les place sur un plancher isolé du sol par des pieds en verre ou en porcelaine, et on les enveloppe de couvertures. Il est essentiel d'apporter une certaine quantité de cordes de rechange. Les dessinateurs trouvent de nombreuses occasions d'utiliser leurs crayons et les peintres leurs pinceaux. L'aquarelle qui s'exécute sur papier avec des couleurs broyées à l'eau et préparées au miel, n'a rien a redouter de la température tropicale. Les amateurs de photographie ont à lutter, dans les premiers temps, contre les mauvais effets du climat sur les produits chimiques; mais on finit par réussir et posséder de précieux clichés. Malgré la chaleur, la danse, les soirées théâtrales, la musique, sont des amusements dont on est avide. Le soir on entend tour à tour un chœur de matelots ou les sons d'un piano, les fantaisies d'un violoniste ou l'orgue d'un cabaret, l'accordéon d'un tagal ou le biniou breton.

Pour oublier les inconvénients du climat et fuir la paresse, l'ennui, le dégoût, il est nécessaire d'entretenir une activité d'esprit constante. La vue continuelle des mêmes visages, la répétition des mêmes habitudes, la mise en présence d'intérêts identiques ou divers, le frottement des mêmes caractères, dont les qualités sont injustement oubliées et les aspérités vivement ressenties, coups d'épingles qui se transforment en coups de poignards, telles sont les causes premières qui introduisent dans les esprits de la passion et de l'aigreur et rendent bientôt les rapports ordinaires de la vie intolérables. Une occupation continuelle est une sauvegarde contre ces tristes écueils. Les heures de bureau ou d'affaires sont à Saïgon, de 7 à 10 heures du matin et de 2 à 5 heures le soir. Ce sont les heures de visite contrairement aux usages de Hong-Kong où l'on travaille et où l'on reçoit des visites de 10 à 4 heures. On peut en dehors de ces heures se créer de petits travaux, soit de l'esprit, soit des mains, chacun selon ses goûts.

Il y a des âmes sensibles et faibles qui songent constamment à la France, à leur famille. Cette pensée les absorbe et les por à la mélancolie. On ne saurait croire avec quelle fébrile impatience est attendu le courrier qui apporte chaque mois les lettres de France qui

sont comme on l'a si bien dit, la santé morale d'une armée en campagne. « Les natures im-
« pressionnables et aimantes, dit le docteur
« Fonssagrives, trouvent dans leur éloigne-
« ment de la famille une source de tristesse,
« d'inquiétude et de découragement, qui s'ali-
« mente des lettres elles-mêmes, ponts fragiles
« jetés par dessus les mers entre le foyer do-
« mestique et la terre d'exil. » De là à la nostalgie il n'y a qu'un pas, et la maladie est incurable sur place :

> La douleur nous gagne,
> Il nous faut mourir
> Ou vers la montagne
> Il faut revenir.

« Qui peut, dit Vauban, entreprendre quelque chose de plus grand et de plus utile qu'une colonie? » Or, si l'on regarde comme un temps d'exil le séjour aux colonies, il est difficile de fournir son contingent à l'œuvre de colonisation. On n'a pas même la satisfaction de se dire en partant qu'on a travaillé au bien commun, qu'on a apporté sa pierre au nouvel édifice et qu'on laisse après soi quelque trace de l'intelligence et de l'activité européennes. Ceux donc qui se sont placés à ce point de vue général, qui se sont considérés comme membres de la grande communauté civilisatrice, qui ont fait ouvrir les yeux à l'indigène sur le progrès accompli dans son pays, qui lui ont fait comprendre ses véritables intérêts en devenant sujet français, ceux-là sont méritants. Leurs actes peuvent rester obscurs ; leur gloire et leur bonheur seront dans la prospérité de la colonie à laquelle ils auront consacré et sacrifié une partie de leur existence. Car, ainsi que le dit le docteur Forget : « Ce n'est jamais impunément que l'homme rompt par l'émigration ces rapports mystérieux qui lient son organisation aux conditions du climat sous lequel il est né. »

XXXIII

Aliments exotiques. — Cuisine française. — La popote. — Ration de vivres. — Dépenses de la table et accessoires. — Aptitude spéciale des Chinois. — Rafraîchissements. — Mauvaise eau. — La sieste. — Cary indien. — Légumes et fruits. — Éclairage. — Panka.

Comment vit-on à Saïgon ? Peut-être se figure-t-on que nous nous régalons tous les jours, comme le font quelquefois les riches Annamites, d'œufs couvés, de chrysalides de vers-à-soie, de bourgeons de bambous, de pieds d'éléphant desséchés, de côtelettes de chien, d'une brochette de rats, de lézards bouillis, de gigots de tigre, de roussettes rôties, de vers palmistes de Vinh-long, d'holothuries d'Hatien ou tripangs, bichons de mer, sangsues de mer, animal qui vidé et desséché fait les délices des Chinois. Nous avons goûté par hasard et par curiosité des œufs de tortues de mer, du rat palmiste, de la chair de caïman, du filet de tigre et de léopard, un cuissot de singe, des tiges de bambou, des graines de lotus grillées au soleil, de l'iguane, des nids de salanganes, gélatine blanche en longs filaments diaphanes agglutinés, que l'on vend 160 francs la livre et que l'on récolte tous les trois mois dans les rochers des îles de Siam et non sur les arbres des forêts, comme le disait dernièrement un journal. Si ces mets nous répugnent, c'est surtout parce qu'ils sont étranges et en dehors de nos goûts ordinaires. Les indigènes leur trouvent bien des charmes; mais les Européens ne sont pas tentés de les rechercher. Les sensuels fils du Céleste-Empire et les Cochinchinois leurs imitateurs gardent leurs opinions en cette matière, et le baron Brisse ne leur demandera pas droit de bourgeoisie.

L'auteur d'un voyage en Chine l'a dit avec raison : « Une mauvaise cuisine et un mauvais gîte laissent des souvenirs dans l'esprit le plus impartial. »

Ce sont des inconvénients qu'il faut chercher d'abord à éviter. Nous avons parlé du gîte, disons un mot de la cuisine. Notre alimentation est toute européenne, ou plutôt toute française. Il n'y a rien de changé dans le service de la table, si ce n'est qu'il y a comme accessoires obligés deux Chinois, le cuisinier et le maître d'hôtel.

Des restaurateurs tiennent table d'hôte et pension en ville ; mais la grande chaleur, les pluies, les avantages du chez-soi font que la plupart des Européens, établis à Saïgon, vivent chez eux ou plutôt se réunissent en popote, que l'on dirige soi-même à défaut d'une ménagère. C'est le lieu de citer ce que dit Charles Joliet à cette occasion :

« Généralement on est chef de popote un
« mois à tour de rôle, à moins que l'un des
« camarades, doué de connaissances distin-
« guées, n'accepte à perpétuité ces fonctions
« délicates.

« Le chef de popote donne ses ordres au
« cuisinier et veille à leur exécution. Son pou-
« voir est illimité. L'arbitraire est le code du
« chef de popote. Mangez ou ne mangez pas,
« mais ne proférez aucune plainte, ne hasar-
« dez aucune observation. C'est surtout en
« campagne qu'il faut des dictatures.

« Outre ces premières et indispensables
« conditions d'existence, le chef de popote
« doit se tenir à l'abri de toute surprise et ne

« pas se laisser prendre au dépourvu par la
« disette des vivres. Chaque fois qu'on séjourne
« dans une ville ou un endroit qui offre des
« ressources, il doit renouveler ses provisions :
« jambons fumés, saucissons, fromages, con-
« fitures (absinthe et eau-de-vie), et générale-
« ment tout ce qui est du domaine des con-
« serves alimentaires.

« Le vin est indispensable.

« Outre la question des vivres, au début
« de la campagne, le chef de popote doit pré-
« lever un impôt par cotisation, pour l'achat
« d'un matériel de campagne, service de table,
« de cuisine et accessoires. »

Les employés civils en Cochinchine peuvent toucher chaque jour une ration de vivres, délivrée par les soins du commissariat de la marine sur des bons de la Direction de l'Intérieur, moyennant remboursement. Dans les petites localités, on ne saurait se passer de la ration.

La dépense moyenne des gamelles ou popotes en dehors des rations est de 20 à 30 piastres (100 à 160 francs par mois).

Pour plus d'économie, il est bon d'acheter à la fois les provisions nécessaires pour un mois. Le salaire d'un bon cuisinier chinois est de 10 à 15 piastres par mois (de 55 à 78 fr.). Il a à sa solde un petit boy annamite qui le suit au marché et l'aide même à la cuisine. Le maître d'hôtel est payé 8 à 12 piastres (45 à 65 francs).

Il y a des cuisiniers annamites, tagals, indiens même ; mais le Chinois semble né pour cet emploi. Ses relations avec les Européens datent de plus loin ; il est plus habile que tout autre Asiatique dans l'art culinaire de l'Occident. Les Chinois ont encore cet avantage sur les Annamites, qu'ils sont très propres et font d'excellents maîtres d'hôtel, même sans connaître la langue des Européens qui les emploient. Un peu de sabir leur suffit amplement ; ils ont la routine du service. Ce sont des serviteurs sourds et muets, qui sur un signe voient ce que l'on désire et n'apportent aucune gêne aux conversations intimes de la table.

Le maître d'hôtel est chargé de l'office ; souvent il cumule les fonctions de valet de chambre.

Il est d'usage dans les visites d'offrir du vermouth, de l'absinthe ou autre rafraîchissement. Dans les commencements du séjour, la soif est insatiable, on sent le besoin de se désaltérer à tout instant. Il vaut mieux s'habituer à ne rien boire entre les repas. Il sera pénible d'abord de résister à ce désir, surtout pendant les heures de grande chaleur; mais bientôt on n'en sentira plus le besoin. Le liquide absorbé ne fait d'ailleurs qu'augmenter la transpiration. Il est dangereux de boire de l'eau pure. Un peu de vin et d'eau, ou si l'on a très chaud et très soif, une tasse de thé froid sucré ou de thé chaud sans sucre, sont d'excellents rafraîchissements. La glace est d'un usage agréable mais nuisible, et devient un besoin très difficile à satisfaire, car on peut rarement s'en procurer à Saïgon.

Dans les localités où l'eau est mauvaise et saumâtre, on emploie pour la rendre potable la méthode indigène, qui consiste à jeter une cuillerée d'alun dans une jarre contenant une centaine de litres d'eau puisée à marée basse et à agiter avec un petit bâton. L'alun décompose les sels en dissolution dans l'eau. Celle-ci se clarifie en peu de temps et il se forme un précipité vaseux et abondant. On décante et on laisse reposer. On vend de l'alun sur tous les marchés annamites. Il est préférable de filtrer l'eau. On la transvase ensuite dans des gargoulettes ou alcarazas qui la conservent très fraîche. Les meilleures gargoulettes viennent du Caire et de Suez, où il est bon de s'en munir en passant. Il y a à Saïgon des puits donnant de bonne eau. La meilleure est celle qui vient par bateaux du puits de la ville chinoise. La réputation de ce puits, qui fournit à un grand nombre de localités, s'étend fort loin dans nos provinces.

La digestion devenant au bout d'un certain temps lente et difficile, un appareil à eau de seltz est fort utile. Après le repas du matin, on se livre généralement aux douceurs de la sieste. Si elle est courte, elle facilite la digestion et la transpiration, et n'alourdit pas comme le ferait un sommeil prolongé.

Comme dans tous les pays chauds, le cary indien est un mets qui paraît très fréquemment sur les tables annamitico-européennes. Relevé par des condiments excitants, adouci avec l'eau d'une noix de coco, coloré avec la racine de curcuma ou safran indien, accommodé au poulet ou aux crevettes, c'est un excellent assaisonnement que l'on sert avec un gâteau de riz cuit à la façon annamite, c'est-à-dire dans la vapeur d'eau et d'une éclatante blancheur.

Les pommes de terre nous viennent de Chine. Dans la mousson de S.-O., défavorable aux bâtiments venant de Chine, elles valent jusqu'à 18 piastres le picul, c'est-à-dire plus de 1 fr. 60 le kilogramme. Dans la saison N.-E., au contraire, le picul (60 kilogrammes) descend jusqu'à 2 piastres (11 fr. 10 c.). Il est difficile de les garder dans la saison des pluies sans les laisser germer, tant l'humidité et la chaleur sont grandes. On y substitue la patate douce, que l'on cultive partout en Cochinchine.

Les fruits des climats tempérés sont remplacés, selon les saisons, par des produits dont on apprécie au bout de quelque temps les différents mérites.

Il y a des oranges variées, des pastèques ou melons d'eau, des pommes cannelles, une infinité d'espèces de bananes, ce fruit que mangent les enfants à la mamelle, des papayes dont les graines sont, dit-on, bonnes contre les vers, des carambolos, couleur d'or et au goût acide, des jamboises semblables aux pommes de pigeon, des goyaves, des ananas. La plupart de ces fruits font d'excellentes compotes ou des confitures. La répugnance causée par l'odeur de thérébentine de la mangue n'est que passagère. C'est un fruit succulent, très recherché, ainsi que le maugoustan, fruit rond de la grosseur d'une petite orange, enveloppé d'une écorce noire. On la coupe horizontalement, on enlève la partie supérieure, comme un chapeau, et l'on découvre la chair blanche du fruit entourée d'une épaisse bordure rouge. Ce fruit, aussi agréable au goût qu'à la vue, est inoffensif. Il possède deux avantages rarement unis : la beauté et la bonté. Son écorce sert à faire des infusions de tannin.

L'ate ou corosol vient dans la province de Mitho, et surtout dans celle de Vinh-long. C'est un gros fruit, dont la pulpe blanche a l'odeur et le goût de la groseille à cassis. Le tamarin est un fruit rafraîchissant, mais dont l'acidité abîme les dents.

Les graines de lotus rose du Nil, exposées à la chaleur du soleil, rappellent la châtaigne.

Des vignes sauvages produisent de beau raisin noir, dont le goût est aigre ; on en fait de mauvais vin et de l'eau-de-vie potable. Ces vignes se dépouillent de toute verdure tous les ans pendant la saison sèche, mais aux pluies les racines donnent de nouveaux rejetons.

On trouve en tout temps à Saïgon des légumes frais : salades, radis, choux, navets, tomates, aubergines, etc., dont les paquebots à leur passage s'empressent de faire provision. Enfin les jardins annamites abondent en fruits et productions qu'on a le tort de dédaigner et de rejeter après une première épreuve.

Quant à l'éclairage de la table, on brûle quelquefois de l'huile d'arachide et plus généralement de l'huile de coco, qui coûte environ 1 franc le litre. Les marchands d'huile en apportent à domicile.

Il est bon d'acheter en partant de France une ou deux lampes solides et bien conditionnées, munies d'un vaste globe qui les protège contre les courants d'air et les insectes; mais il ne faut par abandonner aux domestiques indigènes le soin de les entretenir.

Beaucoup de tables s'éclairent à la bougie. Les flambeaux sont garnis d'un globe en verre sur lequel on place un disque métallique percé de trous. La flamme est ainsi abritée contre le vent et les insectes. Presque toutes les salles à manger sont en effet disposées de façon à laisser pénétrer l'air de tous côtés. En outre, un panka, léger cadre en bois recouvert d'une mince étoffe blanche, suspendu verticalement au-dessus de la table et mis en mouvement au moyen d'une longue corde, est destiné à rafraîchir l'appartement.

Enfin, dans la saison des pluies, de nombreux insectes viennent s'abattre sur la table et les lumières. Les plus fréquents de ces importuns visiteurs sont de petites mouches, des grillons, des punaises, qu'il faut bien se garder d'écraser à cause de leur infecte odeur, des phalènes et des éphémères ou fourmis blanches ayant opéré leur métamorphose.

Si nous nous sommes longuement arrêté sur ce chapitre, ce n'est point par amour de l'art ou par penchant pour la *cuisinière bourgeoise;* mais parce que la table, qui peut n'être ailleurs qu'une condition première de l'existence physique, exerce encore une grande et bienfaisante influence sur le moral. Vivre isolé et manger seul ne sont pas les moyens d'entretenir la bonne disposition du corps et de l'esprit. Les repas sont un motif de réunion, une occasion de se distraire par les plaisirs de la conversation, la variété des caractères et des idées, et la gaieté des menus propos. Alexandre-le-

Grand disait qu'il restait longtemps à table, moins par amour de la bonne chère que par le charme qu'il y trouvait dans les entretiens de ses amis.

XXXIV

Relations avec l'Europe et avec les puissances voisines. — Courriers d'Europe et de Chine. — Relations avec Hong-Kong, Macao, Canton. — Relations avec Manille. — Relations avec Batavia. — Relations avec Hué. — Voyage de l'amiral Bonard et du plénipotentiaire espagnol à Hué. — Relations avec les provinces annamites. — Relations avec le Siam. — Relations avec Singapore. — Relations télégraphiques avec l'Europe par le Siam et les Indes.

Un paquebot des Messageries impériales apporte chaque mois à Saïgon le courrier d'Europe. Il arrive du 23 au 26 et prend le courrier pour la Chine et le Japon. Un autre paquebot apporte le courrier de Chine et du Japon du 28 à la fin de chaque mois, et prend le courrier d'Europe. Ces paquebots stationnent un jour plein à Saïgon.

Un vapeur appartenant à une entreprise particulière, mais subventionné par la colonie, faisait mensuellement le voyage de Singapore. Il correspondait avec l'arrivée et le départ des paquebots anglais de la Compagnie péninsulaire qui partent chaque mois de Marseille le 12 et le 28 pour la Chine, passent à Singapore les 14 et 29 et quittent Singapore pour l'Europe les 8 et 22 de chaque mois. Actuellement, les lettres pour la malle anglaise sont expédiées de Saïgon par les navires du commerce et remises aux soins du consul de France à Singapore.

Les lettres expédiées de France en Cochinchine et réciproquement par paquebots français paient 50 centimes d'affranchissement ou 1 fr. de chargement. Les lettres des marins et militaires ne sont taxées qu'à 20 centimes.

Par paquebots anglais, l'affranchissement est de 70 centimes, et le chargement de 1 fr. 40.

Les lettres à destination d'Aden, Pointe-de-Galle, Poulo-Pinang, Singapore, Hong-Kong, sont affranchies à 80 centimes, et chargées au taux de 1 fr. 60 par paquebots français et anglais.

Pour se rendre de Saïgon à Bangkok, il faut aller prendre le paquebot à Singapore.

Les relations avec Hong-Kong sont très fréquentes. Le prix du voyage de Saïgon à Hong-Kong par les paquebots des Messageries impériales est de 715 francs, cabine à deux couchettes à l'arrière.

Les Chinois se rendent à Hong-Kong à très peu de frais, soit par des navires marchands, soit par les jonques chinoises. Celles-ci amènent, dans la mousson de N.-E., jusqu'à 500 immigrants à leur bord, et, dans la mousson de S.-O., elles s'en retournent en Chine en suivant le littoral.

Il y a de Saïgon à Hong-Kong 915 milles, à peu près la même distance que de Saïgon à Manille (1). Hong-Kong est une île montagneuse de la rivière des Perles ; elle fut cédée à l'Angleterre en 1841.

C'était, comme Haïnan, une île de pêcheurs et de pirates. Aujourd'hui il y a plus de 70,000 Chinois et 10,000 Européens. Ceux-ci sont groupés dans le quartier Victoria.

C'est là que réside le gouverneur sir James Macdonnell. Hong-Kong est à 95 milles anglais de Canton et à 60 milles anglais de Macao. Un service de bateau à vapeur conduit en quatre heures de Hong-Kong à Macao, et de Hong-Kong à Whampoa, et de cette petite île en deux

---

(1) Le mille marin est de 1,852 mètres. Un mille anglais vaut 1,760 yards ou 1,604 mètres.

heures à Canton, qui est situé 12 milles plus loin. Il est fortement question de relier cette dernière ville à Hong-Kong par une ligne électrique. Nous avons un consul à Hong-Kong, M. H. Duchesne ; un consul à Canton, M. de Trenqualye, et un agent consulaire à Macao, M. Peter.

De Canton à Pékin il y a 757 lieues.

C'est à Hong-Kong que l'on prend le paquebot pour Manille, qui est à 908 milles de Saïgon. Nos relations avec la colonie espagnole sont à la fois politiques et commerciales. Les troupes tagales des Philippines, commandées par des officiers espagnols, nous ont aidés à conquérir et à pacifier la Basse-Cochinchine. Les navires espagnols fréquentent le port de Saïgon, où est accrédité un consul espagnol. La principale branche de commerce entre Manille et Saïgon est celle des cigares. Les habanos sont les plus recherchés et coûtent 75 francs le mille.

Manille jouit d'un climat salutaire aux tempéraments fatigués.

Pour se rendre à Batavia, c'est encore à Singapore qu'il faut aller s'embarquer sur les paquebots des Messageries impériales. La distance de Saïgon à Batavia par Singapore est de 1,187 milles. Nous recevons de Batavia, Samarang et Sourabaya, des épices, du café et du sucre raffiné.

Depuis le traité de 1862 avec le royaume d'Annam, aucun Français, militaire ou civil, n'a encore exploré la grande route impériale qui mène de Saïgon à Hué. La distance n'est cependant que de 500 kilomètres. La route est, dit-on, très praticable à cheval dans tout son parcours. Elle est moins bonne dans le Binh-thuan et la province de Phuyen qu'au-dessus de ce parcours. A pied on fait le chemin en quinze jours. Il y a des bacs sur les rivières. On rencontre de fréquents trams ou maisons de poste et caravansérails. Cette route est souvent parcourue par des mandarins annamites, qui se rendent dans les diverses provinces annamites, voisines de notre territoire.

L'amiral Bonard et le commandant des forces espagnoles, ministre plénipotentiaire de S. M. la reine d'Espagne, se sont rendus à Tourane en 1863, l'amiral sur la *Sémiramis*, le colonel Palanca sur la *Circé*, et de là à Hué par terre. Parti de Saïgon le 2 avril, l'amiral est arrivé à Tourane le 5 au matin. Le 6, l'amiral et le colonel appareillèrent de Tourane pour Tien-Chan et couchèrent à terre. Le 7, à sept heures du matin, ils se mirent en route pour les portes de fer ; ils y arrivèrent à huit heures un quart, puis à Thua-phuoc à dix heures et demie du matin. Le 8, ils repartirent à six heures du matin, arrivèrent à Lhua-lien à huit heures un quart, se reposèrent quatre heures et arrivèrent à Thua-hoa à deux heures trois quarts. Le 9, ils partirent à cinq heures et demie du matin et arrivèrent à onze heures un quart à Thua-nong. Le 10, départ à cinq heures du matin pour Hué, où ils arrivèrent à onze heures trois quarts du matin. Le 14 avril 1863, ratification du traité signé le 5 juin 1862 à Saïgon. Le 18, ils repartirent de Hué en jonque à huit heures et demie du soir, et le 19, à six heures du matin, ils étaient rendus à bord de la *Grenada* en rade de Hué.

Le gouvernement français n'a point d'agent résidant à Hué. Les commandants des bâtiments de guerre de la division navale de Saïgon sont le plus souvent chargés des missions pour la capitale.

Si nous remontons jusqu'en 1760, nous voyons que l'intendant Poivre, colonisateur éclairé, qui avait étudié la Cochinchine au point de vue agricole et commercial et qui savait la langue du pays, fut le premier agent français auprès du roi d'Annam. Il représentait la Compagnie des Indes orientales et fonda pour elle le comptoir de Fai-fo, près de Tourane. En 1787, l'évêque d'Adran fut le grand promoteur des intérêts français auprès de cette cour et l'instigateur du traité de Versailles. Louis XVI, géographe de génie, croyait avoir assuré la réussite de cette grande entreprise politique, commerciale et maritime, lorsqu'éclatèrent les événements de 1789.

Plus tard, Bonaparte, à l'âge où Alexandre commençait ses conquêtes, avait compris en Égypte que ces horizons étaient sans bornes. En s'arrêtant à regret aux portes de l'Asie : Le sort du monde, dit-il, est dans cette tour. Aujourd'hui, ce rêve est réalisé ; les fils des soldats de l'armée d'Égypte ont passé outre et ont planté leurs tentes en pleine région asiatique pour y établir définitivement la domination française.

Par le traité de 1862, nos possessions de Basse-Cochinchine sont reconnues ; l'article 4 nous a ouvert en même temps les ports de Balat, au Tongquin, de Tourane et de Quang-nam près de Hué. Quelques navires européens ont fait des échanges entre les ports de Chine et les ports de Qui-nhon, province de Binh-dinh, et Phanrye, province de Binh-thuan, sur la côte annamite. Ces navires, affrétés et chargés par des Chinois, résidant dans le royaume d'Annam, ne fréquentent ces ports annamites que lorsque le placement de leurs marchandises est assuré en échange d'une cargaison de retour. Lorsque les navires sont chargés pour le roi à l'aller et par le roi au retour, les mandarins étant les intermédiaires forcés entre le royal marchand et ses clients, il en résulte encore des difficultés et des contestations sans nombre. Les Européens, de leur côté, ne sont pas toujours d'une probité à toute épreuve et ne gardent pas les ménagements voulus.

La liberté religieuse pour les missionnaires et les chrétiens dans les provinces de la Haute-Cochinchine étant un fait acquis, il est à désirer que le commerce avec ces parages se propage et s'accroisse avec les mêmes facilités.

Avec le Siam, nos relations commerciales ont lieu par les ports d'Hatien et de Rach-Gia. La route par terre, qui va de Phnôm-pénh, capitale du Cambodge, à Bangkok, en passant par Battambang, n'a point encore été complètement explorée. Le traité de commerce et d'amitié du 15 août 1856, entre la France et le Siam, assure des avantages à notre commerce avec les ports siamois. En outre, un traité conclu à la fin de 1867 limite définitivement les frontières du Cambodge et du Siam.

Avec Singapore, les relations sont plus nombreuses encore qu'avec Hong-Kong ; cela tient à la position de Singapore sur la route d'Europe, à ce que c'est de là que partent les paquebots pour Batavia, Bangkok, etc., à ce que ce point n'est qu'à 637 milles de Saïgon, à ce que les paquebots anglais de la Compagnie péninsulaire touchent quatre fois par mois à Singapore, en route pour Chine, à l'aller et au retour ; à ce que cette ville, plus ancienne que Saïgon, est plus abondamment pourvue de toutes les marchandises d'Europe.

Singapore ne tardera pas à être reliée par le télégraphe avec le Siam, les Indes anglaises, le continent européen, l'Angleterre et l'Amérique. Les Anglais songent aussi à la mettre en communication télégraphique avec la Chine par le royaume d'Ava. Il est impossible que la Cochinchine française reste en dehors de ces grandes entreprises et privée des immenses avantages qui doivent en résulter. C'est pourquoi nous avons insisté, en les signalant précédemment, sur les divers projets qui tendent à faire de Hatien, de Saïgon et du cap Saint-Jacques, trois stations de la grande ligne électrique d'Europe en Chine.

XXXV

Voyages et transports par eau. — Voyages par terre. — Les trams. — Postes indigènes. — Maison commune. — Odeurs étrangères. — Voyages à cheval. — Voyage en chars à bœufs et à buffles. — Chasse au tigre. — Voyages de nuit. — Caïmans. — Poissons de combat. — L'éléphant. — Chasses.

En Cochinchine, les voies de communications les plus fréquentées sont les rivières et les arroyos. De grandes artères traversent le pays et se ramifient en tous sens et sur tous les points.

Pascal l'a dit avec autant d'esprit que de raison : « les fleuves sont des routes qui marchent, » ce qui a lieu dans les deux sens, à cause des marées qui se font sentir jusqu'à plus de 60 milles de Saïgon, c'est-à-dire à plus de 120 milles de l'embouchure. Tout le commerce du pays a ainsi de grandes facilités de transports. Les Annamites voyagent le plus souvent par eau. Pour naviguer rapidement dans certains petits arroyos qui communiquent avec de plus grands cours d'eau, il est bon de combiner le départ avec les heures de flot, à cause des dos d'âne formés par le flux et le reflux et qu'il est souvent difficile de passer à marée basse. Généralement les Européens ont des jonques installées avec des couchettes, des caissons pour les provisions, un roof sous lequel on s'abrite pendant la chaleur et sur lequel on prend le frais le soir. De petites canonnières partent de Saïgon à des époques déterminées et rapprochées pour les différents postes de la Cochinchine et du Cambodge, et le gouvernement a fixé un prix de passage pour les particuliers qui veulent se rendre d'un point à un autre par ces voies sûres et rapides. La grande chaleur, l'encombrement fréquent, la trépidation du bâtiment, le manque de couchage rendent ce moyen de transport très fatigant.

Avant notre occupation, de grandes routes reliaient déjà entr'eux les chefs-lieux des provinces. Ces routes étaient larges et bordées d'arbres, mais mal entretenues et impraticables pendant les pluies. Les ponts n'existaient pas ou étaient tombés en ruines. La plupart des points de la Cochinchine française ont été reliés entr'eux par des routes neuves, carrossables, bien entretenues, et qui ont été construites avec une grande activité ; de sorte que l'on circule en tout temps en voiture, à cheval ou à pied. Les mandarins annamites voyagent en litière ; mais ce mode de transport, fort usité en Chine, n'est guère employé dans nos possessions.

Un grand nombre de localités secondaires ne possèdent comme route que des talus ou remblais de la largeur d'un char à bœufs et non empierrés. Dans les endroits marécageux on donne au chemin une grande convexité ou l'on maintient le talus au moyen de pieux latéraux. On trouve sur les routes des restaurants en plein vent où l'on peut, si l'on n'est pas difficile, avaler un bol de thé. Les *trams* ou courriers voyagent à pied ou à cheval, et tous les 15 kilomètres environ on trouve une maison de tram ou relais de poste, sorte de caravansérail où le voyageur trouve l'eau et le feu et un sûr abri pour la nuit ; c'est en même temps un petit poste militaire. Dans les villages, la maison commune est transformée la nuit en corps-de-garde, et la sentinelle qui veille à la sûreté des habitants crie qui vive *(aï)* aux passants et prévient que la tranquillité règne ou qu'un danger est à craindre, en frappant d'une certaine façon deux morceaux de bois l'un contre l'autre, ou, comme à Java, sur un gros cylindre en bois creux, ou encore en battant le tam-tam.

C'est dans la maison commune, plutôt que chez le maire, que l'on descend généralement lorsqu'on voyage dans l'intérieur du pays. Dès que l'on approche d'un village, tous les chiens se mettent à hurler. Comme les chiens d'Alexandrie et les buffles cochinchinois, ils reconnaissent de loin, à l'odeur, les Européens. Ceux-ci trouvent de même une odeur étrange, non-seulement répandue dans les villes que l'on parcourt dans le voyage, mais même particulière aux diverses races que l'on rencontre : Indiens, Annamites, Chinois. On est surtout sensible à ces odeurs dans les premiers temps de séjour dans le pays.

Les Annamites regardant l'odeur du cheval comme nuisible aux vers-à-soie, un cavalier ne doit pas trop s'approcher des magnaneries. Le harnachement et surtout la selle annamites sont fort incommodes et ne peuvent servir aux Européens. Les Annamites ne mettent pas le pied dans l'étrier; comme ils montent pieds nus, ils passent une branche de l'étrier entre l'orteil et le second doigt et chevauchent ainsi.

Plusieurs rivières assez larges n'ont pas encore de pont; mais des bacs font le service des passagers et transportent les chevaux d'une rive à l'autre, moyennant une faible redevance pour les particuliers. Les chevaux annamites sont de petite taille et ressemblent aux poneys anglais, ils ont le pied sûr et résistent très bien à la fatigue; ils se vendent dans le pays de 25 à 40 piastres (150 à 200 francs). Le Binh-Thuan, province annamite voisine de Baria, fournit les meilleurs.

On voyage souvent en char à bœufs; ces chars sont fort étroits et on y est péniblement cahoté. Ils vont assez vite et font de six à huit kilomètres à l'heure. Les chars à buffles cochinchinois sont au contraire fort lents; on y est fort mal à l'aise, et on ne les emploie que pour traverser les endroits marécageux, d'où les petits bœufs d'attelage ne pourraient sortir.

Les roues de ces chars à buffles sont souvent sans rayons et faites d'une seule pièce de bois qui a jusqu'à 1 mètre 60 de diamètre. Elles tournent sur un essieu en bois dur non graissé en faisant entendre au loin un grincement aigu.

En voyage on rencontre souvent des troupeaux de buffles ; c'est un des animaux les plus gros et les plus utiles en Cochinchine. Sa couleur varie du blanc cendré au gris foncé. Sa tête est ornée d'une paire de longues cornes noires recourbées en croissant. Il traverse les champs, les marais ou les rivières, conduit par un seul Annamite, qui le guide de la voix ou au moyen d'un lien passé dans les naseaux. On voit quelquefois sur son dos des aigrettes blanches qui le débarrassent à leur profit des taons et des mouches. Le buffle sent de loin l'Européen ; à son approche il avance la tête, dresse les oreilles, souffle de toute la force de ses naseaux et prend l'attitude du combat. Il faut sinon l'éviter du moins s'en méfier.

Un brigand des forêts qui arrête quelquefois le voyageur et fait chaque année un grand nombre de victimes, c'est le tigre, lâche animal qui attaque toujours par derrière, saisit l'homme à la nuque, en suce le sang et dévore sa proie. On prend cette bête féroce de diverses manières, en creusant une fosse large au fond et étroite à l'orifice, pour que le tigre ne puisse en sortir en bondissant. La fosse est recouverte de feuillage; un chien est placé au-dessus de l'ouverture qu'on entoure d'une petite palissade, afin de faire remarquer le piége aux habitants du voisinage.

Lorsqu'on connaît le repaire du tigre, la chasse se fait avec des rabatteurs : on enferme la bête dans un grand cercle de hautes claies en bambous, de façon à lui fermer toute issue. Le cercle se rétrécit de plus en plus ; des indigènes, armés de lances et de fusils, sont à l'intérieur prêts à recevoir l'animal effrayé par les cris des rabatteurs et le bruit du gong. Enfin la manière la plus usitée de prendre le tigre consiste en un piége fait de deux rangées parallèles de pieux très forts formant entr'eux une allée libre; à chaque extrémité, une porte glissant dans une double rainure se lève en faisant trappe. La corde qui maintient chacune des portes soulevée aboutit au milieu du piége à un piquet, où l'on attache une proie, un chien ou une chèvre. Les cris de la victime attirent le ravisseur qui, voyant une issue à l'allée dans laquelle se trouve la proie, s'y hasarde, et, en saisissant l'animal, fait tomber en même temps les deux trappes. Au repos le tigre fait entendre un grognement analogue au ronflement du chat, mais beaucoup plus fort ; lorsqu'il chasse son cri est aigu et ressemble à un glapissement ; enfin lorsqu'il s'élance il pousse de terribles rugissements. Le gouvernement donne une prime de 100 francs pour tout tigre qu'on apporte vivant ou mort. Cette prime est, je crois, de 75 francs dans l'Inde. A Singapore, elle est de 50 piastres (près de 300 francs). Si l'on considère les frais nécessités par la construction du piége ou par la chasse, le transport du fauve à l'inspection des affaires indigènes, la valeur de l'animal (chien, chèvre ou cochon), servant d'appât, le nombre des gens déplacés et les dangers de l'entreprise, on comprendra qu'une prime de 100 francs n'est pas trop forte. La présence des tigres est signalée par des accidents fréquents dans le voisinage des villages, et le tribut humain, enlevé chaque année par ce terrible minotaure, s'élève, au dire des indigènes, à une centaine de victimes par province.

Nous avons vu un tigre et deux tigresses âgés d'un an pris jeunes, se laissant gratter la tête et tirer la barbe par les Européens et rugissant à la vue d'un indigène; mais les rudes caresses de leurs énormes pattes rendaient le jeu dangereux. L'un de ces animaux est au Jardin-des-Plantes à Paris.

Lorsqu'on voyage la nuit, on entend dans les brousses un concert de cris, de sifflements, de croassements de toute sorte ; la grenouille-bœuf, pendant les pluies, pousse son monotone mugissement ; les lucioles ou mouches phosphorescentes voltigent semblables à des étoiles filantes, et se rassemblent sur certains arbustes qu'elles affectionnent. En voyant paraître, disparaître, puis reparaître rapidement cette illumination, on est frappé de la simultanéité de l'émission de lumière, phénomène qui est peut-être dû à la respiration. La nuit on voyage avec des torches pour éloigner les bêtes féroces et éclairer la route. Ces torches sont faites avec du bois pourri, desséché et divisé, sur lequel on a versé de l'huile de bois. On pétrit le tout, on roule cette pâte en cylindres qu'on enveloppe d'écorce d'arbre ou de larges feuilles qui y adhèrent, et on lie le tout de distance en distance.

En voyageant par eau on rencontre quelquefois des caïmans. Pour le prendre, les Annamites épient le moment où il dort sur le rivage, lui sautent sur le dos, lui fourrent les doigts dans les yeux, lui passent un nœud coulant autour de la gueule et lui lient les pattes.

On voit sur le bord des arroyos des petits poissons qui ont des nageoires antérieures en forme de pattes, qui courent sur la vase ou sur l'eau et plongent à volonté ; ce sont, je crois, des blennies.

Les poissons de combat sont fort curieux ; ce sont de petits poissons de 4 à 5 centimètres de long, couleur brun foncé. On met dans le même vase deux mâles ; leurs évolutions commencent, leurs nageoires se développent, leur corps se revêt des plus brillantes couleurs, et l'on assiste à un combat à outrance fort intéressant.

Les bains dans certains arroyos sont dangereux, à cause d'une espèce de diodon qui s'attaque aux extrémités du corps.

Au large, en mer, il y a à craindre les cétacés, les scorpènes hérissés de piquants venimeux, les chirocentres, semblables à l'espadon, les requins, etc.

Il y a des chacals à Tay-ninh, quoiqu'on ait

dit qu'on n'en trouvait nulle part en Cochinchine.

L'éléphant existe en Cochinchine, dans les cercles de Bienhoa et Baria, à l'état sauvage. Ce puissant Don Quichotte asiatique se bat contre les poteaux télégraphiques, les renverse et entraîne dans les brousses le fil électrique. Cet intelligent animal est employé comme monture, au Cambodge surtout.

On tue assez souvent des rhinocéros et des léopards dans les parages de Baria.

La chasse la moins périlleuse et la plus productive est celle du chevreuil, du paon, et surtout des sarcelles et des bécassines, qui pullulent à certaines époques. Quant aux assassinats d'aigrettes, marabouts, callaos, et surtout de tourterelles, pigeons verts, perruches, huppes et des oiseaux qui détruisent les insectes, ce sont là, dans un pays de moustiques et d'insectes désagréables ou nuisibles, des crimes que nous signalons à la vindicte du gouvernement local et de M. Toussenel.

En tout temps, la chasse est un exercice très pernicieux en Cochinchine; on en rapporte parfois un gibier abondant, mais on y gagne presque toujours des insolations ou des fièvres de marais. Si nous avions un conseil à donner, ce serait de s'abstenir complètement de ces courses dans les rizières, dans l'eau, au soleil, à la pluie, et de ces marches forcées très nuisibles à la santé. Dans les bois on chasse ordinairement à pied sec et à l'abri d'un épais feuillage, mais on est plus exposé à la dent des animaux féroces.

XXXVI

Royaume de Cambodge. — Route fluviale. — Tan-an. — Arroyo de la Poste. — Mitho. — Marché chinois. — Le grand fleuve. — Les quatre bras de Phnôm-pénh. — Bras d'Oudong. — Mission catholique. — Compong-Luong. — Grande pagode et bonzerie. — Fresques curieuses. — Un disciple de Boudha.

Des petites canonnières font chaque mois les convois de personnel et de matériel entre Saïgon et le Haut-Cambodge. Tout le long de la route jusqu'à Tan-an, on ne voit des deux bords que des plaines monotones, basses et fertiles en riz, qu'on a appelées la Beauce de l'Orient.

La canonnière partie le matin de Saïgon, mouille le soir devant le fort de Tan-an, ce qui nous permet de visiter l'inspection des affaires indigènes, le fort, le village et le marché.

Nous repartons le lendemain au point du jour et nous entrons dans l'arroyo de la Poste *(rach vung ngu)*, canalisé en 1755 et en 1829. Ses bords pittoresques impressionnent fortement celui qui les visite pour la première fois. Comme route commerciale, cette rivière est d'une grande animation. Les petites barques remontent à Mitho chargées du fruit du mu'u de noix de coco, de régimes d'arec, des produits de pêcheries ; des jonques chargées de sel, de soie, de riz, etc., etc., s'alignent et se suivent en nombreux convois à chaque marée, ou bien ce sont de grosses jonques chinoises qui reviennent de Sadec avec du riz, du poivre, de la cire, etc., etc., ou de lourdes barques cambodgiennes, véritables maisons flottantes qui apportent le coton, le poisson salé, les ivoires, les peaux, le tabac, les cardamomes, le sucre de palmier, les mille autres produits de cette riche région. Quelquefois d'énormes radeaux, qui charrient lentement les dépouilles des forêts du Nord, les envois de Phnôm-pénh et du grand Lac, et quelques productions de la vallée supérieure du grand fleuve de Cambodge viennent s'amarrer près de l'embouchure de cet arroyo. C'est ainsi qu'on amène par eau jusqu'à Mitho tout un troupeau de bœufs.

Les Annamites ferment à marée haute avec des claies certain espace dans l'arroyo, à l'entrée d'un petit affluent par exemple. Lorsque l'eau descend, le poisson se trouve pris et on le dépose dans des bateaux disposés en vivier.

On voit encore passer d'autres bateaux de pêche qui jettent et relèvent le filet au moyen d'un grand levier de bascule. Un peu avant d'arriver à Mitho on voit l'emplacement du fort Bourdais. C'est là que le commandant annamite Bourdais, capitaine de frégate, fut tué d'un boulet Son corps est enterré dans la cour d'honneur de la citadelle de Mitho.

Nous avons passé la journée à Mitho qui est à 50 milles de Saïgon. Mitho est après Saïgon un des centres les plus importants de nos possessions. On y compte 15,000 habitants, dont 4,000 catholiques. C'est le chef-lieu d'une province, la résidence d'un commandant supérieur, de l'inspecteur des affaires indigènes, d'un commandant militaire. Mitho occupe une position fort importante sur les bords du grand fleuve du Cambodge; mais son sol est vaseux et assez malsain. L'eau y est mauvaise.

La citadelle est très vaste. Une belle avenue de cocotiers y conduit. Elle contient un grand hôpital. Mitho est le point intermédiaire entre les basses provinces annamites, le Haut-Cambodge et nos possessions; aussi le commerce y est-il très actif et très développé. Il y a un bureau télégraphique important et un préposé-payeur. Il n'y a qu'une centaine de Chinois.

L'association de la Sainte-Enfance y a créé un établissement prospère; les frères des écoles chrétiennes instruisent les enfants indigènes. Il est bon de ne pas quitter Mitho sans faire une excursion au vieux Mitho ou Cho'cou, à un quart d'heure de la citadelle de Mitho et du centre européen.

C'est un marché chinois et annamite qui prend une grande extension, et devant lequel mouillent les jonques de mer. Près du village est une intéressante bonzerie. Les bonzes psalmodient chaque jour, au bruit cadencé du gong, les prières boudhiques, élèvent quelques enfants et conservent les images dorées des personnages célèbres. La déesse du temple est la Vierge chinoise reposant sur une fleur de lotus épanouie. L'île que l'on traverse, en allant au vieux Mitho, renferme aussi d'anciennes pagodes dans de magnifiques sites, des cases de pêcheurs, des fabriques de saumure.

Le 11, à midi, nous avons quitté Mitho, et nous sommes entré dans le fleuve de Mitho ou simplement *Grand-Fleuve*, comme on l'appelle dans le pays. Sur les cartes européennes, il porte le nom de Mê-kong. On donne à ce cours d'eau, un des plus importants du golfe, un parcours de 3,000 kilomètres ; malgré la largeur du fleuve, les moustiques abondent la nuit et sont particulièrement malfaisants dans ces parages.

Le 12, au matin, nous passons la frontière franco-cambodgienne, et, au coucher du soleil, nous apercevions l'obélisque de Phnôm-pénh.

En cet endroit, l'intersection de quatre grands cours d'eau forme un X, ce qui a fait donner à Phnôm-pénh (en cambodgien, montagne d'abondance) le nom de « Quatre-Bras ». Les Annamites l'appellent Nam-Vang, les cinq Bouches-d'Or. Il paraît qu'autrefois ce fleuve roulait des parcelles d'or, comme on en trouve encore aujourd'hui au delta de ces embouchures, que les Annams appellent les sept Bouches-d'Or.

Au-dessous de Phnôm-pénh, la branche qui descend à l'ouest est le Hau-giang, ou fleuve postérieur, ou fleuve de Chaudoc, et la branche qui descend à l'est, le Tien-giang, fleuve supérieur, ou fleuve de Mitho, ou Grand-Fleuve, ou fleuve de Cambodge.

Au-dessus de Phnôm-pénh, la branche qui remonte à l'est est le Grand-Fleuve, en cambodgien Tenli-thôm, en annamite Song lo'n, ou cu'u long giang en chinois, qui pénètre jusqu'en Chine et au Thibet. Malheureusement les rochers qui obstruent le cours du fleuve rendent la navigation à vapeur impossible en plusieurs points, que les barques elles-mêmes ne peuvent franchir que difficilement, encore doivent-elles choisir l'époque où les eaux sont à peu près basses, c'est-à-dire de décembre en juin.

La branche qui remonte à l'ouest est le Tenli-sap ou bras d'Oudong ou Song di Bien-ho (fleuve qui se rend au lac semblable à une mer). D'après les annales chinoises, le delta actuel du Cambodge était couvert par les eaux de la mer, qui s'étendaient même bien avant dans le pays. On a voulu en conclure que la mer allait jusqu'au lac du Cambodge, appelé en annamite mer-lac (Bien-ho), et jusqu'à Angcor, facilitant ainsi le transport des énormes blocs de granit qui entrent dans ces constructions gigantesques.

Un fait plus probable, c'est qu'il y a deux ou trois mille ans les Chinois du Nord descendaient du Yun-nam par ce Grand-Fleuve du Mê-kong, et de là envoyaient leurs produits, soies, fourrures, etc., dans les Indes, la Perse et jusqu'en Occident.

A mesure que l'on approche de Phnôm-pénh, le fleuve s'élargit et roule ses eaux calmes et majestueuses, chantées par Camoëns, entre des rives escarpées et découpées en escaliers par des cultures de coton, de mûrier, de tabac, d'indigo ; des bancs de poissons prennent leurs ébats à la surface de l'eau ; des oiseaux pêcheurs s'abattent sur leur proie, des échassiers se tiennent immobiles sur le rivage et nous regardent philosophiquement passer ; des vols considérables de sarcelles perchent sur les bords ou se rassemblent sur l'eau en un grand cercle noir. Il était presque nuit, lorsque nous fûmes par le travers de la ville. Nous ne nous y sommes arrêté que quelques instants ; nous la visiterons au retour. Pendant la mousson de N.-E., la rivière d'Oudong coule du grand lac à la mer ; pendant la mousson de

S.-O., quand les eaux sont hautes, les marées cessent de se faire sentir.

En remontant le long du bras d'Oudong, on remarque de petits fours pratiqués dans la terre à la suite les uns des autres et qui servent à la fabrication de l'huile de poisson. A 18 milles de Phnôm-pénh, on voit à gauche la blanche église de Pnhêalu, la maison de la mission catholique et un village composé de Cambodgiens et principalement d'Annamites mariés à des femmes du pays. Ce village renferme un millier d'habitants.

La rive gauche du bras d'Oudong, à partir de ce point, n'est presque pas habitée. En revanche, la rive droite est bordée de cases malaises et cambodgiennes jusqu'à Compong-Luong (rivage du roi). C'est là que commence la chaussée qui conduit à Oudong, l'ancienne capitale. On voit halées sur la rive de belles et grandes jonques royales, construites sous le règne de Ong-Duong, père du roi actuel, qui pourrissent et tombent de vétusté sans que leur auguste propriétaire songe à les réparer et à les entretenir. La maison du résident français s'élevait auprès d'un superbe banian.

Il y a à Compong-Luong plusieurs pagodes

et plusieurs bonzeries. La plus remarquable est de construction récente. Elle est entourée d'un mur d'enceinte. Un mât de pavillon très élevé, enjolivé de dessins et de dorures, supporte un oiseau au bec duquel est suspendu un fanal. Le pignon, comme pour la plupart des maisons cambodgiennes est sur rue, il est orné de figures et de dessins en relief dorés, représentant des divinités à quatre bras portant une épée, des fleurs, un anneau.

Les angles des trois toitures superposées se terminent par des pointes dorées qui se relèvent en courbe. Les murs extérieurs sont blancs ; les portes et les fenêtres sont peintes de couleurs foncées et encadrées de sculptures dorées, dont les interstices sont remplis par des feuilles de clinquant, or et argent. Les murs sont recouverts d'un enduit fait de chaux, de sable et de mélasse, très blanc, brillant comme le stuc et très dur. Les Annamites dallent aussi quelquefois le sol de leurs habitations avec ce mélange de mortier et de mélasse.

De chaque côté de la pagode on remarque, dressée sur un piédestal, une pierre ogivale dorée ayant la forme d'une mitre. On a dit que le nombre de ces petits monuments indiquait la dignité plus ou moins élevée du supérieur de la bonzerie; que cette pierre était l'image d'un arbre sacré. On en place en quatre ou en huit endroits, suivant les points cardinaux, et leur emplacement marque la limite de l'enceinte sacrée du temple. De petites cases au toit pointu, qui sont les cellules des bonzes, s'alignent derrière la pagode.

De superbes colonnes en bois incorruptible soutiennent intérieurement l'édifice, qui a la forme d'un parallélogramme, et se compose d'une nef et de deux travées. La voûte est également peinte et dorée.

Tout le pourtour du temple est couvert de fresques dont les couleurs sont vives et fraiches. Les sujets sont des combats, des parades militaires, des réceptions de grands mandarins, des scènes d'amour, des groupes de personnages revêtus de différents costumes brillants et gracieux ou grotesques et difformes, des chevaux, des éléphants, des monstres. Des palais à clochetons s'élèvent sur la lisière des forêts. Non loin de là viennent battre les flots de la mer, et l'on voit au mouillage jusqu'à des navires à vapeur, singulier mélange de civilisation européenne et de mythologie cambodgienne.

Une galerie de fresques encadrées représentant une femme, princesse ou déesse, et un homme laid et à peu près nu reproduit les mêmes personnages dans des scènes différentes.

Les fresques qui se trouvent derrière l'autel nous dépeignent les supplices des enfers. Les chaudières bouillantes, les flammes dévorantes, les corps nus empalés, écorchés, traversés, fixés les uns aux autres par des lances ou des broches de fer, la chute dans l'abîme, les douleurs charnelles, les souffrances et les tourments physiques, souvent des châtiments honteux et indécents de coupables punis par où ils ont péché, et au milieu de cet horrible entassement de victimes, les génies-bourreaux, prenant l'aspect hideux qu'on prête partout au diable, et présidant aux tortures, tel est le pandémonium cambodgien, d'un réalisme effrayant.

On est grandement attristé de voir interpréter ainsi les actes de la justice divine. On représente la divinité s'acharnant contre un corps faible, périssable, impuissant, et il n'est que fort peu question des peines morales, des tourments intérieurs, des remords déchirants et de l'essence immatérielle de l'âme. Ainsi, ce n'est pas seulement par la connaissance et l'amour du bien que celle-ci doit tendre à la perfection, mais plutôt par crainte de vengeances terribles qui frappent les yeux et font tressaillir les sens d'épouvante, ou par la promesse de jouissances matérielles.

Somana Cudôm avait un disciple, Préa Mocla, dont la charité était si grande qu'ayant pris le feu de l'enfer dans le creux de sa main, il pria son maître de l'éteindre ; mais le Boudha s'y refusa, en lui faisant observer que les hommes s'abandonneraient bientôt à tous les excès, s'ils n'avaient plus de châtiments à redouter.

Le temple n'a qu'un autel, où préside un grand Boudha doré. Il est assis les jambes croisées, la plante des pieds en dehors, une main sur la cuisse, l'autre repliée sur la poitrine.

Sur l'autel sont rangées de belles statuettes dorées, comme on en voit au Siam, avec de soi-disant pierres précieuses aux mains, au front et à la ceinture, un diadème sur la tête et les paumes des mains tournées vers le peuple. Des flambeaux, des horloges, des vases contenant des fleurs de nénuphar couvrent l'autel. Des fauteuils en bois peint et doré servent aux bonzes pour la prédication ou plutôt la lecture publique des livres sacrés, qu'ils font deux fois la semaine, dans la pagode. Les fauteuils et la longue pirogue qu'on voit près des pagodes sont souvent des cadeaux royaux aux bonzeries. La pagode de Compong-Luong a été construite aux frais et par les soins d'un riche mandarin cambodgien, grand mangeur de bétel et d'une remarquable laideur, qui habite près du temple une case de pauvre aspect, où il vit sans aucun luxe extérieur.

XXXVII

Village de Compong-Luong. — Marché cambodgien. — Des enfants. — Types cambodgiens. — Femmes et filles cambodgiennes. — Mariage. — Couches. — Politesse. — Qualités et défauts. — Chasse. — Cérémonies funèbres. — Oudong. — Palais et citadelle. — Théâtre. — Corps de ballet. — Musique. — Audience du roi. — Posture des assistants. — Mode de gouvernement. — Code. — Serment de fidélité. — Finances. — Un roi siamois, un bonze et un singe. — Montagnes de la couronne. — La reine-mère. — La pagode carrée. — Pyramides royales. — Origine et but des pagodes. — Temples divers. — Caprice d'éléphant.

Les rues de Compong-Luong sont très animées. C'est un va et vient continuel de Cambodgiens, de Malais, d'Annamites et même de Chinois, de bonzes en robe-jaune orange, de mandarins en litière, en char à bœufs, à éléphant. Ces mandarins sont suivis d'une foule de serviteurs portant leur parasol, leurs insignes et leurs ustensiles à bétel et à tabac.

La rue est bordée de boutiques de bimbeloterie chinoise. On entend la hache du charron et le marteau du forgeron. Ces derniers emploient une forge portative consistant en deux cylindres verticaux, dans chacun desquels se meut à bras d'homme ou d'enfant un piston muni d'une longue tige. Les orfèvres cambodgiens sont habiles à ciseler et à repousser l'or, l'argent, le cuivre, l'étain et font de curieux objets ; mais les bons ouvriers sont constamment employés pour le roi et les mandarins.

Sur le fleuve, le mouvement des barques et des jonques est considérable. De belles jonques royales sont abandonnées sur le rivage.

Le marché, qui commence le matin, ne finit qu'au milieu de la nuit. Le soir, chaque petit étalage s'éclaire avec des torches, et des cercles de jeux s'improvisent en pleine rue, à côté des marchands de fruits, des restaurants ambulants, des marchandes de tabac. Il y a un grand nombre de petits étals où des femmes vendent des cigarettes dont l'enveloppe est un morceau de feuille de bananier desséchée.

Toute la journée les enfants courent tout nus, les plus petits sous la garde des plus grands. Ils ont la tête rasée et une petite mèche de cheveux sur le haut du crâne. Souvent ils portent au cou des amulettes. Il y a des petites filles qui pour tout vêtement ont un ornement d'argent en forme de cœur suspendu au-dessous du nombril.

Les enfants sont dressés de bonne heure aux exercices du corps, à manier la lance, le bâton, l'arc, à la natation, à l'équitation.

Les hommes sont grands, robustes, bien faits ; le type est tout à fait différent de celui des Annamites, et se rapporte plutôt, pour la femme surtout, aux types de l'Inde. Les Cambodgiens portent une courte veste, étroite, à boutons d'or, d'argent ou de verre sur le devant et un langouti en tissu du pays. Ces étoffes sont souvent fort belles et coûtent jusqu'à 80 francs. Les gens riches portent aussi une ceinture de soie. Les grands mandarins revêtent une petite veste mordorée et une ceinture en or. Ils ajoutent quelquefois à ce costume, dans les grandes cérémonies, une casquette dorée. Tous les Cambodgiens vont pieds nus et tête nue. On en voit qui adoptent le toupet à la siamoise. Hommes et femmes portent les cheveux ras. Les filles les laissent croître. Leur belle chevelure noire tombe sous les ciseaux à l'époque du mariage, sacrifice semblable à celui des femmes qui chez nous embrassent la vie religieuse. Ce sont des femmes qui remplissent pour les deux sexes l'emploi de perruquier.

Les femmes portent une robe longue, serrée à la taille, ouverte sur la poitrine. Elles ont un langouti comme les hommes. Souvent elles laissent leurs bras nus et s'enveloppent la poitrine d'une étoffe de soie flottante. Elles ont les oreilles percées de façon à y introduire un petit cylindre d'ivoire ou de bois de la forme et de la grosseur d'un gros bouchon. Lorsque cet ornement leur manque, le lobe de l'oreille allongé pend d'une façon disgracieuse. Il y en a qui se contentent de boucles d'oreilles en crochet d'or, ayant à peu près la forme d'un S renversé et qui ne déchire pas l'oreille. On rencontre rarement chez elles le dévergondage des femmes annamites. La femme exerce une certaine autorité en l'absence du mari.

Lorsqu'il n'y a pas d'étranger dans la maison, les femmes mangent avec leur mari.

La principale formalité du mariage consiste dans le consentement des parents, et la cérémonie s'accomplit ensuite en présence de personnes recommandables, invitées pour la circonstance.

Lorsqu'une femme est près d'accoucher, elle reste sur un lit en treillis de bambou, sans matelas, avec une mince étoffe pour la recouvrir, et elle reçoit les soins des matrones cambodgiennes, qui entretiennent près d'elle un feu de charbon pendant une trentaine de jours pour le premier enfant.

Les Cambodgiens saluent leurs égaux en joignant les mains, en les élevant à la hauteur du front et en demandant comment on se porte : « Chéa-té ? » Vis-à-vis d'un supérieur et d'un bonze, ils font le salut à genoux ; vis-à-vis du roi, ils se prosternent le front contre terre. En quittant une personne, ils prennent congé en saluant et en disant adieu : « Léa. » Ils saluent en passant devant le drapeau ou le palais du roi.

Les Annamites professent pour les Cambodgiens le mépris de la race conquérante pour le peuple conquis ; mais les Cambodgiens, vaincus par des forces et des moyens supérieurs aux leurs, le leur rendent bien. Les Cambodgiens ont leurs défauts et leurs qualités ; mais je ne sais si, tout bien considéré, ils n'acquièrent pas parmi les Français une sympathie plus grande que les Annamites.

Les Cambodgiens sont extrêmement paresseux, et satisfaits de peu ils ne demandent qu'à promener au soleil leur indolente oisiveté; mais ils ne méritent pas autant que les Annamites le reproche de fourberie et de lâcheté. Ils sont plus soigneux de leur personne et plus propres que les Annamites, quoique vivant en grande partie dans la misère. Ceux qui résident en pays annamite se soutiennent et sont unis entre eux. Ils ont un orgueil naturel qui est plutôt nne vertu qu'un vice, car c'est un grand mobile d'amour-propre. Ils rendent aux chefs le respect qu'ils leur doivent et exigent de leurs inférieurs les mêmes égards. C'est ainsi qu'ils restent attachés aux mœurs et coutumes de leur pays, et la coutume est chez ces peuples une véritable loi. Ils sont fidèles aux anciennes traditions, et malgré leur décadence, ils parlent non sans fierté du Maha Nocor Khmer, le grand royaume de Cambodge. Aussi tirais-je souvent bon partide ce sentiment patriotique, en appelant leur royaume Nocor Maha Pibac, le royaume de la grande détresse.

Quoique leur religion leur fasse un démérite de tuer des animaux, ils aiment la chasse.

Ils ne craignent pas d'attaquer le tigre, le rhinocéros ; ils attendent le cerf à l'affût et le tirent avec de mauvais fusils ou avec des flèches. Ils prennent le caïman en épiant son passage sur le rivage, en lui barrant ensuite la route avec des claies. Ils laissent deux ouvertures autour desquelles est un nœud coulant. Quand l'animal veut rentrer dans l'eau il se trouve pris au piége. Lorsque les Cambodgiens lui font la chasse en barque, ils laissent traîner dans l'eau le corps d'un chien autour duquel est un lien disposé en nœud coulant. Le crocodile est pris au moment où il happe la proie ou percé avec une sorte de harpon.

Les Cambodgiens conservent quelque temps les cadavres de leurs parents, et ils emploient à cet effet la chaux et le mercure. Puis ils les brûlent en cérémonie. Ils mettent un tical (3 francs) d'argent dans la bouche du mort pour le serviteur de la bonzerie auprès de laquelle on brûle le mort. C'est ainsi que les Romains avaient soin de placer dans la bouche du défunt une pièce de monnaie pour payer à Caron le prix du passage. En outre, lorsqu'ils conduisent le corps au cimetière, ils jettent des citrons dans lesquels se trouve une petite pièce d'argent.

L'usage de brûler le corps existait chez les Francs, nos aïeux, et a été aboli par Charlemagne.

Je suis allé à l'ancienne capitale quand le roi y résidait encore. Oudong « la victorieuse » est à huit kilomètres environ de la rivière sur le bord de laquelle est le village de Compong-Luong. De ce dernier point part une belle chaussée élevée en contrefort, qui permet de se rendre à Oudong en toute saison sans le secours d'une barque, car cette ville est dans une plaine boisée et marécageuse que l'inondation recouvre annuellement.

Au bout d'une pique une tête coupée était exposée aux regards des passants. On traverse un large pont. On passe près d'un hangar couvert, à côté duquel est un bassin. On peut à la fois se reposer et se rafraîchir. On voit la palissade en chevaux de frise, construite autour de la capitale de peur des invasions annamites. Enfin, au bout d'une heure de ballottement à dos d'éléphant, on arrive devant une grande enceinte.

Des portes élevées où veillaient des gardiens sans armes, de larges et vastes salles construites sans symétrie, des couloirs, des maisons au toit relevé en pointe, des cours, des étangs, tel était l'ensemble du palais, qui ne brillait ni par l'élégance ni par la richesse. Dans une des cours de ce palais, qui est à la fois une citadelle, des soldats faisaient assez gauchement l'exercice du canon, avec de petites pièces montées sur des affûts grossiers. Ils paraissaient plus habiles à manier le fusil et la lance.

La salle du trône était ornée dans le goût du pays; on y voyait le trône sur lequel le roi fut couronné, en février 1864. L'amiral La Grandère, gouverneur de la Cochinchine française, avait délégué son chef d'état-major général pour présider cette cérémonie, qui se fit en présence d'un grand mandarin siamois, envoyé par son gouvernement.

A côté de la salle du trône était la salle à manger. La table du roi est servie à peu de chose près à l'européenne. Il a comme chef de cuisine un Vatel chinois.

La salle de spectacle est assez curieuse. Il y a quelques décors qui lui donnent un avantage marqué sur la scène annamite. Les trucs, si grossiers qu'ils soient encore, sont plus ingénieux.

Le spectacle est rehaussé par la danse. Le corps de ballet est recruté parmi les plus jolies Cambodgiennes. Elles ont un appartement au gynécée royal, un costume fort attrayant, de longs ongles d'argent au bout des doigts, une sorte de diadème sur la tête. Elles exécutent des poses gracieuses au son d'une musique qui a du charme, même pour un Européen.

Les chants et la musique d'instruments sont fort harmonieux. Il y a des instruments à cordes très curieux, et dont les artistes indigènes tirent un bon parti.

Les fêtes données par Sa Majesté sont fort intéressantes. Les longues files d'éléphants, le déploiement des soldats de parade, la richesse des objets exposés, la variété des costumes donnent aux cérémonies un cachet particulier que l'on voit du reste reproduit dans les descriptions des fêtes siamoises.

Le bâtiment où le roi donnait ses audiences était mal installé et peu confortable.

J'eus l'honneur (en 1865) d'accompagner chez le roi Norodom, M. de Lagrée, commandant de la station navale française (dont la mort prématurée a causé tant de regrets) et le docteur Hennecart. Il était huit heures du matin lorsqu'on nous introduisit près de Sa Majesté cambodgienne. Le roi était assis près d'un guéridon, couvert d'un tapis français et supportant des vases d'or ciselé. Il avait le buste nu ; son langouti était maintenu par une ceinture d'or, enrichie de pierres précieuses. Il nous invita à nous asseoir en face de lui, et nous fit offrir des cigares et du vin blanc. Il tenait près de lui son fils alors âgé de trois ans, qui porte les marques de la petite vérole. C'est, du reste, un accident commun au Cambodge, où la vaccine n'a encore pu se développer avec succès. L'enfant royal avait aux jambes et aux bras des bracelets d'or et une très belle épingle dans les cheveux.

Autour du roi, mandarins et serviteurs se tenaient à genoux, les mains jointes. Certainement, cette position est selon nous indigne d'un homme, mais aux yeux de ces peuples elle n'a rien de dégradant, pas plus que les profondes salutations que les Européens font à plusieurs reprises à leurs supérieurs. Elle est plus humble et plus servile, mais elle a l'avantage de n'être point ou d'être peu fatigante ; car les Cambodgiens sont plutôt étendus et couchés qu'à genoux. Ils fument des cigarettes et se reposent de temps en temps sur leurs talons. Dans des hangars latéraux se trouvent dans la même posture les gens qui n'ont pas encore audience ou qui viennent en curieux pour contempler la face auguste de leur souverain.

Tous les matins, le roi siège ainsi au milieu des chefs. Il écoute leurs demandes, s'enquiert de leur administration, de l'état des provinces et donne des ordres. C'est ainsi qu'il entend gouverner son peuple. Ce serait, en effet, une méthode digne d'admiration et fort efficace, si la crainte, la flatterie, la servilité n'empêchaient souvent la vérité d'arriver à l'oreille du maître, malgré ces faciles moyens de se produire; aussi l'on peut dire des rois absolus qui n'ont pas autour d'eux des conseillers francs et intègres : *Oculos habent et non videbunt, aures habent et non audient,* et au sujet de leurs finances : *Manus habent et non palpabunt.*

Comme la plupart des gouvernements asiatiques, le gouvernement du Cambodge est absolu. Le roi peut choisir et désigner lui-même son successeur parmi ses enfants ou ses frères. Il est le souverain maître de la vie (mechas chyvit) et des biens de ses sujets. Les mandarins sont choisis par lui. Il n'y a pas comme en Annam d'examens littéraires qui donnent accès aux charges publiques. Le roi possède un certain nombre d'esclaves. De même les princes et les grands ont sous leur autorité des clients, comme les seigneurs avaient des vassaux, ou plutôt à la façon des grands de Rome.

En effet, ces clients se mettent au service d'un grand dans l'espoir d'en obtenir quelque fonction dans le gouvernement, ou parce qu'ils sont dénués de ressources. Quant aux esclaves proprement dits, débiteurs insolvables qui passent au service de leurs créanciers, ils sont généralement traités sans dureté, mais il leur est très difficile de se libérer.

A la tête de chaque province et de chaque district sont des mandarins, désignés par le roi, et au-dessous d'eux des fonctionnaires subalternes, choisis par les gouverneurs et qui ne relèvent pas du gouvernement. En outre, les provinces sont fréquemment visitées par des Ochnha-luong ou délégués royaux, véritables *missi dominici*, dont les fonctions varient suivant les circonstances. Ils établissent et perçoivent les impôts et rendent la justice.

C'est la coutume qui fait loi, et le code coutumier est adopté par tous et par tradition.

Les mandarins prêtent serment de fidélité au roi chaque semestre, en avril et en septembre, en venant à la capitale boire l'eau lustrale sur laquelle les bonzes ont prononcé les imprécations les plus terribles contre les parjures.

Les divesres branches du revenu sont affermées à des Chinois, qui ont ainsi l'occasion de commettre de nombreuses vexations à l'égard du peuple et de le pressurer au nom du gouvernement. De sorte que le mécontentement se porte sourdement contre le roi.

Ce n'est qu'en écoutant les sages conseils des représentants de l'autorité française, ses voisins et ses alliés, que le roi exercera par degrés son pouvoir d'une manière plus libérale. Le 25 octobre 1864, le roi est venu à Saïgon renouveler auprès du gouverneur l'assurance de sa sincère amitié pour la France, et le remercier publiquement et solennellement d'avoir placé son royaume sous la protection de l'Empereur des Français :. « L'Empereur, disait le roi, est mon père, et son représentant ici est mon frère. »

Un Européen qui a vu de près ces populations arriérées en arrive sinon à admettre, du moins à comprendre l'argument dont se servit le roi Phra-Narai, qui régna au Siam de 1657 à 1683. Un chef de bonzes l'ayant supplié de modérer ses rigueurs à l'égard du peuple, le roi lui envoya en présent un gros singe et lui ordonna de le laisser dans sa maison en lui laissant faire tout ce qu'il voudrait. Le singe brisait tout ce qui était à sa portée ; les visiteurs égratignés par lui n'apportaient plus d'offrande. Le bonze, à bout de patience, pria le roi de le débarrasser de cet hôte si nuisible : « Comment, lui fit observer le roi, vous ne pou« vez supporter les méchancetés d'un singe et « vous voulez que je tolère celles d'une multi« tude bien plus rusée que lui. Je serai bon « pour les bons, méchant pour les méchants. » On ne dit pas si le bonze revendiqua pour l'homme la connaissance du bien et du mal et les progrès de la raison. Une telle constitution est féconde en troubles et en révoltes intestines, comme le prouve l'histoire du Siam et du Cambodge. Aussi les parents du roi ou prétendants au trône étaient-ils envoyés ou retenus au Siam.

Un peu avant d'arriver à Oudong, un chemin que l'on trouve à gauche conduit aux montagnes de Prea réach chéa trôp (montagnes du domaine de la couronne). La clôture de défense n'est pas entretenue et présente bien des brèches non gardées; après l'avoir franchie, on suit un chemin étroit, en talus, consolidé par des pieux pour servir de digue à l'inondation; mais les éléphants se tirent d'affaire sans faux pas. A la saison des pluies, cette plaine boisée est entièrement recouverte par les eaux. Un grand étang à gauche de la route se prolonge jusqu'au pied des montagnes, puis le terrain se relève. Dans les éclaircies du bois, on distingue le toit des cases sur le flanc des monts, les pyramides à aiguilles, et enfin sur le sommet, la grande pagode carrée, les divers temples et les bonzeries; c'est un fort beau panorama.

Au pied de la montagne habitait l'aïeule du roi. Elle avait été autrefois emmenée en exil, avec une partie de sa famille, par les Annamites, qui la ramenèrent au Cambodge à l'avènement de Ong-Duong, le père du roi actuel. On reconnaissait dans la reine Prea Vo Kini, malgré son grand âge, une distinction qui imposait le respect. C'était, paraît-il, une femme de grande intelligence et de bon conseil. La maison n'avait rien à l'extérieur qui la distinguât des autres ; quelques instruments de musique étaient suspendus aux cloisons ; une belle pendule de style européen semblait égarée sur un guéridon, près du baldaquin où se tenait la reine, qui avait voulu, quoiqu'aveugle, posséder cet objet de luxe étranger au pays. Un majordome chinois cambodgianisé, des suivantes cambodgiennes et une naine composaient l'entourage de la reine. Cette princesse vénérée du roi, son petit-fils, et de tous les Cambodgiens, mourut en 1866 à 91 ans.

Des sentiers rocailleux conduisent aux divers sommets des Réach Chéa trôp. L'un d'eux mène à un groupe de cases délabrées, habitées par des bonzes plus studieux que ceux des villes, et de là à la grande pagode carrée. Quatre murailles en briques rouges et une toiture presque plate, telle en est la construction massive et disgracieuse. Un escalier en pierres de l'espèce dite pierre de Bienhoa (argile contenant des oxydes de fer), qui, dit-on, a coûté une quinzaine de mille francs, a été construit dans la montagne devant la façade principale de la pagode. Des trois portes du temple, celle de droite est la seule dont l'encadrement soit à peu près conservé. Il est en pierre semblable à celle d'Angcor ; c'est un grès mou qui se travaille facilement, et acquiert à l'air une grande dureté comme la pierre de Bienhoa ; mais celle-ci n'est nullement comparable à celle d'Angcor, dont le grain est très fin et très compacte. Au-dessus de la porte, un bas-relief, imitant un enroulement de feuilles d'acanthes, est très finement fouillé. L'intérieur de la pagode est nu et sans aucun ornement. On respire en entrant une odeur forte et désagréable de moisi et de fiente de chauves-souris. On est frappé de la grosseur et de la hauteur des colonnes en briques crépies à la chaux, qui, sans être toutes parfaitement perpendiculaires, supportent l'édifice. Entre les colonnes et sur un immense autel, trône une statue de Boudha ayant 45 pieds de hauteur et toute dorée.

Des pyramides à base quadrangulaire se dressent au milieu du bois. Le soubassement de l'une d'elles présente une quadruple rangée de têtes d'éléphants faisant saillie. Des bracelets sont moulés autour des jambes de ces animaux, qui semblent porter sur leur dos le poids de l'édifice. Sur ce piédestal s'élèvent des dômes superposés qui vont en diminuant de grosseur, et prenant la forme d'un cône se terminent en aiguille. Ces obélisques recouvrent, dit-on, les cendres des anciens rois. Les Cambodgiens les appellent Prea chéadey, terre sainte. Il y a de semblables pyramides en Birmanie, dans l'Inde, en Chine, et elles sont tantôt rondes, carrées ou octogonales et à étages.

Le mot pagode, selon M. Milne, dérive de l'indien boutkuda ou du persan poutkhoda, par corruption du mot sanscrit bhagavati (maison sacrée).

Ce mot semblerait plutôt tiré de l'expression Dagobah par laquelle à Ceylan on désigne les pagodes et qui en sanscrit veut dire réceptacle des reliques. Il suffit de savoir que par le mot pagode nous entendons, non les tours massives à clochetons, mais les temples boudhiques. On a dit que les boudhistes rendaient un culte à ces monuments eux-mêmes. Ces temples servent aussi, comme on le sait, à des réunions n'ayant aucun but religieux. Boudha, avant de quitter ce monde, recommanda de lui élever des statues et des temples, non pour l'adorer, mais pour mieux conserver sa mémoire, et par la vue de son image se rappeler toujours ses exemples.

En parcourant les divers sommets des monts on rencontre çà et là des ruines, des débris de colonnes, de chapiteaux, de pierres taillées, sculptées. Un dieu nègre habite un temple voisin d'un dieu au visage cuivré portant la simarre indienne. Tous ces dieux qui paraissent d'origine étrangère ont la même posture. Enfin on se croit chez les anciens Égyptiens lorsqu'on découvre dans un petit temple un bœuf couché, dont les cornes sont dorées. Quoique l'idole soit en pierre, elle a devant elle une provision d'herbe qu'on renouvelle fréquemment. C'est sans doute une image du bœuf Namdy des indiens.

L'éléphant que je montais pour cette excursion appartenait au roi. Je me plaisais à considérer de loin une femme du palais, laquelle était vêtue d'une robe jaune orange et accompagnée d'une matrone, voyageant toutes deux sur le dos du même éléphant, lorsque celui-ci fut reconnu par le mien qui provenait du même parc. Mon éléphant, pris d'une subite sympathie pour celui de la belle Cambodgienne, se dirigea vers lui. Le cornac eut beau lui faire un discours sur la bienséance, appuyer sa morale de quelques arguments frappants et enfin lui enfoncer dans le front sa pique de fer. Ni les menaces, ni les coups, ni la douceur, rien n'y fit. Le cornac fut obligé de sauter à terre; avec le fer recourbé de sa pique il saisit l'oreille de l'animal qui se laissa ramener vers le chemin qu'il avait quitté.

XXXVIII

Introduction du boudhisme au Cambodge. — Signification du mot Boudha. — Incarnation du Boudha. — Fondation de sa doctrine. — Sa propagation. — Rapports entre le boudhisme, le brahmanisme et le quiétisme. — Métempsycose. — Des cieux. — Des anges. — Des enfers. — Le frère du Boudha. — Purgatoire. — Création des mondes. — Premiers habitants. — Le soleil, la lune et les étoiles. — Système des mondes. — Fin des mondes. — Rapports apparents du boudhisme avec le catholicisme. — Ordre religieux boudhique. — Règlements de l'ordre. — Lecture des livres sacrés. — Instruction nulle chez les femmes. — Ecoles des bonzes. — Services rendus par cet ordre. — Causes du peu de développement de la religion chrétienne au Cambodge.

Après avoir visité plusieurs pagodes, il est essentiel de parler de la religion des Cambodgiens, qui est le boudhisme.

Cette religion, qui compte en Asie plus de trois cents millions d'adeptes et qui est une des plus anciennes du monde, a été introduite au Cambodge il y a environ quinze cents ans.

Des bonzes indiens apportèrent de Ceylan

(Poura-Lanka) les livres sacrés. Boudha lui-même avait visité le Cambodge en passant d'une enjambée de la montagne de Candy (Ceylan) dans le Pégu, et de là sur une montagne de la province de Battambang, où l'on voit dans le roc une grande cavité qu'on dit être l'empreinte de son pied, le prea bat. De là le nom de montagne du « pied sacré. » Cette montagne est à 130 kilomètres de Bangkok. Il y a autour de la montagne des logements pour les pèlerins, qui affluent au mois de février. En 1862, le roi de Siam s'y rendit solennellement.

Boudha est un mot sanscrit qui signifie sagesse, connaissance parfaite, omniscience. C'est dans l'esprit des boudhistes une pénétration, une manifestation de cette sagesse supérieure dans un corps humain. Ces incarnations ont été nombreuses et se sont produites sous diverses formes. Le dernier Boudha, après avoir paru sur la terre pendant quatre-vingts ans, fondé une religion égalitaire, laissé des disciples dépositaires et propagateurs de ses préceptes, est arrivé à l'absorption, non en l'Être suprême, comme chez les brahmanistes, mais en lui-même, et est entré ainsi vers l'an

543 avant Jésus-Christ dans l'état de perfection appelé en sanscrit *nirwanah*, le *nirpéan* des Cambodgiens, le *niban* des Birmans, le *nipan* des Siamois.

Cette incarnation de Boudha est connue sous le nom de *Sakia-Mouni*, ermite de la famille de Sakia, dans l'Inde; de *Srama-Gautama*, amortissement des sens, en Birmanie; de *Somana-Kotamo* ou *Phra-Pouta* au Siam (1); de *Somana-Cudôm* ou *Prea-Put* au Cambodge; de *Phât* en Annam, *Fô* en Chine, *Xaca* au Japon.

On a dit que Somana-Cudôm était fils d'un roi de Ceylan. Il paraît avéré qu'il naquit dans l'Inde 623 ans avant Jésus-Christ à Kapilla-wat (2), au nord du Gange, entre Goralpour et Oude.

Selon certains boudhistes, le Boudha aurait reçu le jour d'une vierge qui conçut par la vertu du soleil. Selon les Chinois, la vierge *Maha Maïa* (auguste Maïa), aurait conçu Fô par une vertu divine 950 ans avant notre ère.

Les livres sacrés du Cambodge et du Siam

---

(1) D'où nous avons fait « Boudha. »
(2) Ou kapilawastu, ou kabillaphat, ou kaberchara.

racontent ainsi la naissance de Somana-Cudôm :

« En ce temps-là, on célébrait pendant huit
« jours les noces de la princesse Maha Maïa.
« S'étant endormie, elle vit en songe, au
« sommet d'une montagne d'argent, un jeune
« éléphant blanc d'une beauté extraordinaire.
« Il arriva jusqu'à elle et pénétra dans son
« sein d'une manière merveilleuse (1). Les
« docteurs et les astrologues dirent au roi : Ce
« songe annonce que la reine est enceinte d'un
« garçon qui parviendra à la sublime dignité
« de Boudha.

« Le jour de la naissance de cet enfant cent
« mille mondes tressaillirent de joie et trem-
« blèrent (2). »

Somana-Cudôm dut s'instruire d'abord auprès des brahmines, de la religion de Brahma. C'est de là que plus tard il tira sa doctrine, qui n'est, à proprement parler, qu'une réforme du système brahmanique. Cette réforme, dont le principe fondamental renversait les priviléges exclusifs des brahmines, par l'admission

---

(1) De là la vénération des Cambodgiens, Siamois, Birmans pour l'éléphant blanc.

(2) Description du royaume de Thaï, par Mgr Pallegoix.

dans les ordres religieux de tout homme, quelles que soient son origine et sa condition, se répandit rapidement dans l'Inde avec l'appui de plusieurs princes indiens. Mais bientôt ses adeptes eurent à subir de grandes persécutions. Ils finirent par être expulsés de l'Inde. Deux siècles avant Jésus-Christ, la religion boudhique fut introduite à Ceylan (Langca), où les préceptes de Boudha furent écrits en cingalais et peu après en pali.

Des émigrants indiens portèrent ces livres palis de Ceylan en Birmanie, au Pégu, à Java. Des prêtres de cette doctrine venus de Ceylan débarquèrent au Cambodge au commencement du 4ᵉ siècle, avec les livres sacrés qui furent transcrits en caractères cambodgiens, avant d'être traduits en langue cambodgienne. C'est du Cambodge que le Boudhisme s'étendit au Siam et au Lao. Cette religion qui avait gagné le Thibet et la Mongolie, s'était par là propagée en Chine. Elle trouva partout chez les nations étrangères de nombreux partisans, sans que ses fondateurs et ses propagateurs eussent à éprouver les sanglantes persécutions, dont les prédicateurs de la religion chrétienne, venus d'Europe, furent l'objet en Chine, au Japon et en Cochinchine. En effet la politique de ces empires les portait à ne donner aucun accès chez eux aux « barbares » d'occident, dont ils appréhendaient avec raison les empiétements. Malgré les défenses, les édits, dont ils avaient connaissance, les missionnaires soutenaient avec intrépidité et persévérance, au péril de leur vie, la lutte de l'évangile et de la politique. Aussi a-t-il fallu chez ces peuples opiniâtres que la force fasse triompher la raison.

Le boudhisme s'écarte essentiellement du Brahmanisme en ce que dans cette dernière religion la dignité de brahmine est héréditaire dans une caste. Les brahmines peuvent se marier. La perfection mène à l'absorption en un être suprême. Dans le boudhisme au contraire tout homme peut embrasser l'état religieux. Il doit en cet état garder le célibat. La perfection consiste dans l'absorption en soi-même, le repos absolu de l'esprit et des sens.

Ces deux doctrines qui placent la perfection soit dans l'absorption de l'être infini, soit dans l'insensibilité complète, ne rappellent-elles pas l'apparition au XIVe et au XVIIe siècle des quiétistes, le quiétisme étant l'état de repos, d'impassibilité où conduisait la contemplation, le mysticisme? Molinos enseignait qu'aucun acte n'était méritoire ni criminel dans cet état d'anéantissement moral, parce que l'âme était absorbée en Dieu.

Les boudhistes poussant de semblables idées jusqu'à l'exagération croient être parvenus à la perfection lorsque l'âme n'exerce plus ses facultés, c'est-à-dire est plongée dans une parfaite insensibilité. La fatalité pendant la vie, le néant après, telles seraient les funestes conséquences de cette doctrine s'il n'était si difficile d'arriver à la perfection, si la métempsycose n'était admise, si chacun ne devait subir selon ses mérites et ses démérites, que des anges ont enregistrés, une suite de renaissances dans un ordre supérieur ou inférieur avant de parvenir à la fin suprême, au nirpéan. Encore cet état n'est-il pas la fin dernière, éternelle. Boudha lui-même subira des transmigrations futures.

Les Cambodgiens admettent une série de cieux inférieurs, habités par les anges *(tiwadas)*. Au-dessus de ces cieux il y a neuf autres séjours de félicité *(borôm)* dont les bienheureux habitants ont des corps. Enfin il y a quatre cieux supérieurs peuplés d'esprits ayant des formes immatérielles, lumineuses, resplendissantes. Dans les cieux inférieurs on goûte des plaisirs sensuels; mais à mesure que l'on s'élève les jouissances deviennent de moins en moins matérielles et l'on arrive enfin au parfait repos.

L'influence des anges (tiwadas), semblable à celle des *vaçous* de l'Inde, s'exerce sur les mondes et leur intervention est plus ou moins puissante. Ils président à la pluie, à la foudre, aux astres, aux montagnes, aux forêts, etc. Les Cambodgiens leur élèvent de petites niches dans l'enclos de leur maison, sous les grands arbres des routes. Il y a encore d'autres êtres surnaturels, tels que les géants *(iac)*, les serpents (*néac, najas* de l'Inde), vivant sous terre et dans la mer, des chœurs d'anges musiciens, les saints *(arahan)*, etc.

A cent cinquante mille kilomètres sous terre est une série de huit enfers principaux. Le huitième, le *noroc avichey*, est le plus terrible. Là sont punis l'adultère et l'ivrognerie. Il y a un juge à chacune des quatre portes de ces enfers qui ne sont pas éternels. Les peines peuvent y être rachetées ou adoucies par les aumônes que les vivants font aux religieux. Les fautes commises contre les religieux ou la personne de Boudha sont seules passibles d'un châtiment indéfiniment long, et lorsque le huitième enfer sera détruit, les coupables seront transférés dans un *enfer-avichey* dépendant d'un autre système de mondes, pour continuer à y être torturés.

Tivéatot, frère de Somana-Cudôm, jaloux de ses mérites, voulut le faire périr. Il expie ce crime dans les enfers, où il est empalé au moyen de deux broches en fer qui lui traversent le corps dans la direction des quatre points cardinaux ; mais un jour il renaîtra pour parvenir à la suprême dignité de Boudha.

Outre ces enfers, il y a encore de nombreux purgatoires et des lieux obscurs et froids où l'on achève d'expier des fautes légères. Les bruits étranges et les ombres bizarres de la nuit font croire aux Cambodgiens que les esprits qui sont en purgatoire reviennent errer autour des cases isolées, dans les broussailles, sur les bords des chemins.

Les êtres qui peuplent les cieux, les enfers, les purgatoires et le monde terrestre sont soumis à d'innombrables renaissances futures, les mérites croissant et décroissant alternativement, excepté lorsqu'on est parvenu à l'état de nirpéan, repos absolu.

D'après les Cambodgiens, le monde a été créé en raison des mérites d'êtres animés qui ont existé de toute éternité, l'influence de ces mérites étant assez puissante pour donner à la matière sa force de cohésion et d'organisation. Dans ce chaos s'est formé un brouillard qui est devenu un nuage de pluie de plus en plus grand ; un vent violent s'est élevé et a imprimé à la masse des eaux un mouvement de rotation. Une partie de l'eau s'est écoulée, évaporée et la terre est apparue, maintenue en équilibre sur les eaux par ce vent impétueux.

Elle fut peuplée d'anges ou génies dont les corps resplendissaient de lumière et ne prenaient pas de nourriture matérielle ; mais l'un de ces anges ayant goûté d'une terre odorante, les *sept mille nerfs du goût* furent tellement surexcités en lui qu'il ressentit désormais un irrésistible appétit pour cette nourriture. Ses compagnons l'imitèrent. Dès lors leur corps cessa d'être lumineux, ce jour-là parut le soleil, globe de corail cerclé d'or ; puis la lune, globe de cristal, cerclé d'argent, vint éclairer les ténèbres. Enfin brillèrent les planètes et les étoiles.

Dans la suite, ces esprits dégénérés mangèrent un grain d'une saveur particulière. De là vint le complément et le fonctionnement des organes et la distinction des sexes. Le sentiment de honte qui s'attache à la nudité engendra le besoin des vêtements.

Il existe, suivant les Cambodgiens, d'innombrables systèmes de mondes. Chacun de ces systèmes a pour centre une immense montagne appelée *Prêa-Somê* (le *Phra-mén* des Siamois, le *Mien-mo* des Birmans, le mont *Mérou* des Hindous), dont le sommet était à un million de kilomètres au-dessus du niveau des eaux, et la base à une égale profondeur sous les eaux. Ces mondes ont pour limites sept autres montagnes circulaires. Le soleil, la lune et les étoiles tournent autour de Prêa-Somê. De là le jour et la nuit. Les astres sont guidés dans leur course par des anges ; mais ceux-ci ont pour ennemis des anges rebelles appelés *Rahos* qui habitent sous terre. Ils ont assez de puissance pour mettre la main sur le soleil et la lune, ce qui produit les éclipses ; mais le roi des anges *Prêa-En* (Indra des Hindous) rétablit l'ordre des choses.

La surface plane de ce monde est divisée en

quatre parties. Celle située au sud est habitée par l'espèce humaine et les trois autres par des races d'hommes aux formes bizarres.

Ces mondes seront tous détruits à l'exception de huit des cieux, sept fois par le feu, une fois par l'eau et enfin par le vent. La fin d'un système de mondes sera annoncée par des signes extraordinaires et prédite par un ange. La destruction par l'eau ou déluge sera annoncée par un ange trois ans auparavant. Enfin, lorsqu'un intervalle immense se sera écoulé après leur destruction, ces mondes seront reconstruits par les anges.

Les Cambodgiens lettrés étudient cette étrange cosmogonie, et l'un d'eux, s'appuyant sur cette configuration géologique, ne voulait pas admettre qu'on pût faire le tour de la terre. « Il en est ainsi prétendait-il, car le livre sacré l'a dit! » Un disciple de Pythagore, l'inventeur de la métempsycose, eut également répondu : « Le maître l'a dit. »

De ce qu'il y a dans le christianisme et le boudhisme quelques pratiques extérieures communes et, comme dans toutes les religions durables, quelques préceptes communs, il ne peut y avoir de rapport entre ces deux doctrines, dont les fins dernières sont totalement opposées. Le boudhisme a pour but final l'anéantissement des facultés de l'esprit, l'absorption de l'âme en sa propre essence. Le christianisme conduit l'âme au bonheur éternel, dans la connaissance, la vue et la possession de Dieu.

La base et la force de durée du boudhisme reposent sur un ordre de religieux que les Européens appellent *bonzes* en Cochinchine et en Chine, *talapoins* au Siam (de talapat, éventail ou écran en feuille de palmier à l'usage des religieux), *phongies* en Birmanie. Les indigènes de ce dernier pays leur donnent encore par vénération le nom de *rahan* ou saints (arahan des Cambodgiens, ahrats des Hindous). Au Cambodge, on les nomme *luc-sang* ou luc-sang khreach, seigneur prêtre. Cependant ils n'ont pas pour mission de mener leurs semblables à la perfection autrement que par leurs exemples et par leurs exhortations. Ils font la lecture publique des livres sacrés; mais ne remplissent pas de fonctions sacerdotales. Ils ne sont pas liés par des vœux irrévocables. Le principal but en prenant l'état religieux est par ce moyen d'acquérir pour soi plus de mérites. Chacun peut embrasser cette profession.

Il suffit d'avoir le consentement de ses parents, les vêtements jaunes nécessaires, d'être sain de corps, de savoir lire et écrire et réciter les prières.

Cette admission facile qui ne rencontre d'empêchement que dans le cas de vices notoires extérieurs, nuit à l'institution. Aussi voit-on parfois des religieux couvrir sous une fausse modestie et à la faveur du respect dont on les entoure *à priori* leur orgueil déguisé, leur ignorance et leur paresse.

Les bonzes se font raser la tête et épiler la barbe deux fois par mois. Leur vêtement consiste en une pièce d'étoffe jaune autour des reins, une robe jaune et une sorte de manteau qu'ils portent plié sur l'épaule gauche. Boudha, fondateur de leur ordre, voulait que cette robe fût faite de morceaux rapportés, et adopta le jaune parce que c'était la couleur des vêtements de la classe la plus vile dans l'Inde, au temps où vivait ce réformateur. Les préceptes établis par Somana-Cudôm sont très nombreux et se rapportent aux plus petits détails et à tous les instants de la vie. Les bonzes se lèvent dès qu'il fait assez jour pour distinguer les veines des mains, afin de ne tuer aucun être animé. Ils se rincent la bouche, se lavent le visage, revêtent leur robe et récitent une prière commune. Ils prennent ensuite leur marmite couverte d'une étoffe rouge, dans laquelle ils reçoivent la nourriture quotidienne et s'en vont marchant un par un dans les rues, s'arrêtant devant la porte des cases, attendant en silence que le maître ou la maîtresse du logis vienne les saluer et leur distribuer du riz tout préparé. Leur crâne dénudé reste exposé aux rayons d'un brûlant soleil.

Chacun rentre au monastère quand sa marmite est pleine et prend seul son repas. Depuis midi jusqu'au lendemain au lever du soleil, le bonze doit s'abstenir d'aliments et ne se permettre que du thé et autres rafraîchissements. Il ne doit ni regarder ni toucher une femme, pas même sa mère, quand ce serait pour la sauver d'un danger. Tous les ans, pendant le carême, qui dure trois mois, de juillet en octobre, il passe un certain temps dans les plaines boisées où on construit dans ce but des petites cases provisoires. Des surveillants qu'on appelle Sorang-sang signalent au mandarin chef de la justice les bonzes dont la conduite est répréhensible.

Enfin leur règle est plus dure qu'on ne se l'imagine, et cependant ils l'observent en général fidèlement, soit en raison de leur conviction religieuse, soit parce qu'ils comprennent que l'observance de la règle est la condition *sine quâ non* de leur institution, soit parce qu'ils sont libres de rentrer dans la vie privée quand ils le désirent.

Aux jours de nouvelle et pleine lune et aux quadratures, les bonzes convoquent le peuple au temple. L'un d'eux s'assied les jambes croisées dans un fauteuil doré, lit un texte des livres sacrés et rappelle à l'auditoire les vertus, les préceptes de Somana-Cudôm et le mérite des aumônes. On offre en exemple la charité de Boudha qui donna sa chair à manger à des animaux affamés et qui, bien qu'il fut défendu de rien tuer, immola sa femme et ses enfants pour nourrir des religieux !

Les bonzes sont souvent priés d'assister à des cérémonies dans les familles. Ils n'entrent pas dans une maison, surtout s'il y a un étage, sans s'assurer que personne et particulièrement une femme n'aura les pieds plus élevés qu'eux.

Les femmes, comme chez les peuples d'Asie,

sont laissées dans un état complet d'ignorance. Dans les possessions anglaises des mers de Chine, les dames européennes ont formé une société pour la propagation de l'instruction parmi les Chinoises.

L'œuvre française de la Sainte-Enfance peut poursuivre facilement le même but. Nous avons vu une femme annamite, supérieure d'un couvent catholique indigène, qui lisait et écrivait les caractères chinois et les caractères latins. L'intelligence ne fait pas défaut à la partie féminine de la population. Il y aurait peut-être un grand bien à réaliser de ce côté.

Quant aux garçons, aucune mesure n'est prise ni par le gouvernement ni par les villages au Cambodge pour répandre l'instruction parmi eux. Les bonzes se chargent de ce soin et ils rendent sous ce rapport de très grands services au pays. Les bonzeries sont des écoles où les jeunes Cambodgiens séjournent plusieurs années. Tout en acquérant ainsi des mérites pour leurs ancêtres, leurs parents et eux-mêmes, ils apprennent la lecture et l'écriture. Il y a souvent négligence de la part des professeurs qui emploient d'ailleurs une méthode toute routinière. De là pour les écoliers une grande perte de temps. Les bonzes font lire à leurs élèves les livres sacrés, et gravent ainsi dans leur mémoire les traditions religieuses. Ils sont dépositaires non-seulement des livres religieux, mais des ouvrages de littérature ou de science. Ils en font des copies. C'est par eux que l'instruction se transmet dans les basses comme dans les hautes classes. Ils jouent donc à peu près le rôle de nos monastères au moyen-âge. On voit beaucoup de Cambodgiens prendre l'habit jaune pour quelques années, rentrer ensuite dans la vie laïque, choisir une profession ou un métier et se marier.

Si donc, pour être impartial, on juge des idées et du culte religieux d'un peuple d'après le degré de civilisation, le gouvernement, les coutumes d'un pays, et non d'après notre civilisation moderne, nos mœurs et les influences d'Europe, on comprendra comment la vie des bonzes, les services publics qu'ils rendent, leur contact fréquent avec les laïques de tout âge, de toute condition, engendrent à leur égard un profond respect. Les règles très sages de cet ordre considérable le rendent inébranlable et plus influent peut-être que ne l'est le clergé dans les états européens. Les rois les révèrent, leur personne est sacrée. Cet ordre est aussi ancien que le boudhisme, il est né de lui. Le boudhisme vivra et périra avec lui. Déjà la preuve en est palpable en Cochinchine, où les bonzes sont bien moins répandus et moins respectés qu'au Cambodge. Aussi, malgré les persécutions, les proscriptions, les missionnaires y ont opéré un grand nombre de conversions et fondé de grandes chrétientés ; tandis qu'au Cambodge où les prédicateurs jouissaient de la faveur du roi, le zèle intelligent et les efforts d'un vénérable évêque, confesseur de la foi, Mgr Miche, ont à lutter contre les traditions religieuses très vivaces dans la population et ne parviennent pas toujours à les déraciner. C'est là probablement la cause du lent développement et du peu de progrès de la religion chrétienne au Cambodge.

XXXIX

Le grand lac. — Pêche annuelle. — Préparation et prix moyen du poisson. — Ruines d'Angcor. — Origines cambodgiennes. — Ancien royaume de Cham ou Tsiampa. — Rapports des langues de l'Inde postérieure avec la langue cambodgienne. — Archéologie indienne et cambodgienne. — Priorité du Cambodge comme centre de la religion boudhique dans l'Indo-Chine. — Identité d'origine avec les Lao, avec les Siamois, avec les Birmans.

En remontant le bras d'Oudong en canonnière à vapeur, on arrive en deux jours au grand lac. En barque, on met environ quatre jours. La frontière siamoise coupe ce lac par le milieu. Le *Tenli-sap* (fleuve d'eau douce) peut se diviser en trois parties : l'embouchure des lacs ou véal poc, qui a dix kilomètres de long sur dix de large, le petit lac, qui a trente kilomètres en longueur et en largeur, et enfin le grand lac, qui a une longueur de soixante-dix kilomètres sur une largeur de trente kilomètres. La communication du petit au grand lac est large de dix kilomètres; la plus grande hauteur des eaux est de dix mètres en septembre et en octobre.

La pêche se fait de janvier en mai. Elle est très active au mois de mars. Dès le mois de novembre, les eaux descendent avec rapidité. Au sortir du lac pour entrer dans le fleuve, elles forment un vaste entonnoir où l'on prend de prodigieuses quantités de poissons d'une belle grosseur. Lorsque les eaux n'ont plus que cinquante centimètres à un mètre de profondeur, en février et mars, les lacs sont de véritables viviers où le poisson, qui est d'excellente qualité, se prend aisément. On le prépare sur place : on le fend en deux ; on sépare la tête, qui sert à faire de l'huile, on enlève les entrailles et le sang, que le fleuve emporte à la mer ; mais il reste sur les rives une odeur nauséabonde. On saupoudre de sel les deux faces aplaties du poisson et on les fait sécher. Les Cambodgiens préfèrent pour cela le sel de Baria à celui de Ba-xuyen dont le transport coûterait moins cher, mais qui contient sans doute du chlorure de magnésium et par suite décompose la chair du poisson. Ils se servent quelquefois, à défaut de sel, de cendre de palmier. Le poisson salé entre pour beaucoup dans l'alimentation des Chinois, des Cambodgiens, des Annamites, des Siamois, etc. Le picul de 60 kilogrammes vaut en moyenne 36 francs à Saïgon, et il en est exporté tous les ans de Saïgon pour plus de 1,200,000 francs. Les barques annamites munies de permis français ne paient aucun droit pour la pêche dans le grand lac.

Un petit arroyo, dont une montagne indique à peu près l'entrée presque à l'extrémité nord du grand lac, conduit aux ruines des temples d'*Angcor*. Ces splendides monuments boudhiques dont la grandeur et la beauté étonnent les voyageurs sont situés à environ seize kilomètres de l'embouchure de ce petit arroyo.

Selon les uns, ils ne remonteraient qu'au ixe siècle; selon d'autres, ils auraient été construits par les caravanes indiennes qui se rendaient dans ces parages pour y commercer avec la Chine, et surtout par les marchands malabars, il y a près de deux mille ans.

Les Cambodgiens n'ont même pas souvenir de leur grandeur passée. Ils s'arrêtent frappés d'étonnement à la vue de ces magnificences et ne trouvant pas explication raisonnable à donner, leur imagination les porte à déclarer que c'est l'œuvre des anges. Les lettrés, plus hardis, attribuent ces ouvrages au roi lépreux, *Samdach-Comlang*, dont on voit dans les temples d'Angcor une belle statue. Quant à la ville d'Angcor, qui était immense, c'est au milieu du xviiie siècle que cette cité fut prise et détruite de fond en comble par les Birmans. Ces ruines, qui couvrent quarante kilomètres de superficie, ont été en partie décrites par plusieurs explorateurs. Il y a lieu d'espérer que la commission française d'exploration du Mékong, qui les a récemment visitées, fera connaître à l'Europe d'une façon complète ces merveilles d'une civilisation passée.

Ces témoignages d'antique grandeur éveillent en nous le désir de connaître l'origine de la nation qui a élevé ces magnifiques temples. Nous ne pouvons que nous borner, quant à présent, à des conjectures.

D'après les traditions des Siamois, il existait autrefois dans le nord du Siam un important royaume fondé par leur race et qui s'est ensuite fractionné en petites principautés. C'était le royaume de *Lao* (1), qui formait alors une

---

(1) No'cor-leo en cambodgien.

nation homogène, un peuple unique. C'est encore la plus nombreuse des races indo-chinoises et celle dont le territoire est le plus étendu. En effet, il touche à la Chine, au Tong-quin, à la Cochinchine, au Cambodge, au Siam, à la Birmanie, à l'Inde et au Thibet. Des portions importantes de ce grand peuple se séparèrent autrefois de la souche primitive, soit par suite de dissensions et de guerres intestines, soit pour acquérir la suprématie, soit pour former de petits états indépendants dans cette vallée du grand fleuve de Lao, soit pour émigrer, l'un vers l'embouchure du grand fleuve (Cambodge) (1), l'autre dans la vallée du Meinam (Siam), un autre dans la vallée de l'irawady (Birman).

On a vu de même les *Cham*, émigration malaise qui avait fondé au sud de l'Annam le florissant royaume de Ciampa, se disperser lors de la conquête annamite. Ils ne forment plus que des tribus peu nombreuses et réfugiées dans la Basse-Cochinchine et surtout dans le Cambodge.

---

(1) Tenli-Thôm, en cambodgien, et Song-lôn en, annamite, grand fleuve ; Cuu-long-giang, en chinois, grand fleuve du dragon ; Mékong au Lao, mère des eaux de Kong.

Les *Annamites* se sont séparés en Tongquinois et Cochinchinois.

Le *Cambodge,* par suite des guerres civiles et des empiètements des Annamites et des Siamois, aurait été sans l'intervention française partagé rapidement en provinces tributaires de l'Annam et du Siam.

Mais ces divisions ne pouvaient effacer l'origine malaise, commune aux tribus Cham ; l'origine annamite, commune aux Tongquinois et aux Cochinchinois ; l'origine Lao, des nombreux états de la vallée du grand fleuve et des royaumes de Cambodge, du Siam, et peut-être de la Birmanie.

Toutes les langues de l'Inde postérieure, depuis le Brahma-poutre jusqu'au Grand-Fleuve du Cambodge, ne sont à vrai dire que des dialectes d'une langue fondamentale. La langue mère a été modifiée chez chacun de ces peuples et de la même manière par l'introduction des mots sanscrits et malais et de mots palis.

Le grand nombre de mots sanscrits qui figurent dans la langue cambodgienne prouve le mélange de l'élément indien avec cette race. Quant aux caractères palis, ils datent de l'introduction du boudhisme. Les livres sacrés apportés de Ceylan étant écrits sous cette forme; on les transcrivit en caractères cambodgiens, qui représentaient phonétiquement les mots palis et on en fit ensuite la traduction en langue cambodgienne. Le pali devient alors par rapport à la langue du Cambodge ce que le copte ancien est à la langue actuelle de l'Égypte, le zend à la langue parsi, le kawi à la langue malaise. Ces peuples ont en effet une langue sacrée dans laquelle sont écrits leurs livres de religion, et dont ils se servent encore sans la comprendre dans leurs cérémonies religieuses et une autre langue différente de la première, quoique ayant avec elles de nombreuses analogies, seule en usage dans le peuple. De même en Chine la plupart des livres de prières que les prêtres boudhistes sont obligés d'apprendre ne sont d'un bout à l'autre que des transcriptions chinoises des livres sanscrits. Les bonzes les étudient et les récitent sans en comprendre le sens, parce que c'est une traduction du son et non de l'idée (1).

Avec le nouveau culte commença la civilisation cambodgienne, qui se développa rapide-

---

(1) Empire chinois, t. II, chap. 6.

ment par le contact avec les caravanes marchandes et les émigrations des Malais, Persans, Arabes et surtout Malabars, qui allaient trafiquer dans la vallée du grand fleuve de Lao, ou qui fuyaient la persécution des brahmines. Les grands monuments d'Angcor, qui sont des monuments boudhiques, portent des inscriptions en pali que les Cambodgiens peuvent lire, mais dont les plus habiles lettrés peuvent seuls déchiffrer le sens. Le pali est la langue sacrée, la langue et la littérature du culte de Boudha, qui s'est répandue au-delà du Gange avec cette religion. Mais de ce que le pali tient une assez grande part dans les langues du Lao, du Cambodge, du Siam, de Birmanie, du Pégou, on ne saurait en déduire pour ces peuples une origine indienne, comme on l'a fait. Ce serait aussi peu rationnel que de donner aux Français une origine grecque, parce que leur langue renferme des mots tirés du grec.

L'origine des Cambodgiens ne sera connue et constatée que lorsque la mission française qui vient d'explorer le Lao nous aura renseignés sur ce dernier peuple.

D'après les données qui précèdent, il est très probable que la nation cambodgienne a été formée par des alliances entre des tribus du Lao et une émigration indienne. Plus tard a pu s'y mêler dans une moindre proportion l'élément malais.

Pour faire des Cambodgiens une tribu Lao primitive, on ne saurait s'appuyer, comme on l'a fait à tort, sur l'identité de religion dans les deux pays, le boudhisme ayant été introduit d'abord au Cambodge, avant de l'être au Lao. Ceylan était la Rome des boudhistes; mais en envoyant directement au Cambodge les livres sacrés et des prêtres de ce culte, ce pays devint un centre religieux d'où le boudhisme se répandit plus tard au Siam et au Lao, ses voisins.

Ce fait est si bien constaté que les livres sacrés des Siamois sont écrits en caractères cambodgiens.

Les Siamois étaient également une tribu du Lao, c'est l'avis de Mgr Pallegoix. On en trouve encore la preuve dans le passage suivant des annales siamoises :

« Un roi lao de Chieng-raï (1) fuyant avec
« une grande partie de son peuple, de sa ca-

(1) Chieng-maï est la capitale actuelle du Lao occidental.

« pitale, prise par un autre roi Lao, son voi-
« sin, se réfugia sur le territoire actuel du
« Siam. En traversant le fleuve Po, il arriva à
« une ancienne cité en ruines. Là il campa et
« d'après l'avis d'un ermite (sous la forme du-
« quel il reconnut Phra-in, le roi des anges),
« il établit là une capitale avec des fortifica-
« tions, des tours, un palais et des habitations
« pour les grands et le peuple. Là régnèrent
« lui et ses descendants pendant quatre géné-
« rations. »

Le Siam, tributaire du Cambodge son voisin, conserva l'alphabet cambodgien jusque sous Prêa-Ruang (638 de notre ère), qui le modifia et en forma l'alphabet Thaï. La race siamoise se rapproche beaucoup plus du type mongol que du type indien.

Quant aux Birmans, leur voisinage immédiat avec l'Inde rendit leur mélange avec ce peuple bien plus apparent. Les livres boudhiques y furent apportés de Ceylan par un brahmine converti.

Ainsi, d'après la langue et l'écriture des Cambodgiens, Siamois, Birmans et Lao, ces peuples paraissent avoir une origine commune et s'être alliés plus ou moins à des émigrations indiennes (Cambodgiens et Birmans), à la race mongole (Siamois). Tous ces peuples ont à peu près la même forme de gouvernement, le même calendrier, le même mode d'habillement, un même style en architecture, sculpture et peinture, le même usage de brûler les corps. L'ordre des religieux boudhiques suit chez eux la même règle, porte le même costume, jouit des mêmes priviléges et du respect de tous.

Ces quatre peuples ont conservé intacte la doctrine boudhique, telle qu'elle leur était parvenue de Ceylan. Les rites et observances sont restés les mêmes, tandis qu'au Japon, en Chine et surtout en Cochinchine, le culte a été défiguré, tranformé et ses adeptes sont tombés dans l'indifférence. Si quatre peuples, voisins, rivaux et souvent ennemis ont depuis seize siècles conservé l'unité de croyance et l'unité de culte, ne pourrait-il y avoir entre eux également unité d'origine et de race?

Pour donner aux Cambodgiens une origine purement indienne, il faudrait aussi l'attribuer aux Siamois et aux Birmans. Ces derniers, en raison de leur situation près de l'Assam et du Bhotan, ont pu se mélanger en grande partie à l'élément hindou ; mais on ne peut en dire autant des siamois, chez lesquels domine l'élément mongol.

En résumé, les Cambodgiens nous paraissent descendre des Lao, peuple autochtone de la vallée du grand fleuve, et s'être alliés à une émigration indienne. Leur type se rapporterait donc, non à la race indo-chinoise, mais à une race lao-indienne.

XL

Phnôm-pénh. — Ville flottante. — Concession française. — Représentant français près du roi. — Crue périodique du Grand-Fleuve. — Population. — Centre commercial.

Lorsque nous sommes passé à Phnôm-pénh une première fois, il était nuit; de nombreuses barques étaient amarrées le long du rivage. Les lumières des barques et des maisons nous apparaissaient en longues rangées superposées, les rives ayant une élévation d'une douzaine de mètres au-dessus du niveau des basses eaux. Les torches qui s'agitaient, la population considérable qui allait et venait, les nombreux bateliers, les cris, le bruit, le mouvement, tout faisait pressentir un centre important.

Phnôm-pénh (ou Nam Vang) est, à tous égards, la capitale du Cambodge par sa position qui commande le pays, par son importance commerciale et le nombre de ses habitants. La grande rue est bordée de maisons occupées par des Chinois, implantés depuis longtemps dans la localité.

Beaucoup de gens vivent dans leur barque. Dans la saison sèche, la crainte des incendies fait que l'on transporte dans ces habitations mobiles tout ce que l'on a de précieux. Les cruches remplies d'eau que l'on fixe sur les toitures en feuilles de palmier sont, en effet, bien impuissantes à éteindre le feu.

Les barques cambodgiennes sont longues, carrées, semblables à des maisons flottantes. De gros bambous sont placés de chaque bord pour alléger le chargement. Leur pavillon porte un cheval blanc sur fond rouge.

Le roi a fait preuve d'intelligence en venant s'établir à Phnôm-pénh en 1866. Il a l'intention de s'y faire construire un palais plus digne de ce nom que les constructions en bois à Oudong. La population de cette ancienne capitale s'élevait à une dizaine de mille âmes, mais elle était surtout formée de mandarins, de fonctionnaires, de serviteurs et de gens de palais qui ont suivi le roi à Phnôm-pénh. De sorte que Oudong la Victorieuse n'est plus aujourd'hui qu'une citadelle et un poste militaire.

Dans l'île qui se trouve en face de Phnôm-pénh et dont la pointe est occupée par la douane cambodgienne, la France possède une concession qui s'étend à la fois sur la rivière d'Oudong et sur le grand fleuve, avec faculté d'y construire une citadelle. Non loin de là est mouillé le yacht du roi, petit vapeur qui lui a été donné par le gouvernement français. Il y a toujours un bâtiment de guerre français en station à Phnôm-pénh. Le commandant de la station navale réside à terre, avec le titre de représentant du protectorat français près S. M. Norodom. Il est l'intermédiaire entre le Gouverneur de la Cochinchine et le roi de Cambodge. Les sujets français qui commercent dans ce pays sont sous sa juridiction. Il est le défenseur direct de leurs droits et de leurs intérêts. Près de la ville est un obélisque que les Cambodgiens disent avoir été amené du Lao pendant une grande inondation et dressé par l'intervention d'un ange.

La largeur du grand fleuve à Phnôm-pénh est d'environ un mille (1852 mètres). Tous les ans la crue des eaux commence vers la fin d'avril, de sorte qu'à cette époque on remonte le bras d'Oudong sans avoir à lutter contre le courant. L'inondation se répand par une multitude d'arroyos dans les campagnes qu'elle recouvre jusqu'au mois d'octobre ou novembre, ce qui change complètement l'aspect de ce pays. C'est pourquoi les maisons cambodgiennes, même dans les plaines, sont construites sur pilotis. A Phnôm-pénh, le niveau de l'eau s'élève d'une dizaine de mètres et vient jusqu'au pied des cases. La crue du fleuve paraît avoir pour cause la fonte des neiges des montagnes du Thibet et surtout les pluies de la mousson de S.-O. dans les pays qu'il traverse. Pendant que les eaux restent hautes, on ne remarque plus aucun courant. Enfin, lorsqu'elles baissent, le fleuve et ses affluents reprennent leur cours vers la mer et l'on descend rapidement en barque à Mitho. Les plaines sont verdoyantes, c'est l'époque de la récolte du riz. Pendant la saison sèche, les hautes herbes et la paille des rizières sont brûlées sur la terre, une nouvelle couche de limon apportée par les eaux lorsque la crue périodique recommence, se mêle à cette cendre ; le sol est fertilisé, et l'on obtient sans engrais et presque sans culture de magnifiques récoltes. On peut donc dire que ce fleuve est le père nourricier, le Nil du pays.

Phnôm-pénh est l'entrepôt où viennent s'accumuler les diverses productions du Cambodge, pour être de là exportées en Cochinchine. Aussi plusieurs négociants français se sont-ils fixés dans cette ville.

La population se compose de Cambodgiens, de Malais, de Chinois et d'Annamites. Ces deux dernières classes forment en outre une population flottante d'acheteurs et de vendeurs, de gens sans aveu, prêts à lever l'ancre pour chercher asile ailleurs. L'aspect de la ville et du fleuve est des plus animés, surtout à l'époque où finit la pêche du grand lac. Le marché est important et bien approvisionné.

Le commerce qui s'y fait consiste principalement en riz, soie, coton, sucre, tabac, poisson salé, poivre, gomme-gutte, indigo, cire, ivoire. Les Cambodgiens ne savent pas obtenir le sucre cristallisé. L'indigo est de bonne qualité, mais il est mal préparé. Le coton se vend à la ville chinoise, égréné, de 100 à 120 francs le picul. Le poivre se récolte en assez grande abondance, c'est une culture à développer. Le tabac est plus estimé que celui de la Cochinchine. La laque du Cambodge a été expérimentée à Saïgon et a donné de magnifiques résultats. Il y a des sapins dans le haut pays. Les exploitations de bois dur offrent de grandes facilités et de beaux bénéfices. L'ivoire, le cardamome, le bois d'aigle appartiennent de droit au roi, qui fait exploiter ces produits et les vend aux Chinois. On a trouvé au Cambodge une carrière de sulfate de chaux. A Phnôm-pénh descendent les productions de la vallée supérieure du Grand-Fleuve. C'est là que le Lao envoie quelques-unes des richesses encore inconnues de cet immense Bassin du Mêkong tout récemment exploré.

Phnôm-pénh est à 170 kilomètres de Saïgon, à dix jours de Bangkok à dos d'éléphant, en passant par Battambang. Il n'y a pas de communication par eau entre le fleuve du Cambodge et le Meinam, entre Phnôm-pénh et Bangkok ; mais la route de terre est praticable.

Les monnaies en usage sont les nêns, ou lingots d'argent annamites valant de 70 à 80 fr., et les ligatures de sapèques ; la piastre est moins prisée que les lingots.

POIDS ET MESURES DU CAMBODGE

Poids.

1 hun................................. =	0g	390
1 chi = 10 hun..................... =	3	90
1 tomlong = 1 taël = 1 once = 10 chi. =	39	05
1 néal = 16 tomlong = 1 livre....... =	624	80
1 hien = 10 néal.................... =	6k	248
1 hap = 100 néal = 1 picul.......... =	62	48
Mo hap mo chong = 1 picul 1/2....... =	93	72
1 chong = 1/2 picul................. =	31	24

Capacité.

1 thâng = 1 boisseau de 40 litres.
1 tau = 1 boisseau de 20 litres.

Longueur.

Mesures employées pour les bois et tissus.

1 hat = 1 coudée ou pied d'environ 0ᵐ 50ᶜ.
Mo hat mo chomam = 1 coudée et une palme.
Mo hat pir thnop = 1 coudée et 2 travers de doigt.
1 phiéam = 1 brasse.
Sompot mo thbong, étoffe de 10 coudées.
1 son = 20 phiéam = 20 brasses, environ 43 mètres.

Mesures pour les terres.

10 li = 100 son = 4 k 300 mètres.
1 chhu = 5 hat = environ 2ᵐ 50 centim.
1 cong = 60 hat = 12 chhu = 30 mètres environ.

Monnaies (valeurs variables).

1 tien............. = 60 cas ou sapèques.
1 trenot cas....... = 600 sapèques = 1 ligature.
1 bach............ = 10 ligatures.
1 dinh = 1 taël... = 7 frs 50.
1 duong siem (poids 15 gr. 50) = 3 fr. 50 (tical).
1 fuong = 1/2 slong = 0 fr. 42 centimes environ.
1 slong (poids 4 gr. 50) = 0 fr. 85 c. environ (luong).
1 bat = 4 slong = 1 tical = 3 fr. 50 centimes (3/10 d'alliage, poids 18 gr.)
11 slong = 3 bat lòs.
12 d° = 3 bat.
14 d° = 3 bat sâng = 4 ticals.
15 d° = 1 tomlong lòs.
16 d° = 4 bat = 1 tomlong = 14 frs.
20 tomlong = 1 anching.
1000 tomlong = mo hap.
1 piastre mexicaine = 1 prac riel = 5 fr. 55 c.
1 piastre 1/2 = 1 riel mo chôm hieng.
1 barre d'argent = 1 nên = 80 francs.
1 barre et demie = 1 nên mô comnat.
Au Siam le tical vaut 60 centièmes de piastre mexicaine.
Le slong vaut 15 centièmes de piastre (cents).

XLI

Saisons. — Année lunaire. — Cycle cambodgien. — Manière de compter l'âge. — Ère religieuse. — Jours et heures. — Cadrans solaires. — Clepsydre. — Langue cambodgienne. — Écriture. — Locutions diverses. — Livres cambodgiens. — Livres siamois. — Caractères pali.

Les Cambodgiens divisent l'année en trois saisons : du 15 octobre au 15 mars, c'est la sécheresse ; du 15 mars au 15 juillet, la saison des chaleurs ; et du 15 juillet au 15 novembre, la saison des pluies.

L'année est lunaire comme celle des Chinois, mais elle ne commence pas à la même époque. Leur nouvel an date du premier jour du cinquième mois. Leur première lune ou premier mois est celui de *phetrebot*. Il répondait, en 1866, au 8 décembre, et le nouvel an au 17 mars 1866, jour de nouvelle lune. En 1867, leur nouvel an répond au 5 avril, ou premier jour de la lune de *chêt*. L'épacte les force à ajouter, comme les Chinois, tous les trois ans un mois intercalaire. Le huitième mois, vers notre mois de juillet, est celui que l'on double ordinairement en appelant le premier preatam-asat, et le second tup-téa-asat, ce qui eut lieu en 1866. Leurs mois étant alternativement de vingt-neuf et de trente jours, il en résulte en outre un retard de deux ou trois jours tous les dix-neuf ans ; c'est pourquoi on ajoute de temps à autre un jour au septième mois, ce qui se fit en 1860. Ils appellent l'année de treize mois chbnam-luc-khê, l'année où l'on rétablit l'ordre des mois.

Le cycle cambodgien est de douze ans. Il est représenté par douze noms d'animaux. Ce sont les mêmes que ceux des cycles

Chinois
Annamites } de 12 lettres
Siamois
Birmans

Chut, rat . . . . . 1864 | Méa-mi, cheval. 1870
Chhlou, bœuf . . 1865 | Méa-mê, chèvre 1871
Khal, tigre . . . 1866 | Vôc, singe . . . 1872
Thâ, lièvre . . . 1867 | Roca, poule . . 1873
Rung, dragon . . 1868 | Châ, chien. . . 1874
Méasanh, serpent, 1869 | Cor, porc . . . 1875

Ils appellent un espace de dix ans, khsê.

Ils comptent leur âge d'après le nom de l'année dans laquelle ils sont nés. Ainsi un homme disant en 1867 qu'il est né il y a trois *khal* (tigre), on comptera deux fois douze ou vingt-quatre ans à partir de la dernière évolution de l'année khal, plus l'année du lièvre (thâ), qui s'est écoulée depuis la dernière année khal, ce qui fait vingt-cinq ans. Cette manière de compter l'âge est assez embrouillée, et même en comptant sur leurs doigts, souvent ils ne peuvent trouver le nombre exact d'années ; aussi beaucoup d'entre eux répondent-ils, quand on leur demande leur âge, qu'ils l'ont oublié.

Leur ère est celle de Boudha. En 1867, ils comptent 2440 ans depuis l'entrée de Somana-Cudôm dans le nirpéan.

Selon une autre version, la mort de Somana-Cudôm remonterait à 567 ans avant Jésus-Christ, et 1867 répondait à l'année 2434.

Les Cambodgiens n'ont pas de semaine ; mais ils ont une série de sept jours, dont le premier est appelé jour du soleil, le deuxième jour de la lune, et les cinq autres sont nommés d'après les planètes.

Ils comptent les jours de quinze en quinze, suivant la période croissante et la période décroissante de la lune. Ils divisent le jour en vingt-quatre heures (mong). On compte la première heure de jour à partir de 6 heures du matin jusqu'à 6 heures du soir et la première heure de nuit à partir de 6 heures du soir. Ce mode de compter les heures est peu usité. Ils divisent la nuit en quatre veilles (hiéam) de trois heures chacune. La plupart du temps ils se servent pour le jour comme pour la nuit de termes de convention tels que ceux-ci : « le lever du soleil, l'éclat du soleil, le soleil perpendiculaire, le soleil décline, le soleil disparaît au-delà des monts (expression également employée par les Italiens), le coucher du soleil, le crépuscule, l'heure où les enfants dorment, minuit, l'étoile du matin, etc. »

Ils ont une idée des cadrans solaires et en emploient un qui a trente-trois divisions : Midi marque zéro. De là l'expression : « Pi léa ponman, pi long ponman? De combien l'ombre descend-elle ou monte-t-elle? »

Ils font aussi une sorte de clepsydre avec une noix de coco dans un baquet d'eau. Le roi Ong-Duong, pendant son séjour au Siam, s'était occupé d'horlogerie. Lorsqu'en 1849 il rentra dans ses états, l'usage de compter les heures à la manière européenne se répandit dans le pays et s'est bien propagé depuis.

La langue cambodgienne diffère totalement

du chinois et de l'annamite. Ce n'est pas une langue chantante comme l'annamite et le siamois. Elle n'a pas non plus de tons ; mais elle a des accents variés. Il n'y a ni article ni déclinaison, ni singulier et pluriel, ni genres, ni nombres, ni conjugaisons. Le comparatif, le superlatif, le pluriel, le passé et le futur des verbes se forment au moyen de quelques particules. Il s'en suit que la construction est fort difficile.

L'écriture est phonétique. L'alphabet se compose de vingt-quatre caractères primitifs qu'on emploie seuls et de trente-trois lettres ou caractères qui se modifient d'une trentaine de façons pour former des syllabes, au moyen de signes uniformes affectés à chacun de ces caractères. Le Cambodgien s'écrit de gauche à droite comme les langues d'Europe. Il ressemble au pali carré. Quelquefois on arrondit les caractères. Les Cambodgiens peuvent lire le pali, mais sans comprendre le sens des mots. La langue s'apprend en bien moins de temps qu'il n'en faut pour la langue annamite. Il est à regretter que malgré l'importance de nos relations avec le Cambodge et malgré les travaux de plusieurs Français qui ont résidé dans le pays, aucun dictionnaire, ni aucune grammaire n'aient encore été imprimés pour faciliter l'étude de cette langue.

Les Cambodgiens emploient des expressions différentes selon qu'ils s'adressent à un inférieur ou à un supérieur, à un mandarin, à un bonze ou au roi. Ainsi ils ne désigneront pas le fils du roi ou les membres du corps du roi par les mêmes termes que ceux d'un particulier. Pour exprimer qu'un homme mange, on se sert du mot *si ;* en parlant d'un chef, on dira *pisa ;* si l'on parle à un bonze ou au roi, ce sera *soï*. En parlant à un inférieur, moi se dit *anh*, à un supérieur *knhôm*, à un bonze *chhan*, au roi *knhom prea bât*, ou *thuli prea bat*, moi poussière de vos pieds sacrés. En parlant à un homme du peuple on lui dit *réas*, vous ; à un chef, *luc ;* à une personne de condition, *cot, neac*, monsieur ; à un bonze, *corna eng ;* au roi, *corna pycès*.

Comme l'écriture présente infiniment moins d'obstacles à surmonter que l'écriture chinoise, on trouverait sans doute un grand attrait à connaître les ouvrages cambodgiens sur la religion boudhique, la morale, l'histoire naturelle, le théâtre, etc., etc. Ce serait une étude ou une occupation intéressante pour quiconque se propose de faire un long séjour en ce pays.

Les livres cambodgiens, difficiles à se procurer parce qu'ils sont manuscrits, ne sont pas rares dans les bonzeries, chez les chefs et les lettrés, et même chez les particuliers. Ils se composent ordinairement de trente à quarante feuilles de palmier Lan du Lao percées en leur milieu d'un trou dans lequel on passe une corde de soie. Elles ont cinq centimètres de largeur et leur longueur varie de vingt à soixante centimètres.

On écrit avec un stylet en fer ayant la forme d'un soc de charrue et avec une encre faite de noir de fumée et d'huile de bois. On passe cette encre sur la feuille de palmier, dont on essuie ensuite la surface, de sorte que l'encre reste dans les rainures faites par le stylet.

La tranche est dorée ou peinte en rouge, et l'on ajoute deux planchettes qui forment le couvert du livre.

Les écrits sur papier sont tracés au pinceau et à l'encre de Chine. On voit aussi des volumes d'une seule feuille de carton noir repliée sur elle-même en éventail. Les caractères s'écrivent sur chaque pli avec un stylet en bambou trempé dans une solution jaune de gomme de Cambodge.

Au Siam, les ouvrages sacrés en langue pali sont écrits en caractères cambodgiens. Le pali est, comme on sait, un idiôme savant, dérivé du sanscrit ; c'est la langue sacrée de l'Hindoustan. Les livres religieux du Cambodge sont remplis de mots pali ; les inscriptions des bas-reliefs d'Angcor sont également en pali, ce qui confirme encore ce que nous disions de l'origine de la religion des Cambodgiens.

XLII

Population du Cambodge. — Grandeur et décadence de ce royaume. — Légende du Prea-Khan. — Empiétements des Annamites. — Manque d'organisation militaire. — Armes. — Causes du démembrement du royaume. — Courageuse réaction. — Empiétements des Siamois.— Avantages du protectorat français. — Limites actuelles. — Campot. — Provinces cambodgiennes. — Divisions administratives. — Descendants des Portugais. — Malais. — Race Cham. — Tribus des Penongs. — Commission d'exploration de la vallée du Lao. — Travaux et mort de Mouhot. — Mort du commandant de Lagrée.

On donne au Cambodge une population de 500,000 âmes, dont les sept dixièmes sont Cambodgiens, le reste Malais, Chinois, Annamites. Il y aurait donc à Siam, d'après Mgr Pallegoix, autant de Cambodgiens que dans le royaume de Cambodge.

Le Cambodge à l'époque de sa grandeur occupait tout le littoral depuis le Binh-thuan (province voisine de Baria), alors appelé

Ciampa, jusqu'au Siam, c'est-à-dire du 101ᵉ au 107ᵉ degré de longitude, et dans l'intérieur il s'étendait au nord jusqu'au Lao, c'est-à-dire du 8ᵉ au 15ᵉ degré de latitude nord. Le Siam était sous sa domination, et ne se constitua en pays libre (royaume des thaï) qu'en 638, sous Prâ-ruang. L'alphabet cambodgien était alors en usage au Siam. Le roi Prâ-ruang le modifia et en forma l'alphabet thaï. Du règne de ce prince date l'ère civile siamoise, à laquelle son nom est resté attaché.

Le Ciampa (ou Tsiampa), pays des Chams, séparait le Cambodge de l'Annam. En 1013, le roi de Cambodge résidait à Bienhoa. Les Chinois appelaient ce royaume, dès l'an 618, Chan-lâp. Les Annamites disent maintenant *Caomen*.

Le mode de succession au trône, le grand nombre d'enfants que laissaient les princes, l'esprit turbulent de ce peuple, des guerres civiles nombreuses, amenèrent promptement la décadence du royaume.

Suivant une ancienne légende cambodgienne, Prea-En, roi des anges, se rendit en fendant les airs, une épée flamboyante à la main, auprès du roi d'Annam, du roi de Siam et du roi de Cambodge. Il demanda à chacun quel était le bien qu'il désirait le plus obtenir. Le roi d'Annam répondit : l'extension souveraine ; le roi de Siam : la conservation de son royaume ; le roi de Cambodge : l'observation des préceptes de la justice et de la religion. Au premier, Prea-En donna un fourreau d'or, au second une garde faite d'or et d'ivoire, au troisième une lame étincelante comme le diamant. La conservation de ce palladium cambodgien, appelé Prea-Khan, est confiée à des personnages âgés, vêtus de blanc et vivant dans la retraite. On les nomme prea-cou et leur charge est héréditaire parmi eux.

De cette légende semble ressortir la nécessité d'une inviolable union, dans la paix, comme dans la guerre, entre ces trois royaumes voisins, qui ne devaient rien entreprendre l'un sans l'autre ou l'un contre l'autre. Mais les rois d'Annam convoitèrent bientôt les belles provinces cambodgiennes et entreprirent la conquête de cet état. Ils lui enlevèrent successivement les provinces de Baria (1658), Bienhoa, Saïgon (1675), Mitho, Vinh-long (1699), Chaudoc et Hatien (1715).

Les Cambodgiens, mieux doués que les

Annamites comme force corporelle et courage personnel, ne purent résister à ces envahissements. Bien que tous les hommes, excepté les bonzes et les Chinois, soient soldats, le recrutement se fait très difficilement en raison du peu de population. On est obligé d'avoir recours à des mercenaires malais ; le manque d'argent empêche un armement régulier, général, rapide. On n'a donc qu'une multitude mal organisée et mal équipée. « Lorsqu'une
« expédition est résolue et qu'un chef a reçu
« ordre du roi de marcher à l'ennemi, il aver-
« tit aussitôt tous ses clients de se préparer à
« partir. Chacun fait sa petite provision de riz,
« de sel, de tabac, de bétel et se rend chez le
« chef. Quand celui-ci est prêt, il monte sur
« son éléphant et tous le suivent à pied et
« pêle-mêle (1). »

Les Cambodgiens ont peu d'armes à feu. Ils se servent de mauvais fusils à mèches, de lances, de sabres très longs qu'on manie des deux mains, de longs bâtons ferrés en bois dur très lourds, d'arcs et arquebuses et de flèches. Ils excellent dans la guerre d'embuscades. Ils

---

(1) P. Grandjean.

marchent au combat la tête ceinte de couronnes de cordes renfermant une sentence religieuse et mystérieuse qui doit les rendre invulnérables. Ils ont peu d'éléphants, peu de chevaux. Les Annamites, au contraire, lançaient contre le Cambodge une armée régulière et bien équipée, bien organisée et mieux armée.

Ainsi le manque d'organisation dans l'état, d'armée régulière, d'armes à feu, d'entente entre les chefs, de subsides pécuniaires, le petit nombre de la population, la faiblesse de leurs rois, qui se croyaient sans cesse menacés en même temps par les Annamites et les Siamois, et l'imprévoyance innée des Cambodgiens qui leur faisait négliger les approvisionnements et les laissait affamer : telles sont, selon nous, les causes qui rendirent la conquête annamite facile.

Il y eut de courageuses résistances, comme dans la réaction qui eut lieu sous Minh-mang (1840), roi d'Annam, après la mort de Ong-chân, roi de Cambodge. Bientôt (1847) parut le roi Ong-Duong (père du roi actuel) qui montra plus d'énergie, sut se faire reconnaître roi du Cambodge par les Siamois et les Annamites et améliora pendant son règne la situation du royaume (1).

Si les Annamites n'avaient fait que coloniser, organiser et mettre en culture leurs nouvelles possessions, les Cambodgiens se seraient probablement laissé protéger et même absorber par cette nation; mais en voulant obliger les Cambodgiens à transformer leurs mœurs et leurs coutumes et jusqu'à leurs vêtements (1816 à 1840), en défendant les alliances entre les Annamites et les femmes barbares (c'est ainsi que les vainqueurs appelaient les vaincus), en envoyant au Cambodge des chefs d'armée qui rançonnèrent le peuple, l'opprimèrent et outragèrent les membres de la famille royale, les Annamites se firent détester. La révolte des Tay-son (1773 à 1802) avait arrêté leurs empiètements. Lorsqu'ils voulurent les poursuivre de nouveau, les Cambodgiens usèrent de représailles. Il y eut des massacres considérables, et les Annamites durent se retirer en gardant toutefois ce qu'ils possédaient déjà.

---

(1) Voir pour l'histoire du Cambodge l'ouvrage du P. Bouillevaux et la traduction du Gia-dinh-thong-chi par M. Aubaret, etc.

Du côté de Siam, au contraire, la communauté d'origine, de religion, de coutumes, était un motif de rapprochement. Aussi les vues ambitieuses du Siam étaient bien mieux couvertes. Il s'empara ou plutôt confisqua à son profit les provinces à l'ouest du grand lac, Battambang et Angcor (1809-1813), et de fait il gouvernait le Cambodge depuis un demi-siècle par l'intermédiaire de délégués siamois.

Tel était l'état des choses lorsque les Français, en s'emparant de la Basse-Cochinchine, à la grande satisfaction des Cambodgiens, succédèrent aux Annamites dans leurs droits sur le protectorat du Cambodge. Dès lors l'autonomie de ce petit royaume fut sauvegardée et assurée.

Aujourd'hui, le Cambodge est compris entre la Cochinchine française, le golfe de Siam, le Siam, le Lao et les tribus qui en dépendent.

Il n'a qu'un port sur le golfe de Siam ; c'est Campot, où chaque année quelques navires européens vont charger du poivre, du coton et autres produits. De Campot à Oudong, il y a une route que l'on parcourt en cinq jours de marche.

Les principales provinces du Cambodge sont celles de Sroc-tran, chef-lieu Oudong ; de Pursat, chef-lieu Pursat ; de Compong-soai, chef-lieu Compong-thôm ; de Tenli-thôm, chef-lieu Chelong; de Bap-phnôm, chef-lieu Bap-phnôm; de Thbong-kmum, chef-lieu Thbong-kmum.

Elles sont divisées en districts.

Il y a dans chaque province un gouverneur, dans chaque district un chef de district assimilable au huyen annamite, des chefs de canton et des maires assistés de notables.

On trouve parmi la population quelques descendants des anciens Portugais, qui avaient pénétré au Cambodge en 1566 et découvert les ruines d'Angcor en 1570. Plusieurs d'entre eux se sont mariés dans le pays. Les Cambodgiens qui disent descendre de pères portugais n'ont pas le type laid des Macaïstes, ou métis de Portugais avec les Chinoises. Ils sont catholiques et ont conservé le nom de leur père ajouté à un nom cambodgien, comme Col de Monteiro, interprète du roi.

Un grand nombre de Malais sont depuis longtemps établis au Cambodge. Ils sont habiles commerçants, qualité que les Cambodgiens sont loin de posséder. Ils sont mahométans, et l'un d'eux me disait que tous les trois ans ils envoyaient des délégués en pèlerinage à la Mecque et y faisaient porter du bois d'aigle, bois blanc, tacheté de noir, résineux, employé comme parfum et comme médecine. On sait, du reste, que des Malais de Java vont chaque année à la Mecque par Poulo-Pinang, Pointe-de-Galle et Djeddah.

On rencontre aussi des villages chams, anciens habitants du Tsiampa (entre le Binh-thuan et Hué), chassés de leur pays lorsque les Annamites s'en emparèrent, de 1460 à 1600. Les Chams ou Lam-âp ou Tsiampois étaient les descendants d'une émigration malaise qui s'était fixée dans la Moyenne-Cochinchine. Leur capitale était Phan-rye, port du Binh-thuan actuel. Au XVe siècle, une fille du roi des Chams avait épousé un empereur de Java. Ces Chams ont un idiôme particulier tiré du Malais. Ils nomment eux-mêmes les chefs de tribus qui les gouvernent; ils s'allient entre eux. Les Chuvéa-Cham ou Cham malais sont mahométans. Les Cham-thmon, qui se sont mélangés à la race cambodgienne, sont boudhistes, comme l'attestent les nombreuses statues de Somana-Cudôm, en pierre et en bronze, qu'ils ont laissées dans les montagnes du littoral.

Les idoles ne diffèrent des statues cambodgiennes que par la coiffure qui, au lieu d'être en pointe de casque, ressemble à une calotte ronde hérissée de pointes.

Les Chams ont des livres qu'il serait intéressant et facile d'étudier, beaucoup d'entre eux parlant le cambodgien ou l'annamite.

Les tribus voisines sont les Penongs, que les Annamites appellent Moï, les Stiengs, les Cuys. C'est une grave insulte que d'appeler un Cambodgien Penong ou sauvage. Les missionnaires ont pénétré jusque chez les Stiengs; les Cuys sont d'excellents forgerons; les Chams sont d'intrépides bûcherons.

Une commission française, composée de M. de Lagrée, capitaine de frégate, et de cinq autres membres, a remonté en ces dernières années le grand fleuve du Cambodge dont elle a exploré le cours. Elle rapporte sans doute des renseignements complets et importants sur le Lao et les pays plus élevés.

Un voyage analogue avait été entrepris déjà par un naturaliste français, M. Mouhot, qui mourut en 1862, au Lao, à Luang-pha-bang, de la fièvre des bois, vers le 13ᵉ degré de latitude. Il était parti d'Angleterre en 1858. Les résultats de ses travaux étaient destinés aux sociétés zoologique et géographique de Londres. M. Mouhot était marié à une descendante de Mungo-Park. Il sacrifia à ses explorations scientifiques sa patrie, sa famille et sa vie. Son voyage a été publié en partie, en 1863, dans le *Tour du Monde.*

Au mois d'avril 1867, la commission française du Mê-kong a élevé sur sa tombe un monument près de Luang-phabang.

Au moment où le commandant de Lagrée touchait au terme de sa longue et périlleuse mission, la mort est venue le surprendre. Ses compagnons de route, le roi et le peuple de Cambodge, la Cochinchine française et la mère-patrie, déplorent vivement sa perte et conserveront à jamais sa glorieuse mémoire.

XLIII

Voyages pendant l'inondation. — En saison sèche. — Pas de poste. Voyages à cheval. — En char à bœufs. — En char à buffles. — Voyages à éléphant. — Chasse à l'éléphant. — Route de terre de Phnôm-pénh à Saïgon. — Sucre de palmier. — Gomme gutte. — Cire. — Rizières. — Coton. — Irrigation. — Indigo. — Élevage des vers-à-soie. — Arbre à huile. — Grand marais. — Le bœuf divinisé. — Halte de voyage. — Habitation. — Hospitalité. — Repas. — Râtelier d'armes. — Tissage de la soie.

Les voies de communication sont bien différentes au Cambodge, selon que l'on voyage dans la saison sèche ou dans la saison des pluies.

Dans ce dernier cas, les chemins sont supprimés par l'inondation, qui couvre les campagnes, remplit le lit des rivières et des ruisseaux, et permet de naviguer en pirogue à travers les plaines.

Dans la saison sèche on suit les routes qui sont mal entretenues, dont il ne reste quelquefois pas de traces après l'inondation et qui sont coupées par des ruisseaux ou des marais que l'on passe à gué ou en bateau, les ponts étant démolis ou n'ayant jamais existé.

Il n'y a pas de poste cambodgienne ni de courriers réguliers, de sorte que les lettres doivent être envoyées par un exprès; souvent même elles sont retardées ou égarées en route, lorsqu'elles sont transmises de village en village.

De Saïgon à Phnôm-pénh la capitale, il y a un courrier par mois partant de Saïgon après l'arrivée du courrier de France et passant par Chaudoc. Le départ de Phnôm-pénh pour Saïgon a lieu le 23 de chaque mois à 8 heures du matin.

On voyage tantôt à cheval tantôt à éléphant, le plus souvent en chars à bœufs, ou encore en chars à buffles.

Les chevaux cambodgiens sont assez rares. Ils sont d'une taille un peu plus élevée que les chevaux annamites. Les indigènes les montent habilement sans étriers, avec une selle ronde et plate, semblable à un tabouret de piano.

Les chars à bœufs sont légers et très étroits. Ils sont munis d'un petit toit qui protège contre le soleil et la poussière. On est contraint à s'y tenir presque toujours les jambes croisées. Aussi est-il bon d'avoir avec soi un oreiller et une couverture pour adoucir le cahot du véhicule. On fabrique dans le pays de petits matelas qui se déploient et se reploient et des oreillers triangulaires fort utiles en voyage. Un guide muni d'une serpe court devant le char qu'il répare en quelques instants lorsqu'il vient à casser. Les bœufs du Cambodge sont renommés pour la vitesse de leur allure. Les buffles et les bœufs sortent le matin du parc et vont paître en liberté souvent à une grande distance du village, de sorte qu'on attend longtemps avant de pouvoir s'en procurer dans le courant de la journée. Il faut que les Cambodgiens cherchent les bœufs, s'en approchent, leur jettent au cou un lacet et les ramènent au village. Souvent encore les chariots manquent ou sont en réparation ou en corvée, ou les bœufs sont malades. Enfin la situation est parfois embarrassante et l'on s'en tire heureusement quand on finit par avoir à sa disposition une paire de buffles et un de ces gros chariots cambodgiens très-lourds qui servent de moyens de transport et de déménagement. Toute une famille avec ses hardes et son chétif mobilier s'entasse sous ce toit ambulant pour aller bâtir sa case sur une terre plus paisible ou plus fertile. Ces derniers chariots sont solides, élevés, longs, et peuvent servir d'habitations mobiles. Ceux des chefs sont sculptés, laqués et l'extrémité du timon relevée en corne est ornée d'une houppe de crins rouges et de grelots. On y est plus à l'aise que dans les chars à bœufs, mais on a l'inconvénient de voyager lentement.

L'éléphant est un des moyens de transport les plus employés. On monte sur son dos, soit avec une échelle, soit de la façon suivante : On se tient à gauche de l'animal, on lui demande le pied (chu'ng) qu'il présente aussitôt. De la main gauche on lui prend l'oreille, on pose le pied gauche sur le genou de l'éléphant, et au moment où celui-ci le relève on saisit de la main droite le bât et l'on se hisse des deux mains. Le bât est une boîte carrée, abritée du soleil par un dôme en rotin et par des rideaux.

On n'y est à l'aise que lorsqu'on est seul, et il faut pour ne pas subir le frottement des bords de la boîte contre les jarrets s'y tenir à la turque ou allongé en travers de l'éléphant. Il y a des éléphants qui ont une allure très-dure et qui font subir au bât un ballottement alternatif capable de causer chez certaines personnes le mal de mer. L'éléphant est excellent dans les routes peu frayées pour enlever les obstacles de la route et sonder la profondeur de l'eau. Il peut monter et descendre sans danger. Il fait une lieue et demie à l'heure.

En passant dans les routes poudreuses, il a quelquefois des manies désagréables, telles que de ramasser avec sa trompe de la poussière qu'il lance ensuite sous son ventre pour chasser les insectes qui séjournent aux plis des jambes ; ou bien il fait provision d'eau et s'en asperge le corps pour se rafraîchir.

Les Cambodgiens chassent l'éléphant sauvage à l'époque la plus favorable, au moyen de femelles dressées, conduites par un bon cornac qu'elles cachent sur leur cou en repliant sur lui leurs larges oreilles. L'un des éléphants privés s'approche de l'éléphant sauvage et, pendant que celui-ci est en marche, il lui passe un nœud coulant en lanière de buffle autour d'un pied et le serre fortement. L'éléphant, se sentant pris, pousse des cris plaintifs et ne s'enfuit guère loin. Les deux éléphants privés l'entourent alors et le ramènent comme un prisonnier entre deux gendarmes jusqu'au parc où ils le forcent à entrer. Un éléphant dressé coûte au Cambodge 4 à 500 francs.

Le cornac est à cheval sur la nuque ; il a les pieds placés derrière les oreilles de sa monture, qu'il conduit en appuyant un pied ou l'autre contre l'oreille. Il rappelle l'animal à l'ordre au moyen d'une forte pique en fer recourbée et bien emmanchée. Tantôt il se sert du manche, tantôt de la pointe.

Il est fort difficile d'aller directement de Compong-Luong à Prec Tremac, village qui se trouve sur la rive gauche du grand fleuve, à la même hauteur que Compong Luong, sur la rive droite du bras d'Oudong. Il faudrait traverser les deux fleuves et l'île Cà-thien, couverte de hautes herbes ; il est donc plus facile de descendre à Phnôm-pénh en barque, de remonter le Grand-Fleuve jusqu'à Lovéa-êm et d'aller le long de la rive de Lovéa-êm à Prec-tremac. Ce dernier endroit peut donc être considéré comme le point de départ de la route qui conduit à Tay-ninh ou à Trambang, chefs-

---

(1) Cet itinéraire a été publié avec de plus grands détails dans le Courrier de Saïgon du 20 avril 1865.

lieux d'arrondissements français. On met ordinairement six jours pour faire ce trajet. On traverse des plaines arides où végètent des arbres rabougris. On rencontre des villages dont les maisons sont rangées en carré, pignon sur devant et entourées d'une haie de gros bambous. On voit assez fréquemment des Chinois, établis dans les villages cambodgiens, se mêlant aux indigènes sans se confondre avec eux.

La monotonie de ces plaines et de ces rizières desséchées est bientôt rompue par des palmiers à éventail dont la tige élancée est très gracieuse. Le palmier dom-tenot donne un sirop de sucre au moyen d'incisions faites au-dessus du fruit. On fait bouillir le sirop de palme dans les tubes de bambou qui ont servi à le recueillir. Pour cela on creuse horizontalement la terre en forme de four dont la voûte est percée de trous au-dessus desquels se placent les tubes. On obtient ainsi un vin sucré, fort agréable à boire. Le résidu de l'évaporation est un sucre noir, incristallisable, qui se vend dans les divers marchés du Cambodge en tablettes rondes et superposées. Un palmier de bon rapport peut emplir quatre tubes par

jour, ce qui rend à peu près un kilogramm
de sucre, pendant quatre mois de l'année : d
cembre, janvier, février et mars.

La gomme-gutte se recueille simplement a
moyen d'incisions d'où la liqueur découle dan
les tubes de bambou, tandis qu'il est très diff
cile d'atteindre la tige de palmier dont le tron
est lisse. Les indigènes, pour y arriver, fon
avec un lien autour de l'arbre une série d'an
neaux parallèles qui leur servent de poin
d'appui. On enfonce horizontalement des lame
de bois dur sur lesquels ils grimpent comm
sur une échelle.

Ils emploient le même procédé pour alle
chercher la cire, qu'ils détachent avec un lon
bambou, après avoir enfumé et chassé l'es
saim.

Plus loin, le terrain se relève ; on arriv
subitement dans un grand village devant lequel
s'ouvre une plaine verdoyante ; une ceinture
de grand bois limite l'horizon. La rivière de
Prey-veng se déroule comme un large ruban
bleu. Elle se répand dans des rizières immenses
et permet de faire trois récoltes par an. Des
jonques stationnent au milieu de ces champs
fertiles, et en attendant leur chargement, les

indigènes qui les montent se livrent à la pêche.

Dans les terres plus sèches, on rencontre de nombreux champs de coton et de canne à sucre. Ce sont des cultures à améliorer et à développer sur une vaste échelle. Le coton est envoyé à Cholen (près de Saïgon) pour l'exportation.

Les terrains voisins des cours d'eau sont quelquefois arrosés artificiellement. Sur un plateau vertical s'appuie, en forme de T, une perche horizontale mobile sur son axe. D'un côté pend un seau pour puiser l'eau, de l'autre côté est un coude articulé qui permet d'élever et d'abaisser la branche du T. On amène le vase rempli d'eau au-dessus d'un conduit en bois, disposé en pente, avec lequel communiquent de gros bambous fendus par moitié dans le sens de leur longueur en forme de gouttières, qui distribuent l'eau dans les rizières.

Sur les rives des cours d'eau s'échelonnent des cultures d'indigo, de tabac, de mûrier. L'indigo est employé sur place à la teinture des étoffes que l'on envoie à Phnôm-pénh.

Les vers à soie sont élevés sous des moustiquaires, moins pour les garantir des moustiques que d'une mouche *lan*, dont le contact leur est nuisible. C'est peut-être là une des causes du peu de développement de l'industrie séricicole au Cambodge.

Il faut aussi que les étagères où sont déposés les vers à soie soient isolées de façon que les fourmis et autres insectes ne puissent les atteindre. Les Cambodgiens disent que les vers à soie doivent changer d'éleveur au moins tous les deux ans, l'odeur du corps ou de transpiration du même individu les incommodant à la longue.

Lorsqu'un tigre a passé dans les cultures de mûrier, les vers nourris avec les feuilles de ces mûriers meurent en peu de temps. Pour prévenir cet accident, on dépose dans un vase plein d'eau une dent de tigre, on met tremper les feuilles de mûrier pendant une heure environ, et l'on n'a rien à craindre. Mais les Cambodgiens font cette réserve, que si les feuilles ont trempé trop longtemps la mort des vers est certaine ! Ils suspendent aussi au-dessus des vers à soie, pour les préserver des maladies, une excroissance qui vient des mûriers et qu'ils appellent bon-nhon-caêc. Enfin, ils prétendent qu'un aimant placé sous l'étagère où vivent les vers-à-soie a le même effet. Ils trouvent aussi que l'odeur du cheval est nuisible aux

aux vers à soie, et ne laissent pas un cavalier s'approcher trop près des cases où l'on élève les vers.

Le gouverneur de la province de Bap-phnôm réside au pied de la montagne de ce nom. On y retrouve des forêts superbes, des fourrés touffus, où le gros gibier abonde en même temps que les animaux féroces.

Le Cambodge est riche en essences de bois incorruptibles. Il y a des sapins dans la partie haute du pays voisine du Siam.

On remarque fréquemment, comme en Cochinchine, de gros arbres dont le tronc est noirci à peu près à un mètre du sol et creusé en cuvette : cet arbre est le *dâu*, l'arbre à huile. On brûle l'aubier afin d'enlever les matières solides qui s'opposent à l'écoulement de l'huile, qu'on recueille ainsi chaque jour sans danger de faire mourir l'arbre. L'enduit des barques est un mélange d'huile de bois et de résine.

Il faut maintenant franchir un grand marais, le Bong-thloc, qui à la saison des pluies devient un lac profond. Au mois de février, il avait 1^m 50 de profondeur. J'étais accroupi dans une étroite pirogue, poussée par deux Cambodgiens. Les bœufs avaient été dételés et mis à la nage ; les deux chars flottaient sur les joncs et les roseaux. Il est indispensable de n'avoir avec soi qu'un bagage peu pesant. Les hautes herbes empêchent bientôt la frêle embarcation d'avancer.

On attelle de nouveau les bœufs qui vont s'enfonçant dans le sol marécageux, se dégageant avec courage pour s'enfoncer plus loin, se relevant enfin pendant que l'aiguillon les pique au sang et sortant de cette vase noire soufflant et haletants. Evidemment il me faudra expier ce fait dans le troisième enfer où sont punis ceux qui surmènent les animaux. En songeant aux services que les bœufs rendent aux indigènes de ces contrées, on s'explique comment l'imagination de certains peuples a pu faire de ces animaux utiles des divinités, et leur vouer un culte et des temples. Les Égyptiens adoraient le bœuf Apis ; les Indiens le bœuf Namdy. Par un singulier rapprochement, les Cambodgiens ont en grande vénération l'idole d'un bœuf sur les montagnes voisines d'Oudong. D'après les Siamois, Boudha doit la naissance à un éléphant blanc ; mais les honneurs qui lui sont décernés par les rois de ce pays ne sont-ils pas en même temps un hommage rendu à l'intelligence de ces colosses, et dicté par la reconnaissance pour leurs services. La couleur des éléphants blancs n'est, en effet, qu'un accident externe, et n'est pas due à une variété d'espèce.

Lorsqu'on s'arrête dans un village pour s'y reposer ou y passer la nuit, il est convenable de se faire annoncer chez le chef le plus important de la localité, lequel répond par une invitation d'entrer dans sa case.

Les cases cambodgiennes sont bâties sur pilotis, à $1^m 50$ environ au-dessus du sol. La charpente en bois est assemblée et maintenue au moyen de chevilles et de liens. Le toit est en feuilles de palmier ou en herbe longue.

Les cloisons intérieures sont faites de cadres en bambous croisés, recouvrant des feuilles de palmier desséchées. On monte par une large échelle, souvent incommode, dans la pièce de réception, où l'on étend la natte pour recevoir les hôtes. On apporte aussitôt un oreiller triangulaire, de l'eau dans des bassins d'argent ou de cuivre, le plateau de bétel, du tabac dans de petites boîtes d'argent repoussé et des feuilles sèches de bananier pour rouler des cigarettes. Les femmes ont un compartiment particulier. Pendant les préparatifs du repas de bienvenue, l'étranger a décliné devant le chef ses titres et qualités et remis les ordres écrits ou la lettre dont il est porteur. Pour ne pas déroger aux rites, le chef la passe à son secrétaire qui en donne lecture à haute voix. Après quoi des mesures sont prises selon son contenu.

Le repas est servi sur un grand plateau de cuivre recouvert d'une sorte de chapeau pointu, doublé d'étoffe rouge et surmonté de houppes de diverses couleurs. Ce couvercle préserve les mets de la poussière et des insectes. A côté du plat est un bassin de cuivre plein d'eau où flotte un petit bol en cuivre ou en argent. Chacun s'en sert pour puiser de l'eau dans le bassin commun et boire à son tour.

On trouve presque partout des poules, des canards, des œufs et même du poisson. Le poulet cuit à l'eau disparaît sous une gelée de sang figé qui s'enlève facilement. Les œufs couvés sont offerts de préférence, mais on a toujours la ressource du riz. On dîne assis à la turque autour du plateau, à la lueur d'une torche de résine. Dans les maisons riches, on allume pour la circonstance de petites chandelles de cire. Pendant le repas, toute conversation cesse et les femmes se retirent dans leur appartement.

Il y a dans la case des chefs cambodgiens un râtelier d'armes qui se compose de quelques fusils à mèches, de lances ornées d'une petite houppe de crins blancs ou rouges, d'arbalètes et de grands sabres à longue poignée et qu'on manie des deux mains, bien qu'ils n'aient qu'un côté tranchant.

Le plancher de la case est un treillage en bambou. Le rez-de-chaussée, c'est-à-dire le sol au-dessous de la maison, sert de basse-cour pendant la saison sèche.

Près de la case se trouve toujours quelque hangar où les femmes s'installent pour tisser des étoffes. Leur métier à tisser est très simple; il se monte et se démonte facilement et occupe peu d'espace. L'étoffe en cours d'exécution peut se replier sur elle-même autour du métier que l'on emporte sous le bras. Aussi n'est-il pas rare de voir des femmes cambodgiennes, dans une halte de voyage, déployer leur métier et travailler aux belles étoffes de soie qui se vendent dans le pays et servent à faire des langoutis à l'usage des deux sexes. Une fille cambodgienne qui ignorerait l'art de tisser les étoffes trouverait difficilement à se marier.

Le septième jour après mon départ de Compong-Luong, j'étais de retour à Saïgon.

XLIV

Préparatifs du départ pour la France. — Certificat d'origine. — Epoque préférable. — Transition difficile du chaud au froid. — Joies du retour.

Après un séjour de près de sept années en ces lointaines régions, le désir de revoir la France, « le plus beau royaume, dit Grotius, après celui du ciel, » se fait impérieusement sentir. C'est même un besoin physique et moral auquel il est bien doux de céder.

Beaucoup de personnes, en quittant la colonie, emportent quelques chinoiseries ou curiosités. Il est essentiel que le tout soit emballé de manière à résister aux rudes secousses du bord, du transbordement et du transit égyptien. En déclarant ces objets au bureau municipal de Saïgon et en demandant un certificat d'origine, qui coûte 1 franc par vingt lignes, les droits de douane à payer à l'arrivée sont beaucoup moins élevés.

Il est bon de quitter la Cochinchine de façon à arriver au pays natal en été, afin d'éviter en changeant de climat les effets d'une brusque transition.

Les mois de mars et d'avril ne sont pas assez chauds, il vaut mieux attendre le mois de mai. En avril, nous avons vivement ressenti les effets du froid depuis Aden, où le ciel était brumeux. La température était très fraîche en rade de Suez. Enfin, dans la Méditerranée, le mistral soufflant, le thermomètre marquait 6 degrés la nuit et 14 degrés le jour, de là une très grande souffrance.

Quelle que soit d'ailleurs l'époque où l'on accomplit ce voyage de retour, il ne faut pas négliger de se vêtir de flanelle et de vêtements chauds, si l'on veut éviter des rhumes et des indispositions graves et longues.

Le voyage de retour est un voyage d'impatience : Se sentir ramené vers le pays, suivre les indications de chaque lok, compter les jours et les heures, c'est une jouissance toute intime. Chacun songe au bonheur de retrouver et d'embrasser parents et amis.

Combien sont vrais et touchants ces beaux vers de Nadaud, que j'aimais à me rappeler :

> Sur le sol qui soutint mes pas
> Est une famille que j'aime,
> Des amis m'attendent là-bas,
> Qui me sont plus chers que moi-même.

Enfin, nous voilà en vue de ce rivage tant désiré :

> Terre ! terre ! je te revois,
> Salut ma maison sédentaire,
> Gaîté des champs, calme des bois.
> Salut mes sœurs, salut ma mère !

Et ces heures fortunées, ces joies bénies nous paient de tous nos labeurs et de toutes nos misères passées. Avec les forces morales reviennent les forces du corps. On se sent renaître, on se sent heureux. Les peines d'autrefois s'oublient vite ; l'avenir se place devant nous ; les souvenirs se pressent dans notre esprit. Notre attachement pour ces lointains pays, nouvellement français, prend des racines plus profondes. Nos regards se tournent encore vers tous ceux qui se dévouent à cette noble tâche de doter la France d'une grande et productive colonie. Nos vœux les accompagnent et nous applaudirons pendant toute notre vie à leurs glorieux efforts.

FIN

ERRATA

Page 16, ligne 6, supprimer *pour New-York, de là à*, et lire : *pour Aspinwall.*
— 17, ligne 3, lire : des Messageries impériales, de la Compagnie péninsulaire.
— 36, ligne 3, lire : *Garofalo*, au lieu de *Garofalolo*.
— 70, 1re ligne, lire : 1 fr. 25 en 2e classe, au lieu de 2 fr. 25.
— 85, ligne 13, lire : le journal « l'Égypte. »
— 123, ligne 10, lire : par personne et par jour.

TABLE DES MATIÈRES

INTRODUCTION

Pages.

Prise de possession de la Basse-Cochinchine. — Son importance au point de vue commercial et maritime. — Au point de vue de nos autres colonies. — Au point de vue politique. — Au point de vue de l'Algérie. — Indifférence et ignorance des Français en matière coloniale. — Objet du livre. 1

I

Marseille. — Voie des Messageries Impériales. — Voie des paquebots transatlantiques. — Change des monnaies. — La Méditerranée. — Voie des transports de l'Etat 13

II

Toulon — L'arsenal. — Les environs de Toulon. — La rade. — Hôpital Saint-Mandrier. — Objets à emporter. — Conditionnement des bagages. — Objets nécessaires pendant la traversée et pour les relâches. 20

III

En mer. — Les escarbilles. — Usages du bord. — Tangage et roulis. — Mal de mer. — Le lok. — Un nœud. — Termes les plus usités à bord. — Manière de compter l'heure. — Bouées de sauvetage 25

IV

En route. — La Corse. — L'île d'Elbe. — Messine et Reggio . 35

V

Pages

Candie. — Mer d'huile. — Côte d'Egypte — Voie des paquebots de l'Adriatique. — Compagnie Marc Fraissinet 38

VI

Alexandrie — Débarquement. — Anes et âniers. — Omnibus et voitures. — Les rues par beau temps. — Arrosages et arrosoirs. — Les rues par mauvais temps. — Place Méhémet-Ali. — Hôtels et dépenses — Cercle, bibliothèque, théâtre. — Postes aux lettres. — Télégraphes. — Monnaies en usage. — Consulat. — Mot d'ordre. — Police. — Les rues la nuit 41

VII

L'ancienne Alexandrie — Colonne de Pompée. — Guide anglais — Cimetière, convoi funèbre — Ophthalmies. — Catacombes. — Les Coptes. — Eglises. — Ecole des Frères — Hôpital français, école de filles — Aiguille de Cléopâtre. — Jardin Pastré. — Fellahs — Population de l'Egypte 54

VIII

Port et commerce d'Alexandrie. — Ramleh. — Le Nil. — Gargoulettes — Bains arabes. — Haschich. — Bakchich. — Bazars — Cafés arabes — Population d'Alexandrie. — Langages divers. — Repas turc — Canal Mahmoudieh. — Voyage par eau ou par chemin de fer 68

IX

Gare d'Alexandrie. — Chemin de fer égyptien. — Lac Maréotis. 79

X

Séjour au Caire. — Ascension aux pyramides 83

XI

Le désert, en chemin de fer. — A dos de chameau 88

XII

Suez. — Hôtels et dépenses. — La ville et les environs. — Fontaines de Moïse. — Bains. — Hôpital français. — Écoles. — Poste aux lettres. — Télégraphe. — Population. — Canal de Suez. — Port-Saïd. — Rade de Suez. — Consulat 92

XIII

Mer Rouge. — Le Sinaï. — Le mont Horeb. — Moka. — Périm. — Baie d'Osboc. — Bal-el-Mandeb. — Océan indien. — Rade d'Aden. — Pagayeurs et plongeurs 98

XIV

Aden. — Prix et moyens de transport. — Hôtel du Prince-de-Galles. — Les Parsis. — Chapeaux en saja. — Monnaies. — Le port. — Approvisionnements. — La ville. — La route d'Aden. — Fortifications. — Citernes de Tawila. — Manque d'eau potable. — Femmes dangereuses. — Rues d'Aden. — Types indigènes. — Paquebots des Messageries impériales. — Curiosités. 183

XV

Socotora. — Installation du bord. — Mode de couchage. — Cancrelats. — Le soir à bord. — La table 118

XVI

Pointe-de-Galle (Ceylan). — Pagayeurs indigènes et marchands de curiosités. — Le port. — La ville anglaise. — Hôtels et dépenses — Blanchisseurs. — Langages. — Le cimetière. — Ville noire. — Bazars. — Monnaies. — Télégraphe. — Bains — Jardin des cannelles. — Temple boudhique. — Boudhisme. — Pic d'Adam. — Chapelle catholique. — Excursion à Colombo. — Paquebots-poste. 124

XVII

Golfe du Bengale. — Gros temps. — Iles Nicobar. — Poulo-Pinang — Lieu de convalescence. — Le chef-lieu. — Poulo-Ticou. — Institutions diverses. — Curiosités. — Détroit de Malacca 133

XVIII

Pages

Rade de Singapore. — Débarquement. — Hôtels et dépenses. — Monnaies. — Origine de la ville. — Monuments. — Population. — Gouvernement. — Culte arménien. — Ville chinoise.—Jardin Whampoa. — Palanquins. — L'esplanade. — Excursion à la butte d'étain. — Tigres. — Églises. — Écoles. — Hôpital. — Port et docks. — Paquebots-poste de la Compagnie péninsulaire et orientale et des Messageries impériales — Publications. — Télégraphe. — Valeur des importations et exportations. — Ville malaise. — Ville indienne. — New-Harbour. — Bains de mer. — Curiosités. — Préparation des joncs. 138

XIX

Poulo-Condor. — Ressources du pays. — Population. — Port. 156

XX

Phare de Saint-Jacques. — Rade du cap Saint-Jacques. — Sémaphore. — Baie des cocotiers. — Bureau télégraphique. — Mât de signaux. — Baie de Can-ray. — Prix du pilotage. — Mouillage et feu de Cangiou. — Ressources du village de Cangiou. — Vallée des Nénuphars. — Plantations. — Chasse. — Lieu de convalescence. — Pagode de la baleine. — Jonques annamites. — Jonques tonquinoises. — Un homme à la mer! — Rivière de Saïgon. — Fort du sud. — Rade marchande. — Église et village de l'Évêque. — Jonques chinoises. — Surveillance du littoral. — Messageries impériales. — Pointe Lejeune. — Mât de signaux. — Direction du port de commerce. — Monument Lamaille. — Barques et sampans. — Rade de guerre. — Dock flottant. — Grands bâtiments. — Bassin de radoub. — Aspect de la ville 159

XXI

Saïgon. — Débarquement. — Pirogues, coolies, *paniers* et voitures. — Hôtels. — Monnaies. — Sapèque. — Ville de Saïgon. — Tour de l'Horloge et place du Gouvernement. — Travaux d'assainissement. — Hôpital européen. — Hôpital annamite. — Cimetière. — Rue Isabelle II. — Établisse-

TABLE DES MATIÈRES 513

ment de la Sainte-Enfance. — École de filles. — Collége d'Adran. — Collége des interprètes français. — Séminaire de la mission — Couvent des carmélites. — Ancienne citadelle. — Magasins généraux. — Jardin botanique et zoologique — Casernes. — Évêché. — Marché. — Mairie. — Police. — Travaux à exécuter 172

XXII

Port de Saïgon. — Valeur des transactions et mouvement des navires en 1860, en 1865, en 1866, en 1866-1867. — Cabotage avantageux. — Remorquage à vapeur. — Prix d'entrée dans le dock. — Chambre de commerce. — Trésorerie — Comptoir d'escompte. — Journaux. — Comité agricole et industriel. — Exposition des produits. — Télégraphie. — Son importance pour la marine marchande. — Tarif des dépêches. — Télégraphe d'Europe à Saïgon, voie de terre. — Télégraphe d'Europe en Chine. — Télégraphe d'Europe en Cochinchine et en Chine, voie sous-marine. — Établissement des Messageries impériales. — Consulats — Saïgon, centre commercial. — Port d'Hatien. — Port de Rachgia. — Ile de Phu-Quoc. — Agriculture. — Ventes et concessions de terrains. — Culture du riz. — Le sucre. — Le coton. — Aréquiers. — Cocotiers. — Fabrication d'huile. — Le tabac. — Bois de construction. — Ortie de Chine. — Mûriers. — Indigo. — Maïs. — Cire. — Poivre. — Le blé. — Voies ouvertes à l'industrie européenne. — Poisson salé du grand lac. — Commerce des Moïs. — Commerce d'échanges. — Nécessité d'un capital de première mise. — Salaires. — Industries et objets d'art. — Orfévrerie. — Incrustations. — Fonderies. — Sculpture. — Peinture. — Imprimerie. — Soieries. — Résumé. — Poids et mesures. . 186

XXIII

Population des deux arrondissements de Saïgon. — Congrégations chinoises. — Population indienne. — Parsis, Grecs, Cambodgiens. — Tagals de Manille. — Malais. — Moïs . . 221

XXIV

Origine de la nation annamite. — Habillement du peuple. — Des Mandarins. — Moyen de reconnaître un homme d'une femme. — Le bétel. — Chevelures. — Habitations. — Ornements. — Repas indigènes — Visites. — Rites et observances — Le thé. — Hospitalité. — Médecins et médecines. — Sorciers. — Infirmes. — Alimentation. — Fumeurs annamites. — Fumeurs chinois. — Eau-de-vie de riz — Opium. — Pipe d'opium — Conséquences de cette passion. — Son origine et son extension. — Ferme d'opium — Prohibitions siamoises. — Le jeu. — Ferme des jeux. — Cerf-volant. — Théâtre annamite. — Acteurs. — Spectateurs. — Théâtre chinois 228

XXV

De la femme annamite — Fiançailles et mariage. — Couches. — Manière d'élever les enfants. — Vaccine. — Abandon, location, vente des enfants. — Fils adoptifs. — Des filles — Sainte-Enfance. — Femmes mariées. — Qualités et défauts. — Idées sur l'honneur. — Armes 255

XXVI

Écriture annamite. — Écoles libres — Langue. — Moyens de l'étudier. — Langue Sabir. — Interprètes français. — Interprètes latins. — Écoles primaires indigènes. — Transformation des caractères chinois en caractères européens. — Cours public de langue annamite. — Institution municipale. — Solde des interprètes français — Administrateurs anglo-indiens. — Administrateurs franco-annamites. — Leur solde. — Cercle et bibliothèque publique. — Conservation des ouvrages en langue du pays et des publications européennes. — Ouvrages à consulter 266

XXVII

Année. — Mois — Jours — Heures. — Nouvel an — Cadeaux. — Cérémonies annamites. — Offrandes aux ancêtres — Chapelles laraires. — Théorie du grand dragon. — Courses de pirogues — Courses de chevaux et de chars. — Musique. — Orchestres et instruments — Cérémonies funèbres. — Enterrement. — Respect des morts. — Respect des vieillards. — Religion — Bonzes. — Superstitions . . 278

XXVIII

Administration française. — Garantie de la propriété. — Attachement au sol. — Administration indigène. — Des communes. — Chefs annamites — Leurs titres. — Administration de la justice aux Européens, aux indigènes. — Suppression des peines corporelles. — Exécutions capitales. — Courage des condamnés en face de la mort. . . . . , .   295

XXIX

Caractère de la loi annamite. — Ordonnance de Bô-Linh. — Arbitraire et corruption des juges — Considérations morales. — Taux légal du prêt — De l'usure. — Des eunuques. — Tribunal. — Cangue. — Question. — Les ceps — Latitude laissée aux mandarins. — Loi sur la cuisine royale. — Loi sur les fiançailles. — Divorce. — Adultère. — Manque de respect filial. — Bacheliers libertins. — Fils prodigues.   303

XXX

Excursion au tombeau de l'évêque d'Adran. — Route du troisième pont — Le Go-Viap. — Route de Tinan-Keou. — Pagode Barbet — Plaine des tombeaux. — Ouvrages de Ki-hoa. — Jardin de l'évêque. — Monseigneur d'Adran. — Traité de 1787. — Le tombeau.   317

XXXI

Excursion à Cholen, ville chinoise. — Excursion par eau, par terre. — Route des mares — Haras, parcs et pagodes des mares — Apothéose d'un matelot breton. — Ville chinoise — Préfecture. — Trésor. — Bureau télégraphique. — Pagode des divinités guerrières. — Pagode Cantonnaise. — Offrandes — Sorts. — Machine à débiter des prières. — Cuisine. — Population. — Minh-Huong. — Quartiers. — Transformation de la ville — Haut et bas commerce. — Arroyos et canaux. — Honorabilité des grands négociants chinois. — Entrepôt commercial. — Écoles. — Corporations. — Origine de la ville chinoise. — Cay-maï. — Fort. — Pagode. — Monticule. — Description poétique de Cay-maï par un grand mandarin. — Route de l'arroyo chinois. — Puits de l'évêque — Hôpital de Choquan. — Port des jonques de mer. . . . . ,   322

XXXII

Pages

Empire d'Annam. — Provinces françaises. — Vinh-long. — Chaudoc — Sadec. — Hatien. — Frontières. — Population. — Revenu colonial. — Moussons et saisons. — Température et climat. — Lieux de convalescence. — Acclimatement. — Installation. — Habitations. — Insectes et animaux nuisibles. — Conservation du linge et des vêtements. — Inconvénient des fourmis. — Mode de couchage. — Moustiques et moustiquaires. — Bourbouilles et autres affections cutanées. — Blanchissage. — Chaussures. — Précautions contre les insolations. — Promenades à cheval. — Coiffures. — Saison des pluies. — Instruments de musique. — Le dessin. — Photographie. — Distractions. — Écueils de la vie coloniale. — Heures des affaires, des bureaux et des visites. — Courrier de France. — Séjour des Européens aux colonies 342

XXXIII

Aliments exotiques. — Cuisine française. — La popote. — Ration de vivres. — Dépenses de la table et accessoires. — Aptitude spéciale des Chinois. — Rafraîchissements. — Mauvaise eau. — La sieste. — Cary indien. — Légumes et fruits. — Éclairage. — Panka. 363

XXXIV

Relations avec l'Europe et avec les puissances voisines. — Courriers d'Europe et de Chine. — Relations avec Hong-Kong, Macao, Canton. — Relations avec Manille. — Relations avec Batavia. — Relations avec Hué. — Voyage de l'amiral Bonard et du plénipotentiaire espagnol à Hué. — Relations avec les provinces annamites. — Relations avec le Siam. — Relations avec Singapore. — Relations télégraphiques avec l'Europe par le Siam et les Indes 375

XXXV

Voyages et transports par eau. — Voyages par terre. — Les trams. — Postes indigènes. — Maison commune. — Odeurs étrangères. — Voyages à cheval. — Voyages en chars à bœufs et à buffles. — Chasse au tigre. — Voyages de nuit. — Caïmans. — Poissons de combat. — L'éléphant. — Chasses. 385

XXXVI

Royaume de Cambodge. — Route fluviale. — Tan-an. — Arroyo de la Poste. — Mitho. — Marché chinois. — Le grand fleuve. — Les Quatre-Bras de Phnôm-pénh. — Bras d'Oudong. — Mission catholique. — Compong-Luong. — Grande pagode et bonzerie. — Fresques curieuses. — Un disciple de Boudha 397

XXXVII

Village de Compong-Luong. — Marché cambodgien — Des enfants — Types cambodgiens. — Femmes et filles cambodgiennes. — Mariage. — Couches. — Politesse. — Qualités et défauts. — Chasse. — Cérémonies funèbres. — Oudong. — Palais et citadelle. — Théâtre. — Corps de ballet. — Musique. — Audience du roi. — Posture des assistants. — Mode de gouvernement. — Code. — Serment de fidélité. — Finances. — Un roi siamois, un bonze et un singe. — Montagnes de la couronne. — La reine-mère. — La pagode carrée. — Pyramides royales. — Origine et but des pagodes. — Temples divers. — Caprice d'éléphant. 409

XXXVIII

Introduction du boudhisme au Cambodge. — Signification du mot Boudha. — Incarnation du Boudha. — Fondation de sa doctrine. — Sa propagation. — Rapports entre le boudhisme, le brahmanisme et le quiétisme. — Métempsycose. — Des cieux. — Des anges. — Des enfers. — Le frère du Boudha. — Purgatoire. — Création des mondes. — Premiers habitants. — Le soleil, la lune et les étoiles. — Système des mondes. — Fin des mondes. — Rapports apparents du boudhisme avec le catholicisme. — Ordre religieux boudhique. — Règlements de l'ordre. — Lecture des livres sacrés. — Instruction nulle chez les femmes. — Ecoles des bonzes. — Services rendus par cet ordre. — Causes du peu de développement de la religion chrétienne au Cambodge 430

XXXIX

Le Grand lac. — Pêche annuelle. — Préparation et prix moyen du poisson. — Ruines d'Angcor. — Origines cambodgiennes.

— Ancien royaume de Cham ou Tsiampa. — Rapports des langues de l'Inde postérieure avec la langue cambodgienne. — Archéologie indienne et cambodgienne. — Priorité du Cambodge comme centre de la religion bouddhique dans l'Indo-Chine. — Identité d'origine avec les Lao, avec les Siamois, avec les Birmans 450

XL

Phnôm-pénh — Ville flottante. — Concession française. — Représentant français près du roi — Crue périodique du Grand-Fleuve. — Population. — Centre commercial. — Poids et mesures du Cambodge. 462

XLI

Saisons. — Année lunaire. — Cycle cambodgien — Manière de compter l'âge. — Ère religieuse. — Jours et heures. — Cadrans solaires. — Clepsydre. — Langue cambodgienne. — Écriture. — Locutions diverses. — Livres cambodgiens. — Livres siamois. — Caractères pali 470

XLII

Population du Cambodge. — Grandeur et décadence de ce royaume. — Légende du Prea-Khan. - Empiètements des Annamites. — Manque d'organisation militaire. — Armes. — Causes du démembrement du royaume. — Courageuse réaction. — Empiètements des Siamois. — Avantages du protectorat français — Limites actuelles — Campot. — Provinces cambodgiennes. — Divisions administratives. — Descendants des Portugais — Malais. — Race Cham. — Tribus des Penongs. — Commission d'exploration de la vallée du Lao. — Travaux et mort de Mouhot. — Mort du commandant de Lagrée 478

XLIII

Voyages pendant l'inondation. — En saison sèche — Pas de poste. — Voyages à cheval. — En char à bœufs — En char à buffles. — Voyages à éléphant. — Chasse à l'éléphant. — Route de terre de Phnôm-pénh à Saïgon. — Sucre de palmier. — Gomme gutte. — Cire. — Rizières. — Coton.

— Irrigation. — Indigo. — Élevage des vers-à-soie. — Arbre à huile. — Grand marais. — Le bœuf divinisé. — Halte de voyage. — Habitation — Hospitalité. — Repas — Râtelier d'armes. — Tissage de la soie 489

XXXIV

Préparatifs du départ pour la France. — Certificat d'origine. — Époque préférable. — Transition difficile du chaud au froid. — Joies du retour 505

FIN DE LA TABLE DES MATIÈRES

BAR-SUR-AUBE, IMP. Mme JARDEAUX-RAY

www.ingramcontent.com/pod-product-compliance
Lightning Source LLC
Chambersburg PA
CBHW051406230426
43669CB00011B/1784